Gerd Filtgen
Michael Außerbauer

John Coltrane

Sein Leben
Seine Musik
Seine Schallplatten

Collection Jazz
OREOS

Für die freundliche Unterstützung bei der Zusammenstellung der Informationen und des Bildmaterials für diesen Band sowie für die Erlaubnis zum Abdruck bedanken wir uns herzlich bei folgenden Fotografen, Journalisten, Plattenfirmen und Institutionen: Amerika-Haus München, Atlantic, Bethlehem, Blue Note, Capitol, CBS, Cicala, Columbia, Decca, Gudrun Endress, Hanns E. Haehl, Impulse, Jazzland, Jazz-Podium, Mercury, Milestone, Musidisc, Hozumi Nakadaira, Pablo, Prestige, Savoy, United Artists, Vee Jay, Josef Werkmeister.

Umschlag-Rückseite: Foto Hozumi Nakadaira, Tokyo.

Produktion: Verlagsbüro Walter Lachenmann, Buchendorf
Satz: Manz AG, Dillingen
Druck und Einband: Kösel, Kempten
Printed in Germany
ISBN 3-923657-02-1

Inhaltsverzeichnis

Vorwort

Ich kann mich noch gut an das Ungetüm von Fernseher erinnern, das vor mehr als zwanzig Jahren im elterlichen Wohnzimmer die unübersehbare Repräsentation des damaligen Wirtschaftswunders war. Er gehörte zu der ersten Generation von TV-Monstern, die sich durch ein kleines Bild und eine stark nach hinten ausufernde Bauweise auszeichnete.

Anders als heute gab es im Fernsehen reguläre Jazzsendungen mit dem Titel »Jazz gehört und gesehen«, die Joachim E. Berendt moderierte. Für mich und alle Freunde, die auch vom Jazzbazillus befallen waren, wurde sein »Jazzbuch« zum Führer durch diese faszinierende Musikwelt. Unter uns entbrannten leidenschaftliche Diskussionen darüber, ob das Dreigestirn der Jazzklarinettisten Johnny Dodds – Jimmy Noone – Sidney Bechet nicht um Albert Nicholas erweitert werden müßte, und endlose Debatten zwischen den Anhängern des traditionellen Jazz und denen moderner Jazzstile.

Eines Abends war in der schon erwähnten Jazzsendereihe das John-Coltrane-Quartett angesagt. Mir waren zu der Zeit nur die älteren Aufnahmen, die John Coltrane auf Prestige eingespielt hatte, bekannt. Man hatte John Coltrane und seine Mitspieler in eine Industrieregalkulisse drapiert, und als die ersten donnernden McCoy-Tyner-Akkorde sich mit der berstenden Intensität von Elvin Jones' Schlagzeug verbanden und dazu John Coltrane auf dem Sopransaxophon sein »My Favorite Things« spielte, wurde es sehr still in unserem Wohnzimmer. Der gewaltige Sound faszinierte mich von Anbeginn. Die übrigen Familienmitglieder empfanden es wohl anders, denn als ich mich umdrehte, war das Wohnzimmer leer.

Von diesem denkwürdigen Abend an, war ich an jeder neuen Coltrane-Platte interessiert und setzte alles daran, sie zu bekommen. Das war Anfang der 60er Jahre gar nicht so einfach. Nur wenige Geschäfte hatten überhaupt eine Auswahl an modernen Jazzplatten, und oft blieb nur die Bestellung in England oder USA. Bei jeder neuen John-Coltrane-Platte gab es dann die gleichen heißen Köpfe wie Jahre zuvor bei der Diskussion über die guten alten New-Orleans-Klarinettisten.

John Coltranes sich anbahnende freiere Spielweise, die »Free Jazz«-Entwicklung allgemein, ließ viele ehemalige Jazzfans auf der Strecke bleiben.
Mich hat die afro-amerikanische Musik mit ihrem Reichtum an Ausdrucksformen, ihrer Ehrlichkeit und ihren permanenten Entwicklungsprozessen immer gefesselt. Die Idee zu dieser Jazzbuchreihe entstand im Verlaufe langer Gespräche mit meinem Verleger Walter Lachenmann, der auch mit Bedauern das dünne Angebot an Jazzliteratur im deutschsprachigen Raum feststellte. Unser gemeinsam entwickeltes Konzept, in einer Buchreihe das künstlerische Schaffen bedeutender Musiker an Hand ihrer Schallplatten chronologisch und so vollständig wie möglich vorzustellen, reizte mich ganz besonders im Hinblick auf die Person und das Werk von John Coltrane.
Über John Coltrane existieren drei sehr gute Biographien, doch die kritische Würdigung aller seiner greifbaren Arbeiten fand nicht konsequent genug statt. Es geistern immer die gleichen Referenzplatten durch die Literatur – ein Grund mehr, sich auch mit den von der Publizistik eher stiefmütterlich behandelten Arbeiten zu beschäftigen.
Während der Planung des Buches lernte ich den jungen Tenorsaxophonisten Michael Außerbauer kennen. Wir diskutierten lange über das Projekt und kamen zu dem Schluß, daß es gut wäre, zusammenzuarbeiten und uns gegenseitig zu ergänzen. Durch seine eigene praktische Erfahrung mit dem Saxophon kann er die Musik John Coltranes nicht nur als Fan, sondern auch als Musiker interpretieren.
Eine Aufstellung der von uns benutzten Literatur findet sich im bibliographischen Teil.
Wir möchten allen danken, die an der Entstehung des Buches beteiligt waren, insbesondere Luise Außerbauer, Janne van Dyck und Stefan Filtgen.

Biographische Daten

1926	John William Coltrane wird am 23. September in Hamlet/North Carolina geboren. Schon wenige Wochen später zieht die Familie in das benachbarte High Point. Dort verbringt John Coltrane seine Kindheit.
1938	Erstes Instrument: Klarinette
1939	Tod des Vaters und weiterer Familienangehöriger.
1943	Philadelphia Ornstein School of Music, Granoff Studio. Coltrane studiert dort Altsaxophon und Klarinette.
1945	Erste Jobs in einer Tanzband. Einberufung in die Navy. Auch dort als Musiker tätig.
1946	John Coltrane spielt in der Joe-Webb-Blues-Band und begleitet die Sängerin Big Maybelle.
1947	Tenorsaxophon in der Rhythm-and-Blues-Band von Eddie »Cleanhead« Vinson.
1948	Sessions mit der Band des Altsaxophonisten Jimmy Heath.
1949–1951	Engagement in der Dizzy-Gillespie-Bigband und später in deren Small Combo. John Coltrane spielt dort hauptsächlich Altsaxophon.
1952	John Coltrane arbeitet in dem Orchester von Earl Bostic und bei Gay Crosse.
1953	Tätigkeit in diversen lokalen Bands
1954	Orchester Johnny Hodges
1955	Eheschließung mit Naima (Nita). – Miles Davis verpflichtet John Coltrane in sein neues Quintett am 27. Oktober.
1956	John Coltrane bleibt bis zum 26. Oktober im »New Miles Davis Quintet«
1957	Erste Schallplatten-Aufnahme unter eigenem Namen am 20. April: »First Trane«. Sensationelle »Five Spot«-Auftritte mit dem Pianisten Thelonious Monk.

1958 Zum zweiten Male von Miles Davis engagiert, diesmal in Sextettbesetzung.

1959 John Coltrane wechselt die Plattenfirma und geht von Prestige zu Atlantic. Dort wird im Mai sein aufsehenerregendes Album »Giant Steps« eingespielt.

1960 Sopransaxophoneinsatz in dem Stück »My Favorite Things«. Diese Interpretation wird zu einem Jazzhit.

1961 Letzte gemeinsame Aufnahme mit Miles Davis am 20. März.
Nochmaliger Wechsel der Plattenfirma von Atlantic zu Impulse.
Erstes Album dort wird »Africa Brass« mit Orchester am 23. Mai.
Im Laufe des Jahres Einbezug von afrikanischen, spanischen und indischen Musikelementen.
Gegen Ende des Jahres Kristallisation des »Klassischen John-Coltrane-Quartets«: John Coltrane (ts, ss); McCoy Tyner (p); Jimmy Garrison (b); Elvin Jones (dr).
Durch Eric Dolphy (as, fl, b-cl) wird das Quartett ab und zu verstärkt.

1962 »Coltrane«, erste offizielle Platteneinspielung mit dem »Klassischen Quartett«

1963 Die Popularität Coltranes steigt immer mehr an. Er gibt viele Konzerte und Clubauftritte.

1964 Religiöse und meditative Verflechtung in seine Arbeit. »A Love Supreme« wird am 9. Dezember eingespielt.

1965 Einstieg in den Free Jazz mit »Ascension« am 28. Juni. Die letzten Aufnahmen in »klassischer« Besetzung geschehen im September.
Der Tenorsaxophonist Pharoah Sanders kommt in die Band.
McCoy Tyner verläßt die Gruppe gegen Ende des Jahres.
Alice McLeod, John Coltranes zweite Frau, nimmt seinen Platz ein.

1966 Auch Elvin Jones verläßt die Gruppe. Das Schlagzeug wird nun von Rashied Ali gespielt.
Triumphale Japantournee mit der neuen Besetzung.

1967 »Expression«, aufgenommen am 17. März, letzte Plattenveröffentlichung.
Am 17. Juli stirbt John Coltrane im Hospital von Huntington an einem Leberleiden.

Die Lebensgeschichte von John Coltrane

John William Coltrane wurde am 23. September 1926 in Hamlet (North Carolina) geboren. Nur wenig später übersiedelt die Familie – außer Johns Eltern noch seine Großeltern, seine Tante mit ihrem Mann und ihrer Tochter Mary – nach High Point, einer kleinen Industriestadt,die in der Nähe von Hamlet liegt. Reverend William Wilson Blair, Coltranes Großvater, war eine bekannte Persönlichkeit und hatte das Amt eines Repräsentanten der Methodist Episcopal Zion Church inne. Er konnte als Prediger mit seiner Wortgewalt »die Menschen unter Feuer« setzen. Seine Tochter Alice hatte das College besucht und träumte davon, Opernsängerin zu werden, bis zu dem Tag, als John R. Coltrane sie bat, seine Frau zu werden. Sie hatten beide die gleichen Interessen und den religiösen Background innerhalb der Gemeinde. Vor allen Dingen jedoch scheint Johns Vater ein humorvoller Mann gewesen zu sein, der immer zu einem Scherz aufgelegt war und das Leben zwar verantwortungsbewußt, aber nicht so orthodox wie Reverend Blair auffaßte. Eindeutig geht aus den Coltrane-Biographien hervor, daß seine Kindheit in geordneten und, durch die Präsenz eines Predigers in der Familie, beinahe privilegierten Bahnen verlief.
Johns Vater griff des öfteren nach seiner Arbeit als Schneider zur Geige, und es läßt sich denken, daß auch Coltranes Mutter durch ihre musikalischen Ambitionen der Musik im Hause positiv gegenüberstand.
Darüber hinaus nehmen die geistlichen Lieder der amerikanischen Farbigen in ihrem religiösen Leben einen wesentlichen Platz ein: als Artikulationsventil und totales Aufgehen mit dem Evangelium wirken diese gesungenen Predigten mit unglaublicher Intensität. Durch das Wiegen der Körper in Bewegung umgesetzt und mit rhythmischem Klatschen begleitet, wirken die Worte so stark, daß sich wohl kaum ein Zuhörer vor dieser Kraft verschließen kann.
Der kleine John wuchs in diesem äußerst stark vom religiösen Weltbild geprägten Milieu auf. Dadurch wird seine spätere Suche nach dem Sinn der menschlichen Existenz und die intensive Beschäftigung mit sämtlichen Weltreligionen verständlich.

Bis zu seinem zwölften Lebensjahr scheint Coltranes Kindheit sehr glücklich gewesen zu sein. Vermutlich beschäftigte er sich mit all dem, was die meisten Jungen in diesem Alter interessiert. Am liebsten spielte er mit seiner Kusine Mary, mit der er wie Bruder und Schwester aufwuchs. Die Bedeutung dieser Beziehung findet später ihren Ausdruck in der Komposition »Cousin Mary«.
Ein wichtiger Abschnitt in Johns Leben beginnt, als er seine ersten Instrumente in der Hand hält: ein Horn und eine Klarinette. Er entscheidet sich für die Klarinette und erhält Unterricht bei einem gewissen Mr. Steele. Dieser leitete kleine Amateurkapellen und brachte Schülern unterschiedlichen Alters die ersten musikalischen Schritte bei. John übte überaus eifrig, gefangen von dem Glücksgefühl, das jeden Menschen überkommt, der ein Instrument beherrschen lernt und mit ihm in die Welt der Musik eindringt.
1939 wird zu einem schicksalhaften Jahr für Coltrane und seine Angehörigen. In kurzen Abständen sterben sein Vater, sein Großvater und sein Onkel. Tapfer

tröstet er seine Mutter, die nun arbeiten gehen muß, und träumt davon, eines Tages ein Topmusiker zu werden. Er besucht die High School, schließt eine Menge Freundschaften und ist wegen seiner stillen, aufrechten Art bei seinen Kommilitonen sehr beliebt.
Von der Musik besessen, beschäftigt er sich in jeder freien Minute mit Üben und Anhören von Jazz – oder dem was die Radiostationen der damaligen Zeit dafür hielten. Der Äther war durchzogen von Swing, jener Tanzmusik, die sich trotz hervorragender schwarzer Swingbands fest in den Händen von Leuten wie Benny Goodman und Artie Shaw befand. Auch die Jazzkritiken wurden von Weißen geschrieben und waren dementsprechend geschönt.

Lester Young

Johns erstes musikalisches Vorbild wurde der Tenorist Lester Young, der im Orchester des Pianisten Count Basie saß und wohl als einer der ersten Tenorsaxophonspieler gängige Swingklischees vermied. Er wählte einen intellektuellen Improvisationsablauf mit sehr ungewöhnlichen Chorussen, anders als der favorisierte Coleman Hawkins, der damals das Klangideal für viele Tenoristen war. Coltranes Lehrer riet ihm und seiner Mutter von einem Tenorsaxophon ab, weil es für einen Jugendlichen zu schwer zu spielen und umständlich zu handhaben sei. Ein Altsaxophon wurde angeschafft, und Johnny Hodges, der das gleiche Instrument spielte, wurde Coltranes neuer Orientie-

rungspunkt. Wie sich seine Kusine erinnerte, kam John rein klanglich seinem Vorbild sehr nahe.
John Coltrane bleibt bis zum Sommer 1943 in High Point und macht sich dann, siebzehnjährig, mit zwei Freunden auf nach Philadelphia, um eine Musikschule zu besuchen. Aber die Stadt empfängt die jungen Leute nicht mit offenen Armen; alle müssen sich mit Gelegenheitsarbeiten durchschlagen. John arbeitet zeitweise in einer Zuckermühle. Doch dann findet er einen Platz an der Ornstein School of Music, einige Zeit später wechselt er in die Granoff-Studios über. Dort studiert er Klarinette und Saxophon. Seine Leistungen finden große Anerkennung, und er wird von der Schulleitung als »brillant, sensibel und aufnahmefähig« bezeichnet. Alles, was der junge John Coltrane macht, geschieht äußerst eifrig und pflichtbewußt.
Von dem Pianisten Bobby Timmons, bekannt durch solche Jazzhits wie »This Here« und »Moanin'«, gibt es eine Beschreibung vom damaligen Philadelphia: »Philadelphia ist so aufgeteilt wie die typischen Südstädte: es gibt da zwei schwarze Ghettos, Nord und Süd. South Street ist die Trennlinie, alles unterhalb davon ist konsequent Black. Auf der Nordseite erstreckt sich das Ghetto von der Vine Street den ganzen Weg bis German Town. Wir Musiker waren die einzigen, die die Barrieren durchbrachen, weil wir als Entertainer in die weiße Nachbarschaft gehen konnten. Ich kann mich an keine Rassenunruhen erinnern, als ich dort lebte. In Philadelphia hingen die meisten von uns Tag und Nacht mit der Musik 'rum.«[1]
1945 erhält John Coltrane seinen ersten Job in einer Tanzband und macht mit dieser eine unverbindliche Cocktailmusik. Kurz darauf erfolgt seine Einberufung in die Navy, und auch dort gelingt es ihm, eine Stelle als Musiker zu erhalten. Im folgenden Jahr, als er vom Militärdienst zurückkommt, hatte sich im Jazz eine Menge verändert. Die Bebop-Revolution war in vollem Gange, und die Stars dieser Bewegung, der Trompeter Dizzy Gillespie und vor allem der Altsaxophonist Charlie Parker, hatten es dem jungen Coltrane besonders angetan. »Bird«, wie Charlie Parker mit seinem Spitznamen hieß, war schon zu seinen Lebzeiten eine Legende, fast ein Mythos. Wie faszinierend – und gleichzeitig auch ein bißchen einschüchternd – muß er auf den ebenfalls Altsaxophon spielenden jungen Coltrane gewirkt haben. Parkers Improvisationen mit den ganzen musikalischen Neuerungen waren damals so ungewöhnlich, daß sie nur staunende Bewunderung oder – bei den Gegnern des neuen Stils – Entsetzen hervorriefen.

John war als Zwanzigjähriger ein ruhiger junger Mann, der seine Emotionen, wenn überhaupt, nur durch seine Musik ausdrücken konnte; es gab für ihn eine Menge zu bewältigen, besonders da sein Vater so früh gestorben war. Die restliche Familie war ihm nach Philadelphia gefolgt, und sie lebten dort auf engstem Raum zusammen. Seine Mutter scheint ihn gegenüber seiner Tante immer verteidigt zu haben. Sie konnte seine Musikleidenschaft sehr gut nachvollziehen und brachte ihr immer Verständnis entgegen. Rückblickend sagte Coltrane: »Ich muß wirklich für alles sehr dankbar sein. Meine Mutter nahm viele Opfer auf sich, um mir mein Musikstudium zu ermöglichen. Sie heiratete nicht wieder.« Und: »Ich wurde erst durch die musikalischen Erneuerungen von Dizzy Gillespie und Charlie Parker aufgeweckt. Angeregt durch ihre Arbeit begann ich, mehr über musikalische Strukturen und die theoretischen Aspekte der Musik zu lernen.«[2]
Zu der Zeit spielte John in der Joe-Webb-Blues-Band und begleitete mit dieser die Sängerin Big Maybelle. Dort lernte er auch den Trompeter Cal Massey kennen, einen Geheimtip für Musiker, der mit seinen geschmackvollen Kompositionen und seinem hohen Maß an musikalischem Verständnis bei Coltrane förmlich offene Türen einrannte. In vielen wichtigen Entscheidungen holte er sich bei Cal Rat und Ermunterung, seinen Weg durchzuhalten. Seltsamerweise existieren keine repräsentativen Aufnahmen der beiden Freunde. Coltrane nahm aber später einige Massey-Kompositionen in sein Programm.
John spielte sein Altsaxophon oft mit einem fetten, exquisiten Sound, und nach dem Bekunden von Benny Golson soll er kräftiger und voller geklungen haben als Johnny Hodges.
Nach dem Engagement bei Joe Webb bleibt Coltrane zunächst einmal im Milieu des Rhythm and Blues. Sein nächster Bandleader ist Eddie Cleanhead Vinson, der mit einigen Rhythm-and-Blues-Hits den breiteren Publikumsgeschmack getroffen hatte.
Die Arbeit mit dem Altsaxophonisten Vinson brachte Coltrane dazu, zum Tenorsaxophon zu wechseln, denn er durfte keine instrumentale Konkurrenz zu seinem Chef entwickeln. John Coltranes anfängliches Zögern bei diesem Instrumentenwechsel wird recht bald von ihm revidiert: »Als ich mir ein Tenor anschaffte, eröffnete sich ein weiteres Hörspektrum für mich.« Intensiv setzt er sich mit allen möglichen Tenoristen auseinander. Ein in Philadelphia ansässiger Tenorsaxophonspieler, Jimmy Oliver, der es – aus welchen Gründen auch immer

– nie zu Schallplattenaufnahmen gebracht hat, obwohl er damals zu den führenden Musikern gehörte, vermittelte ihm eine Menge an Technik. Das anspruchsvolle Übungsfeld der Jazzmusiker, die Jam Sessions im Kreis der Philadelphia Elite, werden zu Coltranes Lehrstunden.
1947 trifft Coltrane zum ersten Mal auf den Trompeter Miles Davis, dem er später seine internationale Karriere verdanken sollte, und auf den Tenoristen Sonny Rollins, der die Nummer 1 auf dem Tenorsaxophon wurde, und aus dessen Schatten sich John Coltrane erst lösen mußte. Die Musiker spielten einige Sessions im Audubon Ballroom in New York City zusammen. Coltrane war also für Miles Davis, der nur ungern mit ihm völlig unbekannten Künstlern spielte, kein ganz Fremder mehr, als dieser Jahre später sein Quintett zusammenstellte. Coltranes Ausflüge nach New York sind aber eine Ausnahme, sein Hauptbetätigungsfeld bleibt die lokale Szene in Philadelphia.

Sonny Rollins

1948 kam es zu einer Bandgründung mit der Elite der neuen jungen Boptalente, wobei Jimmy Heath die treibende Kraft war. Außer dem Trompeter Cal Massey, Coltrane und dem Altsaxophonisten Heath gehörte noch der Tenorist Benny Golson dazu. Sie übten in jeder freien Minute und kamen zu einigen Clubauftritten zusammen. Zusätzlich zum Jazz beschäftigten sie sich auch mit der Avantgarde aus dem klassischen Musikbereich.
Im Laufe des Jahres tritt John Coltrane zusammen mit dem Bop-Trompeter Howard McGhee im Apollo, dem Umschlagspunkt für afro-amerikanische Musik in Harlem, auf und erhält erste positive Besprechungen in einer Zeitung. Leider fällt in diese Zeit auch Coltranes Bekanntschaft mit Drogen, die sich zu einem Teufelskreis entwickeln sollte. Erst mit seinem »spirituellen Erwachen« 1957 gelingt es ihm, Herr über seine Drogenabhängigkeit zu werden.
Anfang 1949 tritt er mit dem berühmten Bop-Pianisten Bud Powell, dem Drummer Art Blakey und dem Tenoristen Sonny Rollins auf, ebenfalls im New Yorker Audubon Ballroom: »Solche Leute kann man als wirklich groß bezeichnen.« Auch Sonny Rollins ist von Coltrane beeindruckt. In einem

Dizzy Gillespie

Interview äußert er sich: »Coltrane und ich trafen uns zum ersten Mal in New York, wo wir bei einigen wenigen denkwürdigen Auftritten zusammenarbeiteten. Ich mußte ihm sorgfältig zuhören und wunderte mich oft darüber, was er machte und wo er sich hinbewegte. Ich dachte mir, es sei nicht richtig, ihn danach zu fragen, und hörte noch genauer hin, und begann schließlich, seine Musik besser zu verstehen. Später wurden wir gute Freunde, gut genug, um mir Geld von ihm zu leihen. Coltrane und Monk sind die einzigen, die ich jemals darum bitten würde.«[1]

Inzwischen hatte Jimmy Heath ein Engagement in der Bigband des Trompeters Dizzy Gillespie erhalten, und vermittelte Coltrane ebenfalls einen Arbeitsplatz in dieser Band, in der er hauptsächlich wieder sein Altsaxophon benützte. Hiervon gibt es eine erste Schallplattenaufnahme vom 21. November 1949 für die Firma Capitol. Solistisch ist John Coltrane darauf gar nicht zu hören, er leistet lediglich Satzarbeit im Orchester. Nach dem Split der Bigband spielte er noch eine Zeitlang in der Small Combo (siehe »Dee Gee Days«, S. 69). Wegen Coltranes Drogenproblemen weigerte sich dann Gillespie, weiter mit ihm zu arbeiten. So nahm er alles an, was er bekommen konnte, und wunderte sich darüber, wie wenig es die Fans eigentlich interessierte, was jemand spielte, wenn es nur mit einer gehörigen Portion Show serviert wurde. Auf dem Tenor verarbeitete er alle Einflüsse aus der Spielweise von Dexter Gordon, Wardell Gray und seinem Favoriten Sonny Stitt. Erneut fand er Arbeit bei einer Rhythm-and-Blues-Band. Diesmal war es die von Earl Bostic, dem es gelungen war, ein breites Publikum zu erreichen. Coltrane machte einige Aufnahmen mit der Band, deren Gefälligkeit nicht darüber hinwegtäuschen darf, daß es sich bei Bostic um einen fabelhaften Techniker handelte, bei dem es etwas zu lernen gab. »Keiner weiß mehr über das Saxophon als Bostic, ich meine technisch, und das bezieht Bird mit ein. Er konnte jedes beliebige Saxophonfabrikat hernehmen und dir seine Fehler und Vorzüge erläutern. Mit Bostic zu arbeiten, bedeutet eine Universität des Saxophons zu besuchen« (Art Blakey). Außerdem verlangte Earl Bostic von seinen Musikern das Ablesen vom Blatt; einer, der das nur mangelhaft beherrschte, war sofort seinen Job los. Die ganze Band diente ihm nur zur Untermalung seines im Vordergrund stehenden Altsaxophonsounds, mit dem er Standards und Schlager in seiner charakteristischen Art präsentierte. Nach den Auftritten löcherte Coltrane Bostic mit Fragen, die im Zusammenhang mit technischen Aspekten des Spiels standen, und schrieb sich das Gehörte sorgfältig auf.

Nach diesen Erfahrungen beginnt für Coltrane wieder eine Zeit des Herumirrens, der Suche. Mit Gay Crosse, einer Showband, kommt es zu einigen Auftritten, und es soll eine in Nashville aufgenommene LP in dieser Besetzung existieren. Danach kehrt er zurück nach Philadelphia, trifft sich mit alten Freunden, flippt mehr oder weniger durch die Szenerie und tritt immer nur kurze Engagements in Rhythm-and-Blues-Bands an. In diesem Genre vermochte John Coltrane schon als junger Musiker zu überzeugen, wie sich ein damaliger Kollege, Willis Jackson, erinnert: »Er war ein Rhythm-and-Blues-Spieler, weil er die Roots hatte.«

1954 lernt er Naima, seine erste Frau, kennen. »Ich traf John Coltrane im Juni 1954 in Steve Davis' Haus. Er machte einen sehr netten Eindruck auf mich, doch schien er mir ein bißchen zu salopp angezogen; er trug keine Socken und nur ein kurzärmliges Hemd ohne Unterhemd. Steves Frau alberte mit ihm herum und fragte: ›Was machst du eigentlich ohne Unterhemd und Socken hier?‹ Dann wurde ich ihm vorgestellt, und sein Name klang so fremdartig, daß ich sagte: ›Coltrane? Was für ein Name ist das, wie schreibt sich der?‹«[1,2] Trotzdem scheint

es bei diesem merkwürdigen Zusammentreffen zwischen den beiden »gefunkt« zu haben. Naima lernt Coltranes Familie kennen, und sie entdecken eine Menge übereinstimmender Dinge.

Für beide war dies eine glückliche Zeit, in der auch Johns Jugendtraum wahr wurde: Er bekam Arbeit bei dem Altsaxophonisten Johnny Hodges, einem der vielen Duke-Ellington-Talente, der sich zu der Zeit selbständig gemacht hatte. Was auf den ersten Blick wie ein Rückschritt zur konventionellen Spielweise erscheint, wird später von Coltrane als eine seiner wichtigsten Erfahrungen interpretiert. Was das lyrische Element in seinem Tenorspiel angeht, hat ihn diese Zeit im Orchester von Hodges entscheidend geprägt. Mit Johnny Hodges' Altsaxophonsound hatte das Ellington-Orchester eine spezielle Klangfarbe, und das Arrangement eigener Kompositionen bringt Hodges sehr in die Nähe eines

»Mini-Duke«. Coltrane bleibt bis Herbst 1955 bei der Gruppe und spielt hier ausschließlich Tenorsaxophon.
Kurz nach Beendigung dieses Engagements landet er im Orgeltrio von Shirley Scott, und danach bei Jimmy Smith, dem Orgel-Superstar, was die von ihm verkauften LPs anbetrifft. Tatsächlich war es Smith gelungen, der Orgel einen jazzmäßigen Sound zu verleihen. Er spielte dieses Instrument wie ein Saxophon und vermied absichtlich sämtliche gängigen Orgel-Effekte. Während der zwei Wochen, die er mit ihm spielt, ist Coltrane völlig begeistert: »Wow, ich wache mitten in der Nacht auf und höre diese Orgel. Diese Akkorde bringen mich zum Schreien.«[2] Jimmy Smith hatte Auftrittsmöglichkeiten für viele Monate in der Tasche, und es scheint Coltrane bei ihm so gefallen zu haben, daß er das folgende Angebot, mit Miles Davis zu spielen, eher zögernd aufgriff.
Der Vorschlag dazu kam vom Drummer der Davis-Band, »Philly« Joe Jones. In Baltimore wurden Probeaufnahmen gemacht, die zur Zufriedenheit aller verliefen. Ebenfalls in Baltimore fand ein anderes wichtiges Ereignis statt: Coltrane und Naima heirateten am 3. Oktober 1955.

Jimmy Smith

Nach einigen Auftritten mit dem »New Miles Davis Quintet« kam es zu Plattenaufnahmen, interessanterweise für eine Konkurrenzfirma: obwohl Davis offiziell bei Prestige unter Vertrag stand, spielte er für die Firma Columbia unter dem Titel »Miles Davis All Stars« ein paar Stücke ein, die die Platte »Was ist Jazz?« illustrieren sollten. Sprecher der Platte war der Dirigent Leonard Bernstein, und neben Davis traten John Coltrane (ts), Red Garland (p), Paul Chambers (b) und Philly Joe Jones (dr) auf. Teile dieser Session sind auf Samplern und auf der Davis-Platte »Round About Midnight« (S. 79) zu hören. Auf diesen Columbia-Aufnahmen klingt Coltrane wesentlich besser als auf der ersten offiziellen Prestige-LP »Miles« (S. 77) in der gleichen Besetzung.
Durch die Arbeit bei Davis geht es mit Coltranes Plattenpräsenz rapide aufwärts. Bis zum Frühjahr 1956 nahm er an LP-Sessions mit Paul Chambers, Elmo Hope und der berühmten Aufnahme mit Davis »Relaxin', Workin', Steamin'« teil (S. 82). Miles Davis' Entschluß, gerade John Coltrane zu verpflichten, wurde aber auch von einigen Kritikern und Musiker-Kollegen bemängelt: Der Tenorist John Gilmore hielt die Entscheidung nicht für sehr glücklich: »Coltrane war

Johnny Hodges

widersprüchlich in seinen Ideen, er traf es nicht richtig. Er suchte und verfehlte zu oft. Außerdem hatte er zu der Zeit noch seine Hangups.« Tatsache aber ist, daß sich Coltrane erst einmal reibungslos in das Davis-Konzept einfügte und innerhalb von sehr kurzer Zeit eine beachtliche Entwicklung durchmachte. Davis nahm den heftig um seine Identität ringenden Coltrane unter seine Fittiche und limitierte ihn nicht in seiner musikalischen Entwicklung, sondern ließ seinen Exkursionen freien Raum. Richtig nutzen sollte Coltrane diese Freiheit allerdings erst bei seinem zweiten Engagement bei Davis.

Bis Ende 1956 spielt Coltrane mit verschiedenen Musikern Platten ein (siehe Werkverzeichnis S. 65 ff) und entwickelt einen individuellen, aussagekräftigen Stil auf dem Tenorsaxophon. Trotz der vielen Aktivitäten war er – außer bei einigen Insidern – noch ein völlig unbeschriebenes Blatt. Daß Davis nach den Oktoberaufnahmen für Prestige sein Engagement nicht verlängerte, muß ihn sehr verletzt haben. Spekulationen sind, daß Miles sich der negativen Kritikermeinung über Coltrane beugte oder ihm ein Ultimatum bezüglich seiner Drogenabhängigkeit stellte.

Wie auch immer, Coltrane findet seinen Weg. Er schafft es, sich von den Rauschmitteln zu befreien, und erlebt ein »spirituelles Erwachen«, wie er es auf seiner später erscheinenden Platte »A Love Supreme« (S. 183) ausdrückt. Rückblickend sagt er: »Einige Jahre zuvor ging ich durch eine Periode von Depressionen und hatte schon aufgegeben. Ich danke Gott, daß er es mir ermöglichte, da heraus zu finden. Auch meine Frau Naima war mir eine große Hilfe. Sie und meine Tochter Toni haben mein Leben sehr viel glücklicher gemacht.«[1,2] Gleichzeitig mit dem Sieg über die Abhängigkeit findet er neue Kraft für die Suche nach anderen Konzepten: »Ich entschloß mich, nicht mehr auf die gleiche Weise wie zuvor zu spielen. Ich wollte mich nicht selber limitieren. Ich hatte mich streng an die Akkorde gehalten. 1957 hörte ich einige Musiker das spielen, was mir vorschwebte. Es war also möglich, aber ich wußte nicht, wie es für mich machbar war. So entschloß ich mich, das herauszufinden.«

Mit der neu erworbenen Energie übt er unaufhörlich und hat das Glück, auf die Fürsprache des Pianisten Red Garland einen Plattenvertrag mit Prestige zu bekommen. In der Folgezeit sollte daraus eine wahre Flut von Aufnahmen, sowohl als Sideman wie auch als Leader resultieren.

Im Frühjahr kommt es zu der bedeutungsvollen Begegnung mit dem Komponisten und Pianisten Thelonious Monk, der für Coltranes weitere Entwicklung äußerst wichtig wird. Wegen vertraglicher Schwierigkeiten – Monk ist bei

Thelonious Monk

Riverside, Coltrane bei Prestige verpflichtet – existieren nur spärliche Plattenaufnahmen. Die sensationellen Auftritte mit Coltrane im New Yorker Jazzclub »Five Spot« werden von allen, die dieses Quartett von Thelonious Monk hören konnten, als eines der gewaltigsten Jazz-Ereignisse beschrieben. Dazu der renommierte Bop-Posaunist Jay Jay Johnson: »Seit Charlie Parker der elektrisierendste Sound, den ich im zeitgenössischen Jazz gehört habe. Ebenso unglaublich wie Bird und Dizzy!«
Bei Monk lernte Coltrane vor allen Dingen das Ausschöpfen des harmonischen Materials und die Ausweitung technischer Möglichkeiten, zum Beispiel das Spiel mit falschem Fingersatz.
Alles in allem wird 1957 für Coltrane das Jahr tiefgreifender Umstellungen und Erfahrungen, aber auch der Erfolge. Nach der LP »Blue Train« (S. 113) wird sein Name immer häufiger genannt. Miles Davis engagiert ihn erneut. Mit seinem sicheren Instinkt für Neuerungen im Jazz hatte er erkannt, welches Talent sich da entwickelte. Der Kontakt kam im Dezember 1957 zustande, und bis zu den Aufnahmen mit dem Miles-Davis-Sextett im April 1958, die einen völlig

selbstsicheren Coltrane zeigen, nahmen sie eine beträchtliche Anzahl von Platten auf.
In der Bläsergruppe bei Davis war eine Altsaxophonstimme hinzugekommen; Julian »Cannonball« Adderley vervollständigte das sonst nicht weiter veränderte Personal des ehemaligen Miles-Davis-Quintetts. In einem Interview gibt Miles Davis zu verstehen, warum seine Wahl wieder auf Coltrane fiel: »Ich mochte Coltrane schon immer. Als er das erste Mal bei mir spielte, riet man mir, ihn zu feuern. Die Leute sagten, sein Spiel tauge nichts. Gewöhnlich rieten sie mir auch, mich von Philly Joe Jones zu trennen. Ich wußte, was ich wollte. Ich hatte auch nichts übrig für das Gerede, daß Coltrane schwer zu verstehen sei. Was er macht, ist zum Beispiel fünf Noten eines Akkords zu spielen und dann zu verändern und auszuprobieren, wie verschieden es klingen kann.«
Bei dem neuen Engagement verhalten sich beide sehr respektvoll gegeneinander. Es ist eine äußerst glückliche Situation, von der beide profitieren. Die Zeit ist reif für das, was Coltrane mit »außerhalb der Akkorde spielen« meint, und was er bei Davis vervollkommnet: die Improvisationsweise, die als Grundlage nicht mehr wechselnde Grundakkorde, sondern Tonleitern (Skalen) hat.

Miles Davis, Julian »Cannonball« Adderley, John Coltrane

Das Verhältnis Davis/Coltrane in musikalischer Hinsicht verdeutlicht eine weitere Begebenheit in diesem Zusammenhang: Miles Davis, der seine Improvisationen zeitlich sehr knapp hält, bekommt von Coltrane auf die Frage, warum dieser so lange spiele, die lapidare Antwort: »Ich brauche so lange, um alles hineinzubringen.« Der wichtige Punkt hierbei ist, daß Davis dies akzeptiert und Coltrane gewähren läßt. Er gibt ihm die Chance, sich völlig auszuspielen und alle Möglichkeiten auszuloten.

Ein anderes wichtiges Ereignis ist die nur kurze Session für eine Plattenaufnahme mit der Bigband des Pianisten und Komponisten George Russell. Es ist eine musikalische Beschreibung New Yorks, begleitet von der Lyrik des Poeten Jon Hendricks, der allgemeine und speziell amerikanische Probleme anprangert. Coltrane unterhält sich mit Russell auch über dessen neue Kompositionstechniken, und wahrscheinlich versteht ihn dieser auch als einziger in der sonst konservativen Orchestergemeinschaft.

Im Juli 1958 kommt es zu einem umstrittenen Newport-Auftritt. Während Miles Davis wie gewohnt gut abschneidet, wird im amerikanischen Jazzmagazin »Down Beat« Coltrane als »angry young tenor« bezeichnet, und sein Sound als die Personifikation von »Bewegung ohne Fortschritt« im Jazz. Bis zum Ende des Jahres werden weitere kontroverse Meinungen veröffentlicht, und ein Für- und Wider-Geplänkel beginnt. Doch Coltranes Aufstieg ist von nun an durch nichts mehr aufzuhalten. Einer seiner Anhänger, der Kritiker Ira Gitler, gebraucht zum ersten Mal im Herbst 1958 den Ausdruck »sheets of sound« für seine Spielweise, der von da an zum Standardkürzel der Jazzpublizistik werden sollte. Gitler erklärt diese Bezeichnung, die das Coltrane'sche Spiel treffend veranschaulicht, folgendermaßen: »Ich nannte seine Musik ›sheets of sound (Klangflächen)‹, wegen der Dichte der Textur, die er gebrauchte. Seine Improvisationen waren so schnell aufeinanderfolgend und komplex, wie wenn sie sich von selbst aus dem Instrument lösen würden. Der andauernde Fluß von Ideen, der nie zu einem Halt zu kommen schien, haute mich wirklich um. Es war fast übermenschlich, und die Energie, die er einsetzte, hätte ein Raumschiff antreiben können.« So pathetisch das heute klingen mag, für die damalige Zeit war diese Bemerkung nicht übertrieben. Die Situation, daß jeder Tenorsaxophonist irgendwie nach Coltrane klang oder von ihm beeinflußt war, wie das nach seinem Tod der Fall war, lag noch in der Zukunft.

1959 wechselte Coltrane zu der Firma Atlantic über. Außer beachtlichen finanziellen Vorteilen hatte er hier auch die Möglichkeit, noch mehr Einfluß auf

die Gestaltung seiner Alben zu nehmen. Außerdem gründete er auf Anraten seines Managers Harold Lovette, der auch Davis betreute, den Musikverlag Jowcol, der dafür sorgte, daß beim Spielen von Coltrane-Kompositionen und LPs Tantiemen gezahlt wurden.
Für seinen endgültigen Durchbruch sorgte die im Frühjahr aufgenommene Atlantic-LP »Giant Steps« (S. 148) und das »Kind of Blue«-Album mit Miles Davis (S. 145). Der Rest des Jahres war mit Materialsuche und Pläneschmieden ausgefüllt. John Coltrane wollte gern eine eigene Gruppe, stand aber noch bei Davis unter Vertrag, und – was ihn am meisten behinderte – die Musiker, mit denen er spielen wollte, waren alle noch anderweitig verpflichtet. So sind die Coltrane-Quartette bis Ende 1959 mehr oder weniger als Übergang zu betrachten. Man spürt noch den mächtigen Einfluß seiner gewohnten musikalischen (Miles Davis-) Umgebung. Die totale Abkehr hiervon sollte erst 1960 erfolgen.
Die Bedeutung von Thelonious Monk für Coltrane wurde bereits angesprochen. Eine andere wichtige Komponente für Coltranes Entwicklung wird die Bekanntschaft mit der kosmischen Musik und Philosophie des geheimnisumwobenen Sun Ra. Kein anderer hatte zu jener Zeit eine so seltsame Mischung von Science Fiction, schwarzer Swing-Tradition, Bebop und vorweggenommenen Free-Jazz-Elementen anzubieten wie dieser Pianist, Elektroniker, Komponist und Instrumentenbauer. Alles, selbst seine Herkunft, scheint rätselhaft. Für Sun Ra war es die natürlichste Sache der Welt bzw. des Kosmos , um in seiner Terminologie zu bleiben, außerhalb von musikalischen Theorien zu spielen.
Eine weitere wichtige Stimme, die 1959 unüberhörbar wurde, war der Altsaxophonist Ornette Coleman, der mit seiner »Harmolodic«-Spielweise alle gängigen Musiktheorien übersprang und sich als erster in Richtung Free Jazz bewegte. Auch er nimmt nicht mehr die Akkorde als Basis der Improvisation, sondern verwendet harmonische Linien, die er in beinahe singbarer Weise aneinanderreiht. Mit seinem Quartett bringt er eine völlig frisch klingende Musik. Sicher war sein Weg in das freie Spiel nicht so einfach, wie es von einigen Jazz-Publizisten immer behauptet wird. Er war immerhin 28 Jahre alt, als seine ersten aufsehenerregenden Platten erschienen, und das Sensationelle der Musik macht vergessen, daß Jahre in obskuren Minstrel-Shows und Auftritte bei Rhythm-and-Blues-Veranstaltungen hinter ihm lagen. Diese Vergangenheit scheint er völlig undokumentiert von Plattenaufnahmen hinter sich gelassen zu haben.

Sun Ra, Ornette Coleman

Um die Jahreswende 1959/60 experimentiert Coltrane mit verschiedenen Quartett-Formationen. Er arbeitet mit den Pianisten Wynton Kelly, Tommy Flanagan und Cedar Walton, bis er endlich McCoy Tyner verpflichten kann, dem sein Konzept ja schon vertraut ist. Am Baß wechseln Steve Davis, Reggie Workman, Art Davis und Jim Garrison, ein Indiz für die rastlose rhythmische Suche Coltranes. Ähnlich problematisch war auch die Wahl des Schlagzeugers: Auf Pete La Rocca folgen Billy Higgins und schließlich Elvin Jones, der mit seinem polyrhythmischen Spiel eine neue Schlagzeugära eintrommeln sollte. Mit der Besetzung McCoy Tyner, Jimmy Garrison und Elvin Jones kristallisierte sich eine der für einen gewissen Zeitraum traumhaftesten Gruppen des modernen Jazz heraus. Bis zur Hinwendung Coltranes zum Free Jazz beeinflußte sie den Jazz der sechziger Jahre nach allen Seiten.

Die Übergangsstadien bis zu diesem »klassischen« Coltrane-Quartett sind gut auf Platten dokumentiert. Coltranes musikalische Forderungen an seine

Mitspieler sind nicht einfach; bis er endlich auf Elvin Jones traf, haben einige sehr gute Techniker wohl ratlos vor seinen ungewöhnlichen Wünschen gestanden. Er suchte einen intensiven Schlagzeuger, der die Musik mit voller Wucht vorantreiben sollte. Elvin Jones schaffte das mit seiner urgewaltigen Energie und natürlicher Selbstverständlichkeit. Seine dichten Polyrhythmen waren die Plattform, von der aus Coltrane in seine Improvisationen starten konnte.
Nach einer Europa-Tournee mit dem Miles-Davis-Sextett nimmt Coltrane im Herbst 1960 für Atlantic sein absolutes Hit-Album »My Favorite Things« auf (S. 156). Für die folgenden Jahre wird dieser auf dem Sopransax gespielte Broadwayschlager im Walzerrhythmus durch seine eigenwillige Interpretation zu einem Dauerbrenner. Es gibt wohl kein Konzert, bei dem Coltrane nicht darauf zurückkam, und es jedesmal wieder neu erarbeitete. Für ihn wird dieses Stück zur ständigen Herausforderung, die er aber nicht durch stures Wiederholen strapaziert. Seine Improvisationen dazu dokumentieren seine musikalische Entwicklung in den einzelnen Zeitabschnitten. Bis dahin hatte es im Jazz nicht allzu viele Kompositionen im Walzertakt gegeben. Sofort ins Ohr fallen nur der geniale »Valse Hot« von Sonny Rollins und das vielleicht noch publikumswirksamere »This Here« von Bobby Timmons. Coltrane spielte alle Walzerstücke – z. B. »Chim-Chim-Cheree« – immer nur auf dem Sopransaxophon, weil er mit dessen beschwingter Eleganz den Themen eine exotische Färbung geben konnte.
Die Erfolge des Jahres 1960 ermöglichen es Coltrane, noch einmal die Plattenfirma zu wechseln. 1961 kommt er zu Impulse, einem speziell für den Jazzmarkt konzipierten Label von ABC-Paramount. Außer der finanziellen Verbesserung hat er hier auch Einfluß auf die Grafik und die Liner Notes seiner Alben. Impulse war eine der ersten Firmen, die aufwendig gestaltete Plattencover herstellte. Die Alben sind aufklappbar und mit Fotos und Informationen versehen. Nach der »Africa/Brass«-Session (S. 157), für die der Produzent Creed Taylor verantwortlich zeichnete, beginnt die bis zu Coltranes Tod andauernde Verbindung zwischen ihm und dem Produzenten Bob Thiele, in deren Verlauf einige der aufregendsten Platten der sechziger Jahre entstehen sollten.
1961 bezieht Coltrane auch die Auseinandersetzung mit anderen Musikkulturen und ihre Integration in sein musikalisches Konzept mit ein. Sein Solo auf der letzten gemeinsamen Platte mit Miles Davis »Someday My Prince Will Come« und auch das Stück »Teo« weisen orientalische Bezüge auf, die er auf »Africa Brass« noch intensiviert. Die letzte Platte für Atlantic, »Olé« (S. 160), geht sehr individuell mit spanischer Folklore um.

Eric Dolphy

Danach folgen die Impulse-Aufnahmen für das schon angeführte Album »Africa Brass«. Coltrane befindet sich nun in der Position, zu bestimmen, wer an seinen Projekten mitarbeiten darf. Die Arrangierarbeit für »Olé« und »Africa/Brass« überläßt er seinem besten Freund, dem Multi-Instrumentalisten Eric Dolphy, der ab Mitte des Jahres als Gastsolist mit dem Quartett zusammenarbeitet. Außer der menschlich starken Bindung stimmen sie in ihren musikalischen Vorstellungen und Zielen völlig überein. Es ist aber sicher nicht vermessen, zu behaupten, daß Coltrane der Traditionellere der beiden ist. Eric Dolphys Soli sind ganz außergewöhnlich und absolut einmalig, auch heute noch. Leider existieren außer den sensationellen Live-Mitschnitten aus dem New Yorker Village Vanguard nur Raubpressungen eines Novemberkonzerts der ersten Coltrane-Quintett-Tournee vom Gastspiel in Stockholm und eine im Frühjahr 1962 aufgenommene Platte, die die beiden Freunde im New Yorker »Birdland« präsentiert.

Das Jahr 1961 sollte eine weitere personelle Änderung mit sich bringen: schon auf einigen Village-Vanguard-Aufnahmen nimmt der Bassist Jimmy Garrison teil. Es sind die Duettaufnahmen mit Reggie Workman. Im weiteren Arbeitsablauf sollte sich Coltrane für Garrison entscheiden, der durch seine Art, den Baß zu spielen, unüberhörbar das melodische Geschehen auch im Vordergrund beeinflußt. Nach dessen Eintritt ist das klassische Coltrane-Quartett komplett. Die Improvisationstechnik von Eric Dolphy führte zu heftigen Kontroversen innerhalb der Jazzpublizistik. Vielleicht ist es von daher zu erklären, daß der Produzent Bob Thiele sich anschickte, die aufgeregten Gemüter mit zwei relativ konventionellen Projekten zu beruhigen: Gemeint sind die Platten »Ballads« (S. 168) und das Album mit Duke Ellington (S. 172), die 1962 erschienen. Eines seiner schönsten Komplimente erhielt Coltrane von Johnny Hodges zu dem

John Coltrane, Duke Ellington

Ellington-Stück »In A Sentimental Mood«: »So lange ich diesen Song auch schon kenne, für mein Gefühl gibt ihm Coltrane die schönste Interpretation, die ich je hörte.« Mit zahlreichen Auftritten und einer erneuten Europatournee schließt das Jahr 1961 sehr erfolgreich für John Coltrane ab.

Die Arbeit, die mit »Ballads« begann, trägt mit der Veröffentlichung einer LP zusammen mit dem Sänger Johnny Hartmann weitere Früchte (S. 178). Auch hier wird Coltrane zum einfühlsamen Begleiter, indem er sein Horn ebenfalls wie eine Gesangsstimme klingen läßt. Auch das Jahr 1963 ist ausgefüllt mit Gastspielen, einer besonders interessanten »My Favorite Things«-Interpretation mit dem Schlagzeuger Roy Haynes auf dem Newporter Jazzfestival und dem Hinweis auf das Sprengstoffattentat auf eine Kirche in Birmingham, bei dem mehrere farbige Kinder umkamen, in Coltranes Komposition »Alabama«. Dies ist eines seiner wenigen direkt auf politische Ereignisse hinweisenden Statements. Zu der Ungeheuerlichkeit dieses Verbrechens zu schweigen, brachte er nicht fertig. In seiner Grundhaltung war Coltrane stets ein Pazifist. Dafür sprechen die Aussagen, die er zum Vietnam-Krieg macht: »Ich bin gegen Krieg, darum auch gegen den Vietnam-Krieg. Ich denke, daß alle Kriege aufhören müssen.«[1] Es sind meist friedfertige allgemeine Bekenntnisse, die von ihm zu hören sind, während die Ansprüche und Parolen der »Black Power«-Bewegung in ihrer Frustration und Wut wesentlich direkter und aggressiver werden.

Neben der immensen Arbeit, die Coltrane leistet, ist inzwischen eine neue Generation von Musikern, die ihr kulturelles Erbe musikalisch avantgardistisch aufarbeiten und zum Teil politisch sehr engagiert sind, nicht mehr zu überhören. Weit von einem »Entertainer-Image« entfernt, wollen diese die »Wahrheit« spielen, die oft schmerzhaft oder brutal klingen kann. Die neuen Stimmen kommen von Albert Ayler, Archie Shepp und Bill Dixon und sind in ihrer Kompromißlosigkeit ungeheuer spannende Dokumentationen afro-amerikanischer Musik. John Coltrane ist für sie eine Art Vaterfigur. Er hört sie an, diskutiert und spielt mit ihnen gemeinsam. Doch über seine eigene musikalische Auffassung, die nach wie vor evolutionsmäßige Züge hat, ist er nicht bereit, hinauszugehen, um sich in ein total freies Spiel zu stürzen.

Das aufreibende Leben hat auch seinen Preis: an der schon zur Tradition gewordenen Europatournee nimmt Naima Coltrane nicht mehr teil. Coltrane ist total von der Musik besessen und lebt in anderen Welten. Trotzdem trifft er alle seine Veränderungen in seiner charakteristischen umsichtigen Art. Ein Ausspruch, der für alle seine Lebenssituationen bezeichnend sein sollte: »Ich

Alice und John Coltrane

will vorwärts kommen, aber mich nicht so weit entfernen, daß ich nicht sehen kann, was die anderen tun.« So sind auch seine Ablösungsprozesse fließend und ohne harte Einschnitte.

Das Jahr 1964 steht ganz im Zeichen religiöser Hingabe. Coltrane, der aus allen Religionen seinen eigenen »kosmischen« Glauben herausgefiltert hat, legt mit der LP »A Love Supreme« (S. 183) ein musikalisches Selbstbekenntnis von nahezu entrückter Schönheit ab. Er beschäftigt sich mit dem Tod, sei es in seiner endgültigen Form oder in der Hinsicht, daß alte Dinge absterben müssen, um einer Erneuerung Raum zu geben. Seine spätere Frau Alice McLeod drückt es so aus: »Wir beide reisten in eine besondere spirituelle Richtung, so erschien es uns nur natürlich, unsere Kräfte zu vereinen.«

Nach »A Love Supreme« erfolgt wieder ein Zugeständnis an seine Plattenfirma mit der Aufnahme »Chim Chim Cheree« im Februar 1965 (S. 185). Im Titel wird noch einmal das »My Favorite Things«-Walzermodell angewendet. Dies sollte die letzte mit Kompromissen behaftete Aufnahme Coltranes sein.

John Coltrane, Jimmy Garrison (Japan-Tournee 1966)

Schon einen Monat später – im März 1965 – setzt er sich mit seiner Gruppe mit einem Konzert im New Yorker Village Gate für die Black Arts Repertory School ein. Mit ihm zusammen treten die Repräsentanten des »New Thing« auf, Archie Shepp und Albert Ayler, um nur die wichtigsten zu benennen.
Zusammen mit Archie Shepp und weiteren Vertretern der Avantgarde nimmt Coltrane im Juni das ekstatische Werk »Ascension« auf (S. 191). Hier wagt er sich, angeregt durch die Vertreter des »Free« in eine musikalische Welt, die zu betreten ihm bis dahin nicht möglich war, weil ihm sein eigener musikalischer Background im Weg stand.
Weitere religiöse und meditative Platten folgen bis zum Jahresende. Coltrane und Alice McLeod haben inzwischen geheiratet, und auch in der Gruppe gibt es Veränderungen. Als erster geht der Pianist McCoy Tyner; seinen Platz nimmt Coltranes Frau ein. Hinzu kommt auch Pharoah Sanders, ein gewaltiger, sehr emotioneller Tenorist aus Little Rock. Er und Coltrane steigern sich gegenseitig in ihren Soli bis zu entlegenen Höhen.

Im März 1966 verläßt auch der langjährige Schlagzeuger Elvin Jones die Gruppe, um seinen Stuhl Rashied Ali zu überlassen. Beide hatten zeitweilig im Duett gespielt, doch waren ihre Kräfte zu gegensätzlich. Jones geht mit der Bemerkung zu Coltranes Musik: »Das ist nur etwas für Poeten.«
Der Sommer 1966 bringt der Gruppe eine unglaublich gefeierte Japan-Tournee, die allerdings schon von Coltranes sich ständig verschlechternden Gesundheit überschattet war. Dennoch sind seine auf Schallplatten dokumentierten Improvisationen voll ausgeglichener Kraft.
Nach dieser Tournee zieht er sich zurück, um sich auszukurieren und eine neue Lebenseinstellung zu bekommen. Trotz seines bedenklichen Gesundheitszustands nimmt er im Februar 1967 die wunderschöne LP »Interstellar Space« im Duo mit Rashied Ali auf (S. 208), und einen Monat später die Platte, die zu seinem musikalischen Vermächtnis wird, »Expression« (S. 210). Diese enthält eine Musik, die nach allen Seiten hin offen war: die Verarbeitung seiner »Free«-Periode, impressionistische Duo-Aufnahmen, das Einbeziehen neuer Instrumente. Niemand weiß, wohin seine musikalische Reise gegangen wäre.
1965 war Coltrane mit seiner Frau Alice nach Huntington, Long Island, gezogen. Dort starb er im Hospital am 17. Juli 1967 an einem Leberleiden. Sein früher Tod versetzte der Jazzwelt einen Schock. Das, was Coltrane in Bewegung gesetzt hat – die neuen melodischen und rhythmischen Freiheiten –, wurde zu einer immer noch andauernden musikalischen Bewegung.

Wichtige Musiker um John Coltrane

Miles Davis

Im Herbst 1955 gingen der Trompeter Miles Davis und John Coltrane zum ersten Mal gemeinsam in die Columbia Aufnahmestudios, um für eine – von dem berühmten Dirigenten Leonard Bernstein kommentierte – Jazzgeschichte Stücke einzuspielen. Im Gegensatz zu John Coltrane hatte Miles Davis zu dieser Zeit schon seinen jazzgeschichtlichen Beitrag geleistet. Ohne große Umwege sehr erfolgsorientiert, brachte sich Davis stets in den Focus des Jazzgeschehens. Schon als Zwanzigjähriger musizierte er mit der gesamten Bebop-Prominenz, arbeitete mit dem Altsaxophonisten »Bird« Charlie Parker bei den legendären Savoy-Sessions und war maßgeblich an der Entwicklung des »Cool Jazz« beteiligt, der durch seine Platte mit dem gar nicht bescheidenen Titel »The Birth Of Cool« auch werbewirksam seinen Niederschlag fand. Es gehörte schon eine gewaltige Portion Selbstvertrauen dazu, sich mit einer Trompetentechnik, die man damals nur als schlicht bezeichnen konnte, unter solche instrumentale Artisten wie Dizzy Gillespie oder Fats Navarro zu mischen. Miles schaffte es. Mit seinem lyrischen, völlig vibrationslosen Ton war er das genaue Gegenteil und dadurch so etwas wie eine ruhende, ordnende Kraft in der hektischen Bebopsphäre.

Während Miles Davis sich nachfolgend dem Cool Jazz und nur vereinzelt boporientierten Arbeiten widmete, marschierte Coltrane auf der saftigeren Straße des Rhythm-and-Blues und tat musikalisch fast alles, was von ihm verlangt wurde. Anders geartet als der nur um einige Monate ältere Miles Davis, ließ er sich treiben, um alle möglichen, auch außermusikalischen Einflüsse zu sammeln. Vor seinem sensationellen Auftritt beim Newport Jazzfestival 1955 war es um Davis etwas stiller geworden. Doch mit sicherem Gespür, sowohl bezüglich der Wahl seiner Partner als auch musikalischen Trends gegenüber, hatte Miles gemerkt, daß sich der musikalische Wind gedreht hatte. Durch endlose Reproduktionen war der Cool Jazz und der sich daraus ableitende »West Coast«

immer mehr in ein seichtes, blutleeres Fahrwasser geraten. Exponenten des Hardbop – Gruppen wie die des Schlagzeugers Art Blakey oder des Pianisten Horace Silver – gaben jetzt den Ton an. Vermutlich gab diese Tendenz Miles Davis den Anstoß, etwas von seinem introvertierten Stil abzurücken. Ab Newport und in der Folgezeit blies er kraftvoller und risikofreudiger als je zuvor. Auch persönlich befand er sich im Umbruch. Mit den Columbia-Aufnahmen begann der Ablösungsprozeß von seiner bisherigen Plattenfirma Prestige. Bis zur endgültigen Übernahme bei Columbia, mit deren Protektion Davis eine Menge mehr Freiheit hatte, erledigte er in nur zwei Aufnahmesitzungen mit seinem neuen Quintett alle vertraglichen Verpflichtungen bei Prestige.
Diese legendären Aufnahmesessions fanden am 11. Mai und am 26. Oktober des Jahres 1956 statt. Unter Mitwirkung von John Coltrane am Tenorsaxophon, Red Garland Piano, Paul Chambers Baß und »Philly« Joe Jones am Schlagzeug entstanden Davis' erfolgreichste Aufnahmen für Prestige: »Relaxin'«, »Workin'«, »Steamin'« und »Cookin'«. Wegen der Popularität des Rhythmusteams Garland/Chambers/Jones sollten in der Folgezeit eine Unzahl weiterer Platten folgen, die teilweise John Coltrane als Leader oder Sideman haben, jedoch sind die wenigen, im gleichen Zeitraum erschienenen Davis/Coltrane-Aufnahmen musikalisch ergiebiger.
John Coltrane wurde zweimal von Miles Davis engagiert. Interessanterweise immer dann, wenn dieser ein neues Projekt initiierte. Mag es sich bei dem schon angesprochenen Miles-Davis-Quintett, das von Herbst 1955 bis Ende 1956 bestand, auf den ersten Blick um eine Verlegenheitslösung gehandelt haben, so mußte die rasante Entwicklung, die Coltrane in dem Quintett und nach dessen Split nahm, alle Kassandrarufe der amerikanischen Kritikerliga Lügen strafen. Seinen Einfluß auf Davis zeigte dann die Arbeit im Sextett mit phantastischen Live-Aufnahmen aus Newport und dem »Kind of Blue«-Album.

McCoy Tyner

Wie es der Pianist McCoy Tyner schon treffend bemerkte, bestand das John-Coltrane-Quartett eigentlich aus vier verschiedenen Elementen. »Wir hatten *einen* Mann, der das ganze Team zusammenhielt, aber in Wirklichkeit war es eine Gruppe von Persönlichkeiten. Einmal war ich für eine Woche nicht dabei. Trotzdem engagierte John für diese Zeit keinen Pianisten. Er spielte ohne Piano!« (Down Beat, Juli 1979).

McCoy Tyner wurde am 11. Dezember 1938 in Philadelphia geboren. Durch seine Mutter, die ebenfalls Piano spielt, wird sein Interesse an diesem Instrument gefördert und auch die musikalische Nachbarschaft bleibt nicht ohne Einfluß. In seiner Nähe wohnt der Bebop-Pianist *par excellence,* Bud Powell, und dessen Bruder Richie, mit denen sich McCoy anfreundet.

Irgendwann im Sommer 1955 lernt McCoy durch Cal Massey John Coltrane kennen. Sie spielen zusammen, diskutieren ihre musikalischen Vorstellungen, und für beide wird es klar, daß sie eines Tages zusammenspielen werden. Zu der Zeit ist McCoy Tyner gerade erst 17 Jahre alt und spielt in einigen Bands aus Philadelphia.

Bis sie ihre Pläne realisieren konnten, sollten noch ca. fünf Jahre vergehen. Bis dahin trafen sie zusammen, wann immer sich eine Möglichkeit ergab und sich Coltrane in Philadelphia aufhielt. Um die Eigentümlichkeit der Situation zu erklären: Coltrane spielte mittlerweile zum zweiten Male bei Miles Davis, und McCoy Tyner hatte das Angebot des Tenorsaxophonisten Benny Golson aufgegriffen und trat mit dessen Jazztet auf. Dazu McCoy: »Jedesmal wenn John bei Miles aufhören wollte, ermunterte Miles ihn, zu bleiben. Es war auch nicht das Jazztet, es war Benny Golson der mich bat, mit ihm nach San Francisco zu gehen. Wenig später erzählte er mir, er und Art Farmer hätten schon über das Jazztet gesprochen und sich gewundert, daß ich nicht mitmachen wollte. Ich sagte, was ich mit John besprochen hatte, daß wir eine Art verbale Übereinkunft hätten, zusammen zu spielen, wenn er bei Miles Davis aussteigen sollte und ich sehr gerne mit ihm Musik machen würde, weil darin wirklich mein Herz hinge. Aber ich wußte nicht, wann John Miles Davis verlassen würde. Und ich mußte schließlich auch etwas tun. Konsequenterweise gingen wir dann nach New York und das Jazztet wurde gegründet. Eine sehr gleichförmige Gruppe, sie war wirklich nicht der Typ des kreativen Umfelds, das ich gerade suchte. Aber es war interessant, und der erste richtig professionelle Job, den ich bis dahin hatte.«

Hört man die Pianosoli, die McCoy Tyner zu Jazztet-Zeiten spielt, kann man sich gar nicht vorstellen, daß dieser unauffällig improvisierende Pianist bei John Coltrane eine Menge in Bewegung setzen sollte. Während McCoy's Engagement bei dem Jazztet verläßt Coltrane Miles Davis, um sich endlich um eine eigene Gruppe zu kümmern. Nach einiger Zeit kann sich auch McCoy freimachen. Begeistert äußert er sich über sein Zusammenspiel im Coltrane-Team: »Ich

McCoy Tyner

schloß mich ihm an, immer bereit zu lernen. Ich hatte mein eigenes Ohr, meinen eigenen Stil und Feeling und wußte, was ich aus meinem Instrument herausholen konnte, und ich dachte, daß ich eine wirkliche Chance hatte, dort zu wachsen. Es war ein ungeheurer Lernprozeß für mich, und es erreichte einen Punkt, wo es beinahe ein triumphierendes Experiment wurde, mit ihnen auf der Bühne zu sein.«

Solcher Enthusiasmus wird verständlich, hört man die ersten Aufnahmen, die Coltrane und McCoy auf Platte einspielten (S. 180). Es sind die Liveaufnahmen aus dem New Yorker Birdland. Deutlich setzt sich Tyners Spielweise von allen vorangegangenen Coltrane-Pianisten ab. Seine kraftvolle linke Hand schafft intensiv einen starken rhythmisierten Akkordbackground, während seine rechte Hand schillernd flüssige Läufe erfindet.

In der Coltrane-Gruppe entwickelt sich McCoy Tyners persönlicher melodischer Sound immer stärker. »Schönheit ist der richtige Ausdruck für McCoy's Spielweise. Es ist alles aus einem Stück, weil er es auch durchlebt.« Soweit John Coltrane über seinen Pianisten.

In vielen Kommentaren gibt McCoy Tyner an, daß es ihm nur durch die Arbeit mit Coltrane möglich war, sich musikalisch so zu entwickeln: »Es ist nicht nur das beständige Suchen nach einem Weg, sondern auch die Tatsache, daß er uns dazu ermuntert, das zu spielen, was wir fühlen. Er gibt uns auch nie genaue Instruktionen. Wir sind gewohnt, für uns selbst zu denken, und das ist ein exzellentes Training gewesen.«
McCoy Tyner und seine zahlreichen Gruppen, die nach seiner Zeit mit John Coltrane folgten, musizieren auch heute noch in dieser Auffassung, ohne die »Free Phase« zu berühren.

Elvin Jones

Keiner der vielen Schlagzeuger, mit denen John Coltrane während seiner Laufbahn zusammenarbeitete, harmonisierte über einen längeren Zeitraum so gut mit dem Tenoristen wie Elvin Jones.
Er ist der jüngste einer hochmusikalischen (Jazz-)Familie; sein Bruder Hank spielt Klavier, und Thad Jones erregte nicht nur als Trompeter, sondern auch als Coleader der Mel-Lewis-Bigband Aufsehen.
Geboren wurde Elvin Jones am 9. September 1927 in Pontiac/Michigan. Seit 1949 spielte er in lokalen Detroiter Jazzkreisen und kam 1956 nach New York. Dort spielte er mit den unterschiedlichsten Musikern und entwickelte langsam seine eigene rhythmische Auffassung.
Mit dem von ihm praktizierten polyrhythmischen Spiel und der ungeheuren Dynamik wurde er für Coltrane zum idealen Partner. Während sich seine konventioneller spielenden Kollegen hauptsächlich als »Timekeeper« verstanden, waren Elvins pulsierende Rhythmen während des ganzen musikalischen Ablaufs spürbar. Über sie und mit ihnen konnte Coltrane zu seinen sich immer weiter ausdehnenden Improvisationen starten.
Bis zu Coltranes Vorstoß in noch freiere Spielformen blieb Elvin bei ihm. Erst als zusätzlich ein weiterer Schlagzeuger, nämlich Rashied Ali, mit in die Band kam, der eigentlich – wie Elvin Jones einige Jahre zuvor – eine andere rhythmische Auffassung hatte, verließ Jones die Gruppe von John Coltrane. Der Abschied muß sowohl für ihn als auch für Coltrane ziemlich schmerzlich gewesen sein, denn sein überstürztes folgendes Engagement in dem für ihn gar nicht

passenden Orchester von Duke Ellington wird schon nach wenigen Tagen wieder aufgekündigt.
»Immer wenn ich einen Wechsel plane, bin ich ein wenig traurig, weil es bedeutet, mich von Musikern zu trennen. Aus diesem Grund überlege ich oft sehr lange. Aber nach einer Weile stellt sich heraus, daß ich gar nicht anders konnte, um vorwärts zu kommen.« Soweit Coltrane, der in diesem Statement grundsätzlich etwas über die Personalsituation in seinen Gruppen verlauten läßt.
Nach Coltranes Tod wird deutlich, daß Elvin das Musizierideal seines ehemaligen Chefs beibehält: »Er soll in meiner Musik stets zu spüren sein, denn all das, was meine Musik bedeutend macht, stammt aus der Zusammenarbeit mit Trane.« (Jazz-Podium)

Jimmy Garrison

Der Bassist Jimmy Garrison wurde am 3. März 1934 in Miami geboren, wuchs aber in Philadelphia auf und spielte dort bis 1958 in der lokalen Jazzszenerie. Nach seiner Übersiedlung nach New York und diversen Aufnahmeverpflichtungen schloß er sich 1961 der John-Coltrane-Gruppe an, bei der er bis zum Tode ihres Leaders blieb.
Die Baßstimme von Garrison sollte innerhalb des Coltrane-Quartettes unüberhörbar werden. Mit seinen kräftigen Baßfiguren verstand er es auch, sich gegen das gewaltige »Powerplay« von Elvin Jones und John Coltrane zu behaupten. In technischer Hinsicht führt Jimmy Garrison das fort, was von dem Bassisten Scott La Faro bereits initiiert wurde: die reine Begleitfunktion des Baßes zu revidieren und durch ständige rhythmische und melodische Präsenz Abläufe zu schaffen, die der Gruppe neue Impulse verleihen.
Der Baß wird von Garrison mit einer Flexibilität gespielt, die mehr an einen Gitarristen erinnert. Dadurch verleiht er dem Spielgeschehen eine permanente rhythmische Dichte. Hinzu kommt sein sicherer musikalischer Instinkt. Er weiß immer, was gerade in den Ablauf oder Charakter einer Komposition paßt und wertet diese mit seiner strukturbildenden Spielweise auf.
Jimmy Garrison starb 1976. Bis zu seinem Tode blieb er dem Post-Coltrane-Spielideal nahe und musizierte fast ausschließlich mit Vertretern dieser Richtung.

Jimmy Garrison

Zu den schönsten späteren Aufnahmen des Bassisten Jimmy Garrison zählten die Alben »Puttin' It Together« und »The Ultimate«, beide auf Blue Note mit dem Tenoristen Joe Farrell und – wie könnte es auch anders sein – Elvin Jones am Schlagzeug.

Pharoah Sanders und Archie Shepp

Zwei weitere Tenorsaxophonisten sollten für John Coltrane gegen Ende seiner Karriere noch einmal Bedeutung erlangen. Es handelt sich um den 1937 geborenen Archie Shepp, der aus Fort Lauderdale stammt, und den 1940 in Little Rock geborenen Pharoah Sanders.

Durch Coltranes Hinweis auf diese jungen Tenoristen erhöhte sich ihr Bekanntheitsgrad schlagartig. Was aber Innovation und vor allen Dingen den sorglosen Umgang mit dem musikalischen Material betraf, konnte Coltrane auch von ihnen eine Menge für sich verwenden.
Nach Coltranes Tod beschritt Sanders zunächst den von ihm vorgegebenen Weg und schuf mit den Werken »Tauhid«, »Karma« und »Thembi« überzeugende Beiträge von meditativ folkloristischer Musik, die er mit Free Jazz Ausbrüchen anreicherte. In jüngster Zeit geriet er aber immer mehr in ein unglaubwürdiges kommerzielles Fahrwasser. Was als Existenzsicherung nur allzu verständlich

Pharoah Sanders

erscheint, kann doch nicht darüber hinwegtrösten, was für ein Talent damit vertan wird. Unbestritten lieferte Sanders mit Coltrane wohl das Eindringlichste, was je aus einem Tenorsaxophon zu hören war. Die Skala seines Ausdrucks reicht von tief empfundenen Lyrizismen bis zu dem Schrei eines gequälten Individuums. Oft führte er die von Coltrane begonnenen Improvisationen mit der Flüssigkeit zu Ende, mit der er über mehrere Oktaven hinweg sein Instrument handhabt, und oft war er der ekstatischere Improvisator.
Ganz anders Archie Shepp: Bei ihm scheinen die Zeiten des »Free Jazz« und des lautstarken politischen Engagements vorüber zu sein. Wer ihn heutzutage

Archie Shepp

spielen hört, erlebt einen Musiker, der sich voll als Bewahrer afro-amerikanischer Musik versteht. Seit Jahren spielt Archie Shepp einen lupenreinen Bebop, den er mit den ganzen weiteren harmonischen Möglichkeiten, die sich inzwischen durchgesetzt haben, weiter ausbaut. Speziell sein Verhältnis zu der Musik und den Kompositionen Coltranes wird aus seinen folgenden Worten deutlich:
»Ich arbeite heute mit vielen Kompositionen Coltranes. Mehr und mehr betrachte ich diese Werke Coltranes von einem technischen Standpunkt aus. Damit meine ich natürlich sein komplettes Werk, nicht nur die Kompositionen, die in einer maßgebenden Periode entstanden. Wie auch Parker, Hawkins, Young und andere, sehe ich Coltrane als einen bedeutenden musikalischen Erneuerer des 20. Jahrhunderts. Er ist einer der großen Vereiniger in unserem Beruf. Ich glaube, er ist einer jener Leute, die aus der Kunst der Schwarzen eine schwarze Wissenschaft gemacht haben. Ein großer Wissenschaftler im musikalischen Bereich, und das ist auch der Grund, weshalb so viele Menschen unterschiedlicher Rasse und Hautfarbe eifrigst seine Werke untersucht haben und sie zu verstehen versuchen, weil er bestimmte wissenschaftliche Elemente im melodischen Bereich konkretisiert hat. Was ich meine, ist sein melodischer Aufbau und seine regelrechte *Neuerfindung* des Tenorsaxophons. Man spielt heute Dinge darauf, von denen man noch vor wenigen Jahren nicht geträumt hätte. Von der afrikanischen Gemeinschaft, hier in Amerika, aus gesehen machte er aus einem westlichen Instrument ein nicht-westliches . . . Er war ein Lehrer, ein guter Freund, fast wie ein älterer Bruder.« (Coda)

Die stilistische Entwicklung des Saxophonspiels bei John Coltrane – eine theoretische Stilanalyse

Grob gesagt läßt sich Coltranes Spielweise in vier Epochen bzw. Abschnitte einteilen. Diese Art der Gliederung kann natürlich, in Anbetracht von stilübergreifenden Elementen, Experimentierphasen, Rückschritten etc., lediglich schematisierend sein.
Dieses Modell würde wie folgt aussehen:
Phase 1: Die »Sheets Of Sound«-Periode (1955–1958/59)
Phase 2: Periode der Neugestaltung harmonischer Formen (1958–1960)
Phase 3: Periode des modalen Spiels (1960–1965)
Phase 4: Periode des freien Spiels (1965–1967)
Sieht man von dem bereits oben erwähnten Überlappen dieser Phasen ab, so ist es möglich, jede dieser Perioden einer theoretischen Betrachtung zu unterziehen, wobei die Zeit vor 1955 nicht in Erwähnung gezogen wird, da Coltrane in diesem Abschnitt weder bekannt noch einflußreich und bis dahin nicht als Musiker mit einer eigenständigen Konzeption aufgefallen war.

Die »sheets of sound« (1955–1958/59)

Als Coltrane 1955 von Miles Davis als Tenorsaxophonist verpflichtet wird, öffnen sich für ihn neue, noch nie gekannte Möglichkeiten. Miles Davis, als Sideman mit Charlie Parker bekannt geworden, läßt seinen Musikern jeden Freiraum zum Experimentieren. Anfangs darüber verblüfft, benutzt Coltrane diese Möglichkeit, seine harmonischen »approaches«, seine theoretischen Grundlagen auszubauen, und auf dieser Basis neue Ansätze für sein Spiel zu finden. Der erste Schritt ist, die harmonischen Grenzen der funktionalen Gerüste, über die er improvisiert, auszuweiten und so eine Vielfältigkeit des Spieles zu schaffen, die ihm offenbar verschlossen geblieben wäre, hätte er sich strikt an das gegebene Akkordmuster gehalten. Diese Spielweise stellt ihn in die

Tradition von Tenoristen, die mit Coleman Hawkins ihren Ausgangspunkt hat. Im Gegensatz zu Lester Young, der stets Gewicht auf ein relaxtes, melodisches Spiel legte, bezieht Hawkins seine improvisatorische Grundlage aus den Harmonien, über die er spielt, und aus deren Brechungen – den Arpeggien – er seine Linien zusammensetzt. Coltrane jedoch geht einen entscheidenden Schritt weiter. Nicht nur baut er seine Phrasen auf Akkordbrechungen auf, sondern legt über die zugrundeliegenden Changes andere Brechungen, die den Akkorden eine plötzliche Doppeldeutigkeit verleihen. Der Effekt dieses Vorgehens liegt auf der Hand: die Harmonien, die er zusätzlich zu den obligatorischen impliziert, ergeben andere, vielfältigere Möglichkeiten, den nächstkommenden Akkord anzugehen, da er, der Improvisator, die Freiheit besitzt, diese von anderen Punkten anzugreifen. Auf diese Art und Weise ist es machbar, Linien und Phrasen zu spielen, die für den Hörer neu und unerwartet sind und dem Musiker die Freiheit bieten, dem bereits Gespielten und Erwarteten auszuweichen. So faszinierend diese Methode auch ist, bietet sie doch zumindest zwei Problempunkte. Der erste betrifft den jeweils beteiligten Pianisten. Sofern jener nämlich nicht mit diesem System vertraut war und seine Akkorde entsprechend vieldeutig legte und alterierte, bestand stets die Gefahr für Coltrane, daß seine Linien mit den Harmonien des Pianisten kollidierten und den Eindruck von Unstimmigkeit ergaben. Am ungehemmtesten praktizierte Coltrane diese Technik bezeichnenderweise mit Thelonious Monk, dessen sparsame und karikierende Spielweise einen idealen Boden für Coltranes Spiel abgab (anstelle eines C-maj-Akkordes beispielsweise spielte Monk manchmal nur Grundton und große Septim, zuweilen auch nur Oktav und große Septim, somit einen Zweiklang aus Noten im Intervall einer kleinen Sekund, also der größtmöglichen Dissonanz herstellend, der allerdings immer noch stimmigerweise den Akkord repräsentierte.

z. B.: 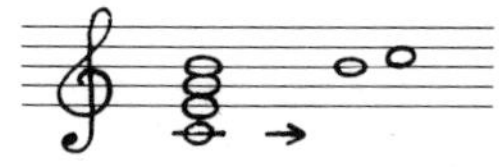

Die zweite Problematik liegt auf rhythmischer Ebene. Bei mittleren und schnellen Tempi ist der Zeitraum, der benötigt wird, um – außer dem Grundakkord – andere harmonische Strukturen zu implizieren, naturgemäß gering, geht man davon aus, daß die Changes ganz-, öfter allerdings nur halbtaktig wechseln. Um dieses Problem zu lösen, mußte er in eben diesem Zeitraum die gespielten Noten verdichten, zusammendrängen, was zu den

»sheets of sound« führte. Diese bestehen aus Tonfolgen, die, rapide gespielt, einem den Eindruck einer Fläche, eines zusammenhängenden Klanges geben. Untersucht man diese Gebilde näher, so stellt man fest, daß es sich hier um Notengruppierungen handelt, die sich in ausgesprochen ungeraden Notenwerten manifestieren.

Trinkle Tinkle (Tenorsolo)

Um also so viel wie möglich in einem oder mehreren Takten unterzubringen, spielte er folglich Notenwerte, die ihm gestatteten, *alle* diese Töne auszuspielen, den Takt zu füllen. Um den rhythmischen Fluß aufrecht zu erhalten, setzte er in diesen »Notenschwall« Akzente auf rhythmisch wichtige Punkte. Für alle diejenigen, die im Jazz von einer Achtel-Grundphrasierung ausgingen, war diese Technik eine umwerfende Neuerung. Durch diese Klangflächen bricht Coltrane das rhythmische Grundkonzept auf: wo man keine eindeutig Time-bezogene Phrasierung mehr ausmachen kann, wo der melodische Ablauf nicht mehr primär sich in fließenden Achtel-Linien abspielt, muß die Rhythmusgruppe zwangsläufig polyrhythmisch spielen, will sie nicht einen steifen und trägen Eindruck hinterlassen. (Ein gutes Beispiel für die Trägheit der Rhythmusgruppe ist die

Aufnahme »Gold Coast« auf Savoy, S. 129.) Im Dienste dieses Konzepts steht auch Coltranes Instrumentalton in jener Zeit. Beißend, penetrant und scharf, verleiht er seinem Spiel große Präzision, was vielleicht bei einem weichen dunklen Klang kaum möglich wäre; zu schwammig und zu wenig abgegrenzt, zu undifferenziert würden die »sheets of sound« klingen. Dies ist möglicherweise auch der Grund dafür, daß andere Tenoristen dieser Zeit, die einen voluminöseren Ton besaßen (Gene Ammons, Sonny Rollins, Yusef Lateef) diese Spielpraxis nicht nachvollziehen konnten oder wollten. Soviele Vorteile diese Konzeption auch haben mag, führt sie manchmal doch zu einer undurchdringlichen Komplexität des Gespielten, so daß Coltranes nächster Schritt nahe lag, nämlich die Harmonien, die er ansonsten mit seinen Arpeggien spielte, nun als funktionale Harmonien in ein Akkordgerüst einzubauen. Die nunmehr explizit vorhandenen Changes bildeten die Möglichkeit, ganz neue, frische harmonische Texturen zu schaffen, über die man linear improvisieren konnte und somit den Vorteil hatte, nicht mehr unzählige Akkordbrechungen einem einzigen Akkord aufpfropfen zu müssen. Logischerweise fällt auch der eigentliche Anfang Coltranes als Komponist in diese Phase, da er gezwungen war, Material, das die oben genannten Qualitäten besaß, zu schaffen. Dies ist zugleich der Beginn seiner zweiten Phase.

Neugestaltung harmonischer Formen (1958–1960)

In jeder Art von Musik, also auch im Jazz, läßt sich eine Dreiteilung des musikalischen Geschehens in die Elemente Rhythmik, Harmonik und Melodik feststellen. Im Regelfall stehen diese Komponenten in einer Wechselbeziehung zueinander, in welcher immer eines oder zwei dieser Elemente im Vordergrund sind, während die restlichen zurücktreten. Je größer die Spannung in einem dieser Elemente ist, desto geringer ist sie naturgemäß in den anderen. So ist es zu verstehen, daß Coltrane über die Standard-Akkordfolgen, also über harmonisch nicht sehr dichte Gerüste, rhythmisch und harmonisch komplizierte Linien legen konnte. Mit der fortschreitenden Komplexität der funktionsharmonischen Texturen, mit »Moment's Notice«, »Central Park West«, »Countdown«, »Like Sonny« und, wohl am berühmtesten, »Giant Steps«, kehrt er rhythmisch wieder zur Achtel-Phrasierung zurück, reduziert also die rhythmische Dichte seines Spiels. (Am besten wohl bei »Giant Steps« zu sehen, S. 148.) Typisch ist diese Umstrukturierung des Akkordmusters bei »Countdown« (S. 124), das aus »Tune Up« entstand.

Tune Up (Miles Davis)	Em^7	A^7	DΔ	DΔ
	Dm^7	G^7	CΔ	CΔ
	Cm^7	F^7	B$^\flat\Delta$	B$^\flat\Delta$
	Em^7	F^7	B$^\flat\Delta$	A^7

Countdown (John Coltrane)	Em^7 F^7	B$^\flat\Delta$ D$^{\flat 7}$	G$^\flat\Delta$ A^7	DΔ
	Dm^7 E$^{\flat 7}$	A$^\flat\Delta$ B^7	EΔ G^7	CΔ
Unterstrichen sind die	Cm^7 D$^{\flat 7}$	G$^\flat\Delta$ A^7	DΔ F^7	B$^\flat\Delta$
Übereinstimmungen	Em^7	F^7	B$^\flat\Delta$	E$^{\flat 7}$ 4.55

Deutlich ist hier zu sehen, daß Coltrane zur Grundstruktur lediglich Akkorde addierte, die er möglicherweise früher in seinen Soli über »Tune Up« bereits implizit verwendet hatte. Coltrane erweitert die Harmonik jedoch nicht etwa konventionell, durch Hinzufügen weiterer stufenbezogener Changes oder Stellvertretern, sondern setzt sie in Terzabstand, verrückt sie also lediglich (eine Technik, die in der europäisch-klassischen Musik mit Debussy ihren Anfangspunkt hat), läßt jedoch die Grundstruktur, die II-V-I Progression, unangetastet. Innerhalb dieser Terzrückungen, auch Medianten genannt, stellt er hierarchische Bezüge auf, wobei er stets die Dominante wechselt.

| Em^7 F^7 | B$^\flat\Delta$ D$^{\flat 7}$ | G$^\flat\Delta$ A^7 | DΔ |

F^7 auf B$^\flat\Delta$ stellt eine V-I Beziehung dar, wie auch D$^{\flat 7}$ auf G$^\flat\Delta$.

Wer je versucht hat, eines dieser Stücke zu spielen und darüber zu improvisieren, ist sich der Schwierigkeit bewußt, die sich daraus ergibt. Die Dominantwechsel und Terzrückungen der Akkorde müssen in der Improvisationslinie strikt mitvollzogen werden, will man nicht den Anschein von »falschem« Spiel oder Orientierungslosigkeit geben. Daß mit dieser harmonischen Komponente eine Vereinfachung des rhythmisch-melodischen Geschehens verbunden sein muß, ist offensichtlich, muß doch hier die Vielschichtigkeit der Tonalität nicht mehr durch die Linien des Improvisierenden geschaffen werden. Das Vorhandensein dieser vielschichtigen Akkordstruktur erlaubte Coltrane gar nicht mehr, weitere Strukturen *darüber* aufzubauen, wäre doch somit das Gespielte vollends undurchdringlich, da zu vieldeutig, geworden. Die Spannung im melodisch-rhythmischen Bereich wird von einer dichten Harmonik abgelöst.

Das modale Spiel (1960–1965)

Als John Coltrane 1959–1960 wiederholt bei Miles Davis spielt, erprobt dieser bereits seine modale Konzeption. Diese besteht hauptsächlich aus der Auflösung der funktionsharmonischen Zusammenhänge, an deren Stelle nur noch wenige Akkorde treten, die nicht mehr modulieren, was dazu führt, daß man über weite Strecken in *einer* Tonleiter zu bleiben vermag und somit mehr Gewicht auf melodische Linien legen kann. (Wieder ist die Gesetzmäßigkeit in Kraft: wenig harmonische Spannung, dafür größere rhythmische bzw. melodische.) Coltrane versuchte hier wieder seinen multichordalen Ansatz (Implikation mehrerer Akkorde), erprobte jedoch auch die Möglichkeiten eines rein melodischen Spiels. Der endgültige Durchbruch mit dieser Spielweise gelang ihm mit »My Favorite Things« (S. 156). Dem Thema dieses Walzers von Rodgers und Hammerstein hängte Coltrane eine lange Passage in E-moll, bzw. nach Wiederholung des Themas, in E-dur an und improvisierte ausladend über beide Teile. Nach diesem Durchbruch, der überall in Jazzkreisen Aufmerksamkeit erregte, spielte Coltrane zwar größtenteils modal, gab aber die Möglichkeiten, die ihm funktionsharmonische Stücke boten, nicht auf (z. B. »Softly As In A Morning Sunrise«, S. 164). Für Coltrane, der die indische Musik, die vollkommen auf Scales und Modes aufbaut, verehrte, bedeutete diese modale Spielweise eine Befreiung von den immer komplizierter werdenden Progressionen, die er entwerfen mußte, um seine Musik frisch und neu klingen zu lassen. Somit konnte er mehr Gewicht auf die melodische Entwicklung der Improvisationen legen, sie länger ausdehnen und ihnen mehr Gehalt geben, da über den zugrundeliegenden Akkord nahezu alle Möglichkeiten offen waren. Unter diesen Gegebenheiten entwickelte Coltrane nun das, was Andrew White eine *polydiatonische* oder *polymodale* Spielweise nennt. Damit wird die Technik der gleichzeitigen Verwendung zweier oder mehrerer diatonischer Tonleitern bezeichnet, eine

Technik, die schon Béla Bartòk in vielen seiner Werke gebraucht hatte. Ein gutes Beispiel hierfür ist Coltranes Stück »Impressions« (S. 166). Ein weiteres Beispiel dafür, welche Möglichkeiten der modale Ansatz dem Musiker bietet, ist das Thema »Miles' Mode« (S. 172). Über einen zugrundeliegenden C-moll-Akkord entwickelt Coltrane, von der charakteristischen Mollterz C auf E^{b}, ein zwölftöniges Thema welches er in den zweiten zwei Takten rückwärts erklingen läßt. Zwölftönig bedeutet, daß alle zwölf Töne der chromatischen Tonleiter Verwendung finden und fernerhin alle diese Töne erklungen sein müssen, bevor sich eine Wiederholung eines Tones ergibt. Diese Kompositionstechnik geht auf Arnold Schönberg zurück, der sie zwischen 1921 und 1924 entwickelte.

Miles' Mode

Gleichzeitig zur modalen Spielweise begann Coltrane immer öfter Sopransaxophon zu spielen, dem er einen Ton, nahe der Oboe und dem indischen Nagaswaram abgewann. Auf diese Weise bekommen seine Linien eine andere klangliche Färbung, mehr an indische und arabische Musik erinnernd. Waren »My Favorite Things« und »Olé« noch eher zaghafte Versuche, wenn auch musikalisch gelungene, sich im modalen Konzept zu bewegen, so erreicht diese Spielweise mit »Impressions« ihren ersten Gipfelpunkt (S. 166). Coltranes Phrasen bewegen sich weitestgehend in Achtel-Phrasierung. Interessanter als diese sind jedoch hauptsächlich die verwendeten Tonleitern. In der harmonischen Struktur dieses Stückes, die identisch ist mit der von »So What«, bewegt sich Coltrane keineswegs nur in D-moll dorisch und E-moll dorisch, in AABA-Form abwechselnd, sondern bringt chromatische Verfremdungen, Tonleitern mit abweichenden Tönen und anderer Struktur, geht von einem anderen Grundton aus, eine andere Tonikastufe vortäuschend, nutzt also, mit einem Wort, die ganzen tonalen Möglichkeiten, die sich ihm bieten, aus. In dem Maße, in dem Coltrane seine Studien zur modalen Spieltechnik verstärkt und immer andere, faszinierendere Wege entdeckt, werden seine Soli immer länger, offensichtlich aus dem Versuch heraus, jeden dieser Wege auszuloten. Nach der Platte »Coltrane« (S. 102), die noch sehr stark den Aufnahmen aus dem Village Vanguard, 1961, gleicht, folgt eine Phase, in der Coltrane sein Spiel auszufeilen versucht, es reifen läßt. Mit den Alben »Ballads« (S. 168), »John Coltrane And Johnny Hartman« (S. 178) und »Duke Ellington And John Coltrane« (S. 172) kehrt er sogar wieder zum funktionsharmonischen Spiel zurück, das freilich den deutlichen Stempel seiner modalen Konzeption trägt. »Live At Birdland« (S. 180) als Wegbereiter, »Crescent« (S. 182) und »A Love Supreme« (S. 183), sind Coltranes ausgereifteste Aufnahmen jener Zeit, eine Konsolidierung seines Stils. Bereits bei »A Love Supreme« wendet er im letzten Satz eine außermusikalische Strukturierungsmöglichkeit an, er spielt seine Phrasen mit dem Wortrhythmus eines von ihm verfaßten Poems.

Das freie Spiel

Nachdem Miles Davis und John Coltrane den Jazz mit der Einführung der modalen Improvisation vom funktionsharmonischen Gerüst befreit hatten und Ornette Coleman, mit seiner Art zu spielen, wieder zwanglosere Formen des Aufbaus und der Phrasierung geschaffen hatte, bildete sich in New York eine avantgardistische Gruppe junger Musiker. Diese Avantgarde, darunter Albert Ayler, Archie Shepp, Don Cherry, Marion Brown, Bill Dixon u. v. a., vollzogen in kürzester Zeit den Bruch mit traditioneller Tonalität und Form. Nach einem Album Ornette Colemans wurde diese Musik als »Free Jazz« bekannt, oder als »New Thing«. Coltrane hielt, im Gegensatz zu diesen Musikern, relativ lange an einem Rest der Tonalität fest, bis auch er 1965 mit »Ascension« (S. 191) den Schritt zum freien Spiel tat. »Ascension« ist der Anfangspunkt von Coltranes letzter stilistischer Phase. Mit diesem kollektiv improvisiertem Album kehrt Coltrane dem reglementierten rhythmischen und tonalen Spiel den Rücken. Ausgangspunkt für seine Improvisationen ist nicht mehr die Harmonik, Rhythmik oder Melodik des Themas, sondern vielmehr seine Stimmung, sein emotionaler Gehalt. Um dieses Ideal noch mehr in die Praxis umsetzen zu können, engagierte Coltrane einen zweiten Tenoristen, Pharoah Sanders, der bei Sun Ra gespielt hatte, somit erfahren im freien Spiel war, und über eine erstaunliche Palette an Ausdrucksmitteln auf dem Tenor und der Flöte verfügte. McCoy Tyner und Elvin Jones wurden, nach ihrem Weggang, von Alice Coltrane und Rashied Ali, der bereits einige Zeit, gemeinsam mit Elvin Jones, in Coltranes Formation Schlagzeug gespielt hatte, ersetzt. Immer mehr geht Coltrane nun zu sprachähnlichen Sounds über, zu Schreilauten im Falsettregister und rhythmischen Motiven, die immer wieder wiederholt werden. Anders als Albert Ayler, der in seinen Stücken zumeist von einem volksliedhaften Thema unvermittelt in eine äußerst freie, ekstatische Improvisation geht, baut Coltrane die Intensität seiner Darbietungen über einen langen Bogen auf. Seine Linien, sofern sie sich in ihrer Zusammensetzung überhaupt noch notistisch fixieren lassen, sind nicht mehr tonal, sie beziehen, neben den zwölf Tönen der chromatischen Leiter, auch mikrotonale Intervalle mit ein, Doppelgriffe und alle möglichen Klangschattierungen. Aus diesem Grund kehrt Coltrane gegen Ende seiner Entwicklung wieder mehr zum Tenorsaxophon zurück, das, im Vergleich zum Sopran, einen größeren Klangreichtum besitzt. Die Rhythmusgruppe spielt kein Metrum mehr, sie pulsiert frei und schafft einen dichten Klangteppich als Ausgangsbasis für Coltranes freie Improvisationen, der ihm die Möglichkeit gibt, sich in mehrere Richtungen zu bewegen. Coltrane sah zu dieser Zeit seine Musik als Ausdruck seiner Religiosität, als Manifestation seines Glaubens. Von daher ist es zu verstehen, daß er, um eine immer größere Intensität zu erlangen, sich Mitteln bediente, die musiktheoretisch nicht mehr erfaßbar sind. Mit »Expression« hatte Coltrane, kurz vor seinem Tode, 1967, wieder einen Punkt erreicht, der eine Konsolidierung seines Spiels, mit großer Reife und Geschlossenheit, darstellte. Wie auch »A Love Supreme« wäre »Expression« vielleicht wieder ein neuer Ausgangspunkt gewesen, hätte nicht Coltranes Tod alle diese Spekulationen zunichte gemacht.

Wie entstand der spezielle »Coltrane-Sound«?

»Sein Ton ist scharf und durchdringend« sagte Ira Gitler in einem 1958 veröffentlichten Artikel. Gemeint ist John Coltranes Tenorklang, der von Kritikern mit den Eigenschaften »gepreßt, schneidend, grell, trocken etc.« belegt wurde. Dieser Klang, der sich so gar nicht in die Vorstellung eines »klassischen« Tenorklanges, wie bei Coleman Hawkins und Sonny Rollins, einpassen läßt, ist einer der wichtigsten Bestandteile von Coltranes Spiel. Die Entstehung dieses Sounds war mit Sicherheit kein Zufall sondern resultierte aus Coltranes Bedürfnis, einen individuellen, eigenständigen Klang zu schaffen, der seine Linien stärker zur Geltung bringen würde. Dies ist ein Prozeß, der geraume Zeit in Anspruch nimmt, da zur Grundvoraussetzung, die ein sicherer, konstanter Ansatz darstellt, auch eine Optimalkombination aus Mundstück und Blatt vonnöten ist. Zur Zeit der Aufnahmen zu »Giant Steps«, hatte sich sein Tenorton bereits seit einiger Zeit präzise herauskristallisiert, doch sind gerade diese Aufnahmen wohl am typischsten und beispielhaftesten für seinen Sound, wie er oben beschrieben wurde. Klar ist allerdings auch der »Nachteil«, den Coltrane sich durch diesen, im oberen Register scharfen Ton eingehandelt hatte. Im tiefen Register, das Coltrane allerdings selten benutzte, konnte sich sein obertonreicher, etwas gequetscht und platt wirkender Ton nicht mit dem Klangvolumen eines Sonny Rollins messen, der das tiefe Tenorregister außerordentlich sicher im Griff hatte, wogegen Coltranes schneidender und brillanter Ton im oberen Register, in seiner Kraft und seinem Durchdringungsvermögen, kaum seinesgleichen hatte. Dieses Durchdringungsvermögen war das, was Coltrane brauchte, um seine »sheets of sound« und seine waghalsigen harmonischen Exkursionen präzise und kraftvoll klingen zu lassen.

Das Zustandekommen von Coltranes Instrumentalton erklärt sich wie folgt: einem Mundstück mit mittlerer Öffnung und mittelkurzer Bahn (Otto Link 5) fügte Coltrane ein hartes Blatt (Rico 4) hinzu. Durch seinen ungewöhnlich festen Ansatz entstand nun der für ihn so typische Klang. In diesem Zusammenhang ist es angebracht, die Eigenschaften von Blättern und Mundstücken etwas genauer zu erläutern:

Das Saxophon entstammt der Familie der Holzblasinstrumente und wird über ein auf einem Schnabel, dem Mundstück, befestigtes einfaches Rohrblatt angeblasen. Durch den Luftstrom beginnt das Blatt im vorderen Bereich des Mundstückes zu schwingen, und erzeugt somit eine, in ihrer Längsachse schwingende, Luftsäule.

Mundstück

Grob vereinfachend und ohne Rücksicht auf den individuellen Ansatz des Bläsers läßt sich folgendes sagen: je größer Bahnöffnung und -länge, desto voller der Ton, je härter das Blatt, desto mehr Klangvolumen, wobei allerdings beides überdurchschnittlich viel Kraft und Luft fordert, da bei einem weiten Mundstück die Amplitude der Blattschwingung größer ist als im Normalfall, und ein steifes Blatt mehr Energie benötigt, da es weniger bereit ist zu schwingen. Ein sehr enges Mundstück, oder ein sehr weiches Blatt bereiten in dieser Hinsicht wenig Probleme, doch ist die Qualität des Tones, an Jazzidealen gemessen, eher schlicht. Klassische Saxophonisten allerdings benutzen für gewöhnlich enge Mundstücke und mittelweiche Blätter, da dies einen sehr kultivierten Ton erzeugt, der der europäischen Tradition des Instrumentes entspricht. Kombiniert man nun ein weites Mundstück mit einem harten Blatt, so ergibt sich im tiefen Register, vorausgesetzt, der Bläser besitzt die nötige Kraft, was nur in Ausnahmen der Fall ist, ein ungeheueres Klangvolumen. Im oberen Bereich allerdings entsteht nur ein dünner, substanzloser Ton, da das harte Blatt sich nur widerstrebend in eine weitamplitudige hohe Schwingung versetzen läßt. Eine Ausnahme ist hier Ben Webster, der mit dieser Kombination spielte, die er durch langes, beständiges Ansatztraining und große Routine meisterhaft unter Kontrolle hatte. Ein enges Mundstück, zusammen mit einem weichen Blatt

produziert für gewöhnlich einen kraftlosen, wenig Dynamik erlaubenden Ton (auch hier gibt es Ausnahmen, z. B. Ornette Coleman).
Die meisten Jazz-Saxophonisten bevorzugen eine Kombination aus weitem Mundstück und mittelhartem Blatt, gelegentlich auch ein etwas engeres Mundstück mit einem härteren Blatt, was einen Kompromiß zwischen leichter Kontrollierbarkeit einerseits und großem Tonvolumen auf der anderen Seite darstellt. Diese Feststellungen besitzen allerdings lediglich einen verallgemeinernden Wert, da sie den individuellen Ansatz des Saxophonisten außer Betracht lassen. So ist auch zu verstehen, daß die Möglichkeit besteht, bei zwei Spielern, bei gleichem Mundstück und Blatt, zwei individuell verschiedene Instrumentaltöne festzustellen. Grundsätzlich läßt sich jedoch sagen, daß bestimmte Kombinationen in die eine oder andere Richtung tendieren.
Von weiterer Bedeutung für den Klang ist die Form wie auch das Volumen der Innenkammer des Mundstücks. Daraus, und nicht aus dem verwendeten Material, erklärt sich die Behauptung, daß Metallmundstücke, die in der Regel eine kleinere Innenkammer besitzen, »härter« klingen als vergleichbare Kautschuk- oder Kunststoffmundstücke, was sich auch bei Coltranes Ton zeigt. Weitere klangbildende Faktoren sind die Beschaffenheit (gemeint ist *nicht* die Härte bzw. Dicke) der Blätter, wie auch das Instrument selbst. Um nun seinen eigenen klanglichen Idealvorstellungen gerecht zu werden, ist der Musiker bestrebt, eine möglichst optimale Kombination aller dieser Faktoren zu erreichen. Dabei ist das Mundstück der kritischste Punkt, da seine Beschaffenheit den direktesten Einfluß, in Verbindung mit einem Blatt, auf den entstehenden Klang ausübt. Ein gutes Mundstück ist also auf den Ansatz des Bläsers abgestimmt und ermöglicht ihm, seine Klangvorstellungen zu realisieren. So einfach dies in der Theorie auch klingen mag, so überaus schwierig ist es in der Praxis. Nur in den seltensten Fällen gibt es *das* optimale Mundstück, das allen Anforderungen entspricht, alles andere sind Annäherungen, die stets einen Verzicht auf Möglichkeiten und Vorstellungen bedeuten, etwa in Bezug auf Kontrollierbarkeit, Volumen, Klarheit oder Gleichmäßigkeit des Tones in allen Registern. Bei den Blättern besteht wohl die Möglichkeit, sie zu bearbeiten, bis sie den Anforderungen annähernd entsprechen, doch läßt sich das Mundstück, will man nicht das Risiko eingehen, es vollends unbenutzbar zu machen, eigentlich nur als Ganzes austauschen.
Sehr deutlich zeigt sich diese Problematik auch bei Coltrane. Um seinen Sound, der bereits sehr perfektioniert war, weiter zu verbessern, versuchte er sein

Mundstück zu bearbeiten und erreichte nicht den erwünschten Effekt (»I had some work done on my mouthpiece, and instead of making it better, it ruined it.«). Um den Unterschied im Klang zu hören, kann man beispielsweise die Aufnahmen zu »Giant Steps« (S. 148, mit intaktem Mundstück) und die Platte »Ballads« (S. 168, mit verändertem oder anderem Mundstück) nebeneinander hören. Sein Klang auf der früheren Aufnahme ist schärfer, präziser und überzeugender, als auf der späteren Einspielung, ohne jedoch hier eine Wertung vornehmen zu wollen, was Aussagekraft und Ausstrahlung betrifft. Zu verstehen ist es daher auch, daß Coltrane intensiv nach einem neuen Mundstück suchte, unzählige kaufte und probierte und sich sogar spezielle anfertigen ließ, die jedoch alle nicht seinen Erwartungen entsprachen. Hierbei war er allerdings bei weitem nicht der einzige; von Dewey Redman, Pharoah Sanders, Sonny Rollins und vielen anderen wird ähnliches berichtet, J. C. Thomas, der Verfasser des Buches »Chasin' the Trane«, geht sogar soweit zu sagen, daß jeder Saxophonist unausweichlich Mundstückprobleme habe und diese sozusagen ein Bestandteil des Instrumentes seien. Selbst wenn man diese sicherlich übertrieben formulierte Meinung nicht teilt, zeigt sie deutlich, welchen Stellenwert das Mundstück bei der Tonproduktion einnimmt. Erst gegen 1963 begann sich Coltranes Tenorklang wieder seinem früheren Ideal anzunähern, was vollends auf »Crescent« und »A Love Supreme«, die 1964 entstanden, deutlich wird (S. 182 und 183). Sein Ton klingt wieder scharf und durchdringend und hat eine größere Fülle, die er bei Aufnahmen aus der Zeit von »Giant Steps« nicht hatte, und größeres Volumen auch im tiefen Register. Dies war der Klang, den er bis zum Schluß beibehielt.

Wesentlich weniger problematisch war sein Ton auf dem Sopransaxophon, da dieses Instrument nicht die vielfältigen Klangmöglichkeiten des Tenors besitzt und von vorneherein zu einem nasalen Ton neigt, den Coltrane bis in die Nähe von Oboe und Schalmei ausdehnte, wohl wegen seines Hanges zur indischen und arabischen Musik. So blieb auch sein Ton auf dem Sopran bis zuletzt (obwohl er in seinen letzten beiden Jahren nur noch selten dieses Instrument blies), nahezu unverändert. Interessant ist in diesem Zusammenhang, daß Coltrane zu der Zeit, zu der er auf dem Tenor erhebliche Mundstückprobleme hatte, in vermehrtem Maße das kleinere Instrument spielte. Bei seinem Auftritt im Village Vanguard bestritt er die Hälfte des Programmes auf dem Sopran, was die Vermutung nahelegt, daß ihn die Probleme, mit dem für ihn unbefriedigenden Tenorklang dazu veranlaßt hatten, in vermehrtem Maße auf das Sopran-

Tenorsaxophon (links) und Sopransaxophon (rechts)

saxophon zurückzugreifen, um somit seinen Klangidealen näherzukommen. Diese Annahme findet auch dadurch Bestätigung, daß Coltrane in dem Maße, in dem er seinen harten und scharfen Tenorklang zurückgewann, also seit 1963/64, mehr auf das Sopran verzichtete, bis es, 1966/67, praktisch nur noch eine Randerscheinung in seinem Spiel war, sieht man einmal von den 1966 im Village Vanguard entstandenen Aufnahmen ab. Coltrane war nunmehr wieder in der Lage, auf dem Tenor sehr schnell zu spielen, was vorher nur begrenzt möglich gewesen war »That certain fast thing that I was reaching for – that I couldn't get because I had damaged this thing (mouthpiece)«. Er hatte nun das größere Instrument in allen Registern in seiner Klangfarbe, sicherlich durch sein Sopran-Spiel, nach seinen Vorstellungen vervollkommnet, so daß es ihm möglich war, das was er zuvor auf dem Sopran gesagt und ausgedrückt hatte, jetzt auch auf dem Tenor zu spielen, dessen größerer Tonumfang und weiteres Klangspektrum ihm mehr Freiheit ließen.

Das Schallplattenwerk von John Coltrane

Anmerkungen zum Werkverzeichnis

Was macht eigentlich die Beschäftigung mit der afroamerikanischen Musik so spannend?
In der ersten Linie natürlich die Musik selbst, die während ihrer besten Momente ganze Gefühlswelten transportieren kann. Genau so wichtig aber ist die Tatsache, daß es sich dabei nicht um eine Überlieferung aus zweiter Hand handelt. Im Gegensatz zu der sogenannten klassischen Musik, wo nach vom Komponisten streng vorgegebenem Notenmaterial der jeweilige Interpret seinen »Mozart« spielt und dieser leider keine Chance hat, korrigierend einzugreifen, läßt sich die musikalische Entwicklung der afroamerikanischen Musik authentisch durch die Schallplattenaufnahmen der Originalinterpreten und im »Statu Nascendi« verfolgen. Keine andere musikalische Kunstgattung ist daher präziser und besser dokumentiert als der Jazz, auch wenn noch viele ungehobene Schätze in den Archiven der großen Firmen schlummern.
Greift man nun einen der zahlreichen Jazzgiganten heraus und fragt nach seinen gelungensten Aufnahmen, so kann diese Frage nicht eindeutig beantwortet werden. Es wäre ein ähnliches Unterfangen, einen Schriftsteller nach seinen besten Romanauszügen zu befragen, um sich dann nur mit diesen zu beschäftigen und alles andere einfach zu übergehen. Auf diese Idee käme ein echter Literaturfreund wohl kaum. Ähnlich verhält es sich mit den Jazzfans. Zu welcher Zeit John Coltrane für den einzelnen Zuhörer am aussagekräftigsten gespielt hat, ist eine Frage des persönlichen Geschmacks und auch des Mutes, sich mit neuartigen Klängen auseinanderzusetzen. Der Idealfall wäre, sich möglichst viele – oder am besten alle – Schallplatten seines Favoriten anzuhören. Leider sind diesem Vorhaben viele Schranken gesetzt. Einmal wird es für viele eine Zeitfrage sein, die Platten aufzutreiben und durchzuhören, und als größtes Hindernis erweist sich die Tatsache, daß die meisten Schallplattengeschäfte – aus welchen Gründen auch immer – nicht mehr vorspielen.

Dieses Buch will den Lesern durch seine »liebevollen« Kritiken John Coltrane und seine Musik möglichst nahe bringen. Es gibt keine wirklich schlechte Platte von Coltrane. Aber auch ein Genie kann musikalisch einmal einen schlechten Tag haben oder unkonzentriert spielen. Bei den zahlreichen Aufnahmen, die John Coltrane im Laufe seines Lebens allein von seiner Hit-Version, dem Walzer »My Favorite Things«, lieferte, gibt es einige, bei denen seine Kollegen wesentlich inspirierter spielen als er selbst. Viele dieser Aufnahmen sind erst nach seinem Tod unautorisiert erschienen und lassen sein Lebenswerk, das zeitweise schon in höhere Dimensionen gehoben wurde, in sympathischer Weise wieder menschlich werden.
Alle von John Coltrane jemals eingespielten Schallplatten zu besprechen, dürfte wohl ein Ding der Unmöglichkeit sein. Noch immer kursieren private Tonbandmitschnitte unter den Sammlern oder kommen als Raubpressungen in den Handel. Im nachfolgenden Werkverzeichnis werden (fast) alle Aufnahmen, die John Coltrane als Sideman oder Leader für die Firmen Prestige, CBS, Atlantic und Impulse einspielte, besprochen. Um die Chronologie zu wahren, steht an erster Stelle jeweils das Aufnahmedatum, das völlig unabhängig vom Erscheinungsdatum einer Platte ist. Es folgt der Plattentitel, bei welchen den Fans, zu denen sich der Leser wohl zählen darf, schon das berühmte Glöckchen im Kopf läutet. Es schließt sich die Angabe der Stücke und der Musiker an, wobei die Instrumente wie international üblich abgekürzt sind (Seite 223).
Vor der eigentlichen Besprechung und neben der Abbildung des Covers steht die Bestellnummer. Um es gleich vorweg zu nehmen: Genau wie wir uns bemüht haben, möglichst nur Originalcover abzubilden, haben wir auch die ursprünglichen Bestellnummern angegeben. Ein Beispiel: John Coltranes »A Love Supreme« hat die Original-Bestellnummer Impulse A-77. Bei uns wird diese Platte zur Zeit vom Ariola-Import-Dienst mit einer neunstelligen internen Bestellnummer vertrieben. Da sich bei Schallplatten des öfteren Wechsel im Vertriebssystem ergeben und jede Vertriebsfirma ihre Platten eigens codiert, scheint die Angabe der ursprünglichen Bestellnummer das einzig Vernünftige zu sein. Außerdem taucht in den meisten Fällen die Original-Bestellnummer der Platte entweder neben der »neuen« Bestellnummer auf, ist in irgendeiner Form aus dem Covertext zu entnehmen oder sie steht auf dem Plattenetikett.
Obskure Hitzusammenstellungen und Kombinationen mit Jazzstars aus anderen stilistischen Bereichen wurden bewußt ausgelassen, um nicht zu unübersichtlich zu werden oder in ein seichtes Fahrwasser zu gelangen.

Im Text finden sich Hinweise auf Doppelalben, die zwei Originalaufnahmesessions ungekürzt vereinigen. Bei der Angabe zweier Bestellnummern kann das bedeuten, daß die ursprüngliche Platte nur noch unter der zweiten Bestellnummer erhältlich ist oder mit einer Fremdsession gekoppelt wurde. Auch hierzu finden sich Einzelheiten im Text.

Bootlegs

Mitunter demonstrieren Bootlegs (Raubpressungen) trotz beträchtlicher aufnahmetechnischer Mängel musikalische Ereignisse, gegen die vergleichbare Studioeinspielungen nicht so gut abschneiden.
Dafür gibt es sicher Gründe, die aber nicht davon ablenken sollten, daß bei solch einer kriminellen Aktion in erster Linie der Künstler um sein Geld geprellt wird.
Von John Coltrane existieren eigentlich keine Bootlegs, auf denen er inspirierter spielt als auf seinen offiziellen Aufnahmen. Die Erklärung dafür ist offenkundig. Nachdem er musikalische Anerkennung gefunden hatte, ließ er sich keine Vorschriften mehr machen, was seinen Stil betraf. Natürlich gab es gewisse Zugeständnisse, etwa in der steten Wiederholung des Walzererfolgs »My Favorite Things« und ähnlicher Stücke, doch war sein künstlerischer Freiraum bei der Plattenfirma Impulse so groß, daß er sich für junge Avantgardisten (Ayler, Sanders, Shepp) stark machen konnte.
Die einst berühmten Raubpressungen oder – wie es vornehmer ausgedrückt werden kann – Privatmitschnitte, wie z. B. die Birdlandaufnahmen mit Eric Dolphy (Two Giants Together) oder die Live-Aufnahmen aus Europa (→ European Tour, Paris Concert etc.), erfuhren eine spätere Absegnung durch die Industrie, die sich diese Mitschnitte verschaffte und sie »offiziell« herausgab.
Zudem wurde nach John Coltranes Tod so ziemlich alles vermarktet, was noch bei seinen ehemaligen Firmen an Bandmaterial lagerte. Dabei haben selbst von ihm zurückgehaltene Aufnahmen noch den Zug des Genialen.

Capitol CR 8084

21. November 1949, 9. Januar 1960

Jazz Of The Forties

(A) Say When / Tally Ho / You Stole My Wife Your Horse Thief / I Can't Remember It / Coast To Coast / Carambola / Oh-La-La / Honesuckle Rose

Dizzy Gillespie (tp, voc), Don Slaughter, Elmon Wright, Willie Cook (tp), Matthew Gee, Sam Hurt, Charles Greenlee (tb), Jimmy Heath, John Coltrane (as) Jessie Powell, Paul Gonsalves (ts), Al Gibson (bs), John Acea (p), Al McKibbon (b), Charles Wright (dr), Tiny Irvin (voc)
A 5 – 8 zusätzlich: Floyd Smith (g), Carlos Duchesne, Francisco Chano Pozo (cga), Joe Carrol (voc)

Capitol CR 8084
Nur als Japanimportplatte erhältlich!

Ähnlich wie die nächste Platte, »Dee Gee Days«, präsentiert das Album »Jazz Of The Forties« John Coltrane (as) im Satz der Dizzy-Gillespie-Bigband. Mit anderen Worten: In dem von Latinstücken bis Evergreens durchzogenen Programm dieser Band ergibt sich für Coltrane keine Gelegenheit, solistisch zu glänzen.
Obwohl es nicht ganz hereinpaßt, werten die Lennie-Tristano-Sextettaufnahmen auf der B-Seite die Platte zu einem begehrten Sammlerstück auf. Die darauf zu hörenden atonal angelegten Stücke »Intuition« und »Digression« stehen in direktem Bezug zu dem »Free Jazz« der sechziger Jahre.

Savoy SJL 2209

1. März 1951

Dizzy Gillespie
Dee Gee Days

(A) Tin Tin Deo / Birk's Works / We Love To Boogie
(Die restlichen Titel der Doppel-LP sind ohne Coltrane.)

Dizzy Gillespie (tp), John Coltrane (ts, as), Milt Jackson (vib), Kenny Burrell (g), Percy Heath (b), Kansas Fields (dr), Freddy Strong (voc)

Savoy SJL 2209

Als Einstieg und um dem Phänomen John Coltrane – vor allen Dingen seinem musikalischen Background – gerecht zu werden, eignen sich die »Dee Gee Days« vorzüglich.

John Birks Gillespie, oder abgekürzt mit Spitznamen »Dizzy«, war in der Bop-Bewegung durch seinen Trompetenstil zu einer Leitfigur geworden und darüber hinaus ihr positivster Protagonist. Zwar räumt er in seiner Biographie »To Be Or Not To Bop« gründlich mit vielen Mythen auf, die um seine tatsächlich recht originelle und eigenwillige Gestalt entstanden sind, doch sind auch heute noch seine Konzerte mit zynischen Bemerkungen und humoristischen Einlagen durchsetzt, für die er in den 40er Jahren so »berühmt-berüchtigt« war. Mit seiner Frohnatur schaffte er sich auch eine Menge Probleme vom Hals, denen Musiker oft ausgesetzt sind. Die »Bopper« der ersten Stunde hatten allesamt Schwierigkeiten, mit ihrer Musik Geld zu verdienen. Dabei gerieten sie zwangsläufig in einen Teufelskreis von Abhängigkeiten und Zugeständnissen. Demzufolge verschwanden viele von der Szenerie, um mit anderen Beschäftigungen ihren Lebensunterhalt zu finanzieren, oder sie verzweifelten an ihrer desolaten Lebenssituation und griffen zu Drogen.

Bebop hatte immer den Flair des Intellektuellen, Insiderhaften. Es war nie das große Geschäft damit zu machen, und er war daher für die Plattenfirmen völlig uninteressant. Was aber noch viel schwerer wog – Bebop war keine Musik, um mal schnell eine »flotte Sohle« aufs Parkett zu legen. Im Jazz beginnt mit diesem Stil die Zeit des Zuhörens.

Anfang der 50er Jahre war auch die Blütezeit der Big Bands vorbei, die immer einigen Musikern die Möglichkeit gaben, ihren Unterhalt zu verdienen, auch wenn es für manche unter ihnen oft ein Kompromiß war. Eine andere Beschäftigungsmöglichkeit bot der »Rhythm and Blues«, eine richtig heiße, schwarze Tanzmusik, meistens im 12taktigen Bluesschema oder mit einfachen, musikalischen Phrasen, die mit einem wuchtigen, federnden Rhythmus unterlegt sind. Die Bläser spielten sich die Kehle aus den Hals, und die Sänger drückten in ihren Texten ziemlich unverblümt aus, wo es langgeht.

Zwischen Bebop und Rhythm and Blues bestand schon immer eine gewisse Verwandtschaft. Nicht nur, weil deren Interpreten in den Katalogen der kleinen Plattenfirmen wie Dial, Savoy, Prestige etc. friedlich nebeneinander standen, sie verwendeten auch ihre Themen gegenseitig. So wurde z. B. aus Charlie Parkers »Now's The Time« der Riesenhit Paul Williams' »The Hucklebuck« in den »Rhythm-and-Blues«-Charts. Die blanke Imitation durch weiße Musiker und der daraus viel später entstehende Rock 'n' Roll mit seinen sterilen Texten hatten dagegen die Harmlosigkeit eines Mundwässerchens.

Um auf Dizzy Gillespie und John Coltrane zurückzukommen: »Dee Gee« war der Name des Plattenlabels, das Dizzy zusammen mit einem Freund von 1951 bis 1953 betrieb. Sicher schielte er auch mit einem Auge auf den kommerziellen Erfolg und stellte daher einen Katalog gängiger Standards, Bopthemen und Afro-Cubanstücken zusammen. Leider scheiterte das Projekt an der Distributionsfrage, einem Problem, das für Jazzmusik auch heute noch nichts von seiner Aktualität eingebüßt hat.

»John Coltrane saß in meiner Big Band und spielte Altsaxophon. Ich engagierte ihn auf die Empfehlung des anderen Altsaxophonisten Jimmy Heath. In der Small Combo wechselte er dann auf das Tenorsaxophon über.« Mit diesen Worten erinnert sich Dizzy Gillespie an die Zusammenarbeit mit John Coltrane. Leider sind nur drei Stücke mit John Coltrane besetzt. Die restlichen vermitteln aber einen guten Einblick in den musikalischen Bereich, in welchem sich Coltrane damals bewegte.

Auf »Tin Tin Deo« spielt Coltrane nur in der Themenausführung zusammen mit Dizzy Gillespie. Die Vermengung von Rhythmen der Antillen mit dem Bop wurde von Dizzy mit großem Erfolg seit seiner Bekanntschaft mit dem großen Bongo- und Congaspieler Chano Pozo vorangetrieben. An diesem Thema war außer dem Arrangeur W. G. Fuller besagter Pozo beteiligt, und die überschäumend

lebendige Melodie ist bis heute in Gillespie-Konzerten zu hören. Auf der »Dee-Gee«-Fassung sorgen die nicht näher definierten »Calypso Boys« für den afrocubanischen Rhythmus. Sonst aber sitzen in dem Dizzy-Gillespie-Sextett von 1951 lauter illustre Musiker. Mit dem Vibraphonisten Milt Jackson und dem Bassisten Percy Heath trifft sich bereits die Hälfte des wenig später gegründeten Modern Jazz Quartets. Auch der Gitarrist Kenny Burrell erlangte später eine Popularität und sollte sporadisch mit Coltrane auftreten. Das ganze Stück ist ziemlich auf Milt Jacksons Auftritt abgestimmt, der mit ziemlich hartem Anschlag eine gute Improvisation über den Latin-Rhythmus legt.
Auch in der Gillespie-Komposition »Birks' Works« wird Milt Jackson zur Hauptperson. Gillespie und John Coltrane geben nur einige Riffs zum besten. Seinen großen Auftritt hat der Tenorist Coltrane in »We Love To Boogie«. Es handelt sich um eines der ersten Soli, die von Coltrane auf Schallplatte erschienen sind. Bevor er dazu abheben kann, verkündet erst einmal der Sänger Freddy Strong mit mächtiger Stimme seine Vorliebe für Boogie und Bebop. Mit etwas Phantasie und viel gutem Willen kann man aus der hart spielenden Art ein wenig von dem späteren Spiel Coltranes heraushören. Sein Solo setzt sich aber in keiner auffälligen Weise sonderlich von den anderen »Rhythm-and-Blues«-Tenoristen ab. Doch ist es inhaltlich aussagekräftig und nicht so auf »Show« getrimmt wie die seiner Kollegen. Deutlich merkt man ihm noch seine Altsaxophonvergangenheit an, und die Umstellung auf das Tenor scheint zu diesem Zeitpunkt nicht so hundertprozentig geglückt.

Die Platte »Dee Gee Days« zeigt John Coltrane in seinen frühen Tagen und ist allein schon deshalb ein wichtiges Dokument seiner Entwicklung.

7. April 1952, 15. August 1952

Earl Bostic And His Orchestra

Velvet Sunset / Moonglow / Linger Awhile / Ain't Misbehavin' / You Go To My Head / The Hour Of Parting / Smoke Gets In Your Eyes / For You

Blue Mitchell (tp), Earl Bostic, Pinky Williams (as), John Coltrane (ts), Joe Knight (p), Jimmy Shirley (g), Ike Isaacs (b), Gene Redd (tp, vib), Specs Wright (dr)

King LP 295–72
Vergriffen, evtl. Japanimport

In den großen »schwarzen« Orchestern des Swing, denen von Don Redman, Hot Lips Page und Lionel Hampton, mischte der Altsaxophonist Earl Bostic Mitte der dreißiger Jahre in New York kräftig mit. Der Erfolg aber stellte sich erst ein, als er sich selbständig gemacht hatte und mit Rhythm-and-Blues-Titeln eine breitere Zuhörerschaft erreichte.
Bedauerlicherweise ist John Coltrane auch im Orchester Earl Bostic nur im Satz, der den Background für das Altsaxophon des Orchesterchefs liefert, zu hören.
Als Orientierung sind die oben angegebenen Stücke aufgeführt. Vielleicht lassen sich auf den auch nur schwer zu erhaltenden Hitzusammenstellungen von Earl Bostic das eine oder andere Stück mit John Coltrane ausfindig machen.

Cicala BLJ 8039

Januar 1951, Sommer 1954,
8. Dezember 1956

John Coltrane
First Steps

(A) Birks' Works / Good Bait / A Night In Tunisia / Sideways / Don't Blame Me
(B) In A Mellow Tone / Tune up / Walkin'

Dizzy Gillespie Sextet (A 1–3): Dizzy Gillespie (tp), John Coltrane (ts), Milt Jackson (vib), Billy Taylor (p), Percy Heath (b), Art Blakey (dr)

Johnny Hodges Band (A 4, 5, B 1): Johnny Hodges (as), John Coltrane (ts), Lawrence Brown (tb), Harold Baker (tp), rest unknown

Miles-Davis-Quintett (B 2, 3): Miles Davis (tp), John Coltrane (ts), Red Garland (p), Paul Chambers (b), »Philly« Joe Jones (dr)

Cicala BLJ 8039

Auf dem italienischen Label »Cicala« erschienen, gibt diese Platte Einblick in wichtige Phasen von Coltranes musikalischer Entwicklung in den Orchestern von Dizzy Gillespie und Johnny Hodges, eine Periode, die auf Platte nahezu nicht dokumentiert ist.
Bereits die Aufnahme von »Birks' Works« mit dem Gillespie-Sextett zeigt einen Coltrane, dessen Spiel erstaunliche Parallelen zu späteren Werken, wie »Mr. P. C.« oder »Equinox« zeigt. Gillespies Solo ist brillant, noch in höchster Höhe spielt er sicher

und ohne Verblaser. Billy Taylors Solo verrät, virtuos und dicht, seine Herkunft von Art Tatum.
Auch »Good Bait« enthält ein phantastisches Solo von Gillespie und eine gekonnte Vibraphon-Demonstration von Milt Jackson. Coltranes Solo ist in der Auswahl der Noten und seinem Sound näher dem Spiel seiner späteren Zeit. Es zeigt also keine Parallelen zum Stil Charlie Parkers, wie dieses von vielen Beobachtern aus jener Zeit berichtet wird.
Noch deutlicher wird dieser Bezug bei »A Night In Tunisia«, bei dem Coltranes kurzes, intensives Solo spätere Aufnahmen vorwegnimmt. Diese Aufnahmen lassen den Schluß zu, daß Coltrane, nach dem Wechsel vom Alt- zum Tenorsaxophon, sehr bald eine stilistische Identität auf dem größeren Instrument erreichte.
Seltsamerweise tendieren jedoch die Aufnahmen, die er 1954 mit Johnny Hodges machte, in eine völlig andere Richtung. Bereits beim ersten Solo, auf »Sideways«, das Coltrane hier spielt, läßt sich im Ton eine starke Verwandtschaft zu seinem großen Vorbild Johnny Hodges erkennen. Phrasierung und Tonmaterial sind hier sauberer und ausgereifter als auf den vorherigen Aufnahmen.
»Don't Blame Me« zeigt Coltrane als Balladeninterpreten, der offensichtlich von Hodges gelernt hatte, sich hier auch stark an ihn anlehnt, im übrigen aber eine beeindruckende Demonstration seiner schon vorhandenen musikalischen Reife gibt.
»In A Mellow Tone«, in gleicher Besetzung, die zum größten Teil aus Ex-Ellington-Musikern besteht, gibt ein Beispiel der Eigenschaften, derentwegen Hodges berühmt war: warmer, weicher Ton, lange, gezogene Noten, abwechselnd mit genauer, zügiger Phrasierung. Nach Soli von Lawrence Brown an der Posaune, und Harold »Shorty« Baker an der Trompete, der hier einen Teil aus Katchaturjans »Säbeltanz« zitiert, spielt Coltrane eine Improvisation, die mehr als die beiden vorherigen auf seine musikalische Zukunft hinweist, besonders in der Verwendung des Falsettregisters.
Die Aufnahmen mit Miles Davis, »Tune Up« und »Walkin'«, fallen bereits in eine Zeit, in der Coltrane als Sideman im Davis-Quintett bekannt war. Sieht man von der schlechten Tonqualität und den immensen Gleichlaufschwankungen der Aufnahme ab, so ist dem, was bereits über die Aufnahmen Coltranes mit Davis gesagt wurde, nichts hinzuzufügen.

5. August 1954

Johnny Hodges And His Orchestra The Jeep Is Jumpin'

Sunny Side Of The Street / All Of Me

Harold Baker (tp), Lawrence Brown (tb), Johnny Hodges (as), John Coltrane (ts), Cal Cobbs (p), John Williams (b), Louis Bellson (dr)

Verve 2683 056

»The Jeep Is Jumpin'« ist ein ausgezeichnetes Doppelalbum, auf dem John Coltrane während seines Engagements im Orchester von Johnny Hodges zu hören ist.
Ältere Standardthemen werden hier liebevoll und mit einer gewitzten Lässigkeit behandelt, die vergessen läßt, wie oft

Verve 2683 056

Blue Note
BN – LA – 451 H 2

eigentlich schon zum Beispiel »The Sunny Side Of The Street« gespielt wurde.
John Coltrane geht hier bei seinem Chef, dem Altsaxophonisten Johnny Hodges, in ein Kolleg. In späteren Jahren profitiert er stark von der Balladengestaltung und der Phrasierung, die Johnny Hodges einmaligen Sound ausmachen.

20. April 1955 (oder November 1955), März 1956, 21. September 1956

Paul Chambers / John Coltrane High Step

(A) Dexterity / Stablemates / Easy To Love / Visitation
(B) John Paul Jones / Eastbound / Nita / Just For The Love
(C) We Six / Omicron / High Step
(D) Trane's Strain / Nixon, Dixon and Yates Blues

A 1–2, B 1–2: John Coltrane (ts), Kenny Drew (p), Paul Chambers (b), »Philly« Joe Jones (dr)
B 3–4, C 1–2: Donald Byrd (tp), John Coltrane (ts), Kenny Burrell (g), Horace Silver (p), Paul Chambers (b), »Philly« Joe Jones (dr)
C 3, 4: Curtis Fuller (tb), John Coltrane (ts), Pepper Adams (bs), Roland Alexander (p), Paul Chambers (b), Philly Joe Jones (dr)

Blue Note BN – LA – 451 H 2

Auf dem sorgfältig edierten Blue Note Doppelalbum »High Step« wurden Arbeiten des Tenoristen von nicht mehr erhältlichen Schallplatten der Firmen Imperial, Jazzwest und Transition veröffentlicht. Einen Auszug aus dem Sampler »Jazz In Transition« bilden die Stücke »Trane's Strain«, »High Step« und »Nixon, Dixon And Yates Blues«. Die zweite LP enthält Stücke aus »Whims Of Chambers« (S. 90).
Die Sextettformation, zu der außer dem Miles-Davis-Rhythmusteam Paul Chambers und »Philly« Joe Jones noch der Pianist Roland Alexander und die Bläser Curtis Fuller (tb) und Pepper Adams (bs) gestoßen waren, musiziert im locker dargebotenen Hard Bop.
Nicht weniger interressant ist auch die Quartettformation der Platte. Die Rhythmusgruppe hat sich bis auf den Pianisten Kenny Drew nicht verändert. Diese Formation bildet mit Coltrane schon die Phalanx des später so erfolgreichen »Blue-Train«-Albums.
Kompositionen wie »Stablemates« bieten exzellenten modernen Jazz. Ob John Coltrane, wie damals so gerne behauptet, wie Dexter Gordon geklungen hat, überläßt man bei dem Stück »Dexterity« am besten dem Urteil des Hörers.

27. Oktober 1955, 10. September 1956, 10. Mai 1957, 4. März 1958, 26. Mai 1958, 4. Juli 1958, 23. August 1962

Basic Miles The Classic Performances Of Miles Davis

(A) Budo/Stella By Starlight / Sweet Sue/ Just You / Little Melonae / Miles Ahead
(B) On Green Dolphin Street / 'Round Midnight / Fran-Dance / Devil May Care

Miles Davis (tp), Frank Rehak (tb, B 4), John Coltrane (ts, außer in A 6 und B 4), Julian »Cannonball« Adderley (ts, B 3),

Columbia PC 32 025

Wayne Shorter (ts, B 4), Red Garland (p, A 1, 3, 4, B 2), Bill Evans (p, A 2, B 1), Wynton Kelly (p, B 3), Paul Chambers (b), »Philly« Joe Jones (dr, A 1, 3, 4, B 1, 2), Jimmy Cobb (dr, A 2, B 3, 4), William Correa (perc, B 4), Gil Evans Orchestra (A 6)

Columbia PC 32 025

»Basic Miles« entpuppt sich trotz einiger Überschneidungen mit bereits veröffentlichtem Material (Miles Ahead, Round About Midnight) nicht als ein üblicher »Best of . . .«-Feld-, Wald- und Wiesen-Sampler, sondern vervollständigt wichtige Coltrane/Davis-Sessions und macht mit bisher verschollen geglaubten Aufnahmen bekannt.

Aus der ersten auf Platte festgehaltenen Begegnung zwischen John Coltrane und Miles Davis stammen die beiden Stücke »Budo« und »Little Melonae« vom 27. Oktober 1955, die zusammen mit »Sweet Sue« vom 10. September 1956 eigentlich auf das Columbia-Debütalbum von Miles Davis »Round About Midnight« gehört hätten (S. 79).

Mit diesen Aufnahmen, die einen wesentlich unverkrampfter spielenden Coltrane als in dem »New Miles Davis Quintet« von Prestige präsentieren, ist die Anfangszeit der beiden Künstler bei der Firma Columbia vollständig dokumentiert.

Zeitlich macht das Album dann einen Sprung in das Jahr 1958 und bringt mit »Stella By Starlight« und »On Green Dolphin Street« zwei sehr schöne Stücke,

Prestige 7014

die aus dem Miles-Davis-Album »Jazztrack«, einer gesuchten Rarität, stammen. »Fran-Dance« gehört zu dem Newport-Album »Miles And Monk« und gibt einen musikalischen Eindruck der aufregenden Stimmung dort.
»Basic Miles« zeigt sowohl John Coltrane als auch Miles Davis in Bestform und dürfte den Sammler wie den werdenden Jazzfreund gleichermaßen ansprechen.

16. November 1955

Miles

(A) Just Squeeze Me / No Greater Love / How Am I To Know
(B) S'posing / Miles Theme / Stable Mates

The New Miles Davis Quintet: Miles Davis (tp), John Coltrane (ts), Red Garland (p), Paul Chambers (b), »Philly« Joe Jones (dr)

Prestige 7014

Das neue Miles-Davis-Quintett wurde von der Kritik enthusiastisch gefeiert. Alle Musiker – bis auf John Coltrane – erhielten in der Bewertung des Jazzpublizisten Nat Hentoff Traumnoten. Nur wegen Coltrane erhielt das Album »Miles« nicht die imageträchtigen fünf »Downbeat«-Sternchen. »Coltranes Mangel an individuellem Ausdruck« – ließe angeblich die Höchstbewertung nicht zu. Ohne Zweifel war für Coltrane das Engagement bei Miles, aus welchen Gründen auch immer es zustande kam, der Anstoß, endlich aus der spielerischen Mittelmäßigkeit herauszukommen. Sein letztes Engagement bei Johnny Hodges, so wichtig diese Zeit auch für ihn gewesen war, stellte doch in puncto Soloarbeit wenig Ansprüche. In dem »New Miles Davis Quintet« wurde John Coltrane mit Musikern konfrontiert, die alle einen eigenen Stil hatten oder diesen weiter ausbauten, während Coltrane als nun beinahe Dreißigjähriger erst noch seine Individualität im Spiel entwickeln mußte. Miles Davis war die Station, die Coltrane dringend brauchte, um sich musikalisch zu emanzipieren.

In nur wenigen Monaten erreicht er eine kräftige, eigenständige Aussage. Sein musikalisches Grundwissen war abgeschlossen, alles in ihm drängte zum Aufbruch. Was fehlte, war lediglich ein Katalysator, der diesen Reifeprozeß vollendete.

Das Album enthält insgesamt sechs Titel und lebt völlig von dem brillant aufspielenden Davis, der hier in einer großartigen Form antritt.

In »Just Squeeze Me«, dem Ellington-Klassiker, und einer modern nachempfundenen Pianoeinleitung von Red Garland spielt Miles auf der Trompete mit Dämpfer wunderschöne, charakteristische, einfache Melodienbögen. John Coltranes Solo wirkt dagegen, um es milde auszudrücken, völlig ungeschliffen, gegenüber der Gesamtgruppe hölzern und in der Ausführung sehr konventionell. Er kommt anscheinend hier noch nicht mit der elegant swingenden Rhythmusgruppe Red Garland, Paul Chambers und »Philly« Joe Jones zurecht, die regelrecht smart spielen. In anderer Umgebung hätte Coltrane mit diesem Solo vielleicht nicht so musikalisch hinterwäldlerisch geklungen. Nach ihm kommt Red Garlands Solo, das nichts Verkrampftes in sich trägt und in sympathischer Weise mit dem Thema umspringt.

»No Greater Love« ist ein reines Feature für Davis, der diese Ballade mit einfühlsamem Geschmack vorträgt.

In »How Am I To Know« erhebt Miles' Trompete wieder Führungsanspruch und steigert sich in dem sehr schnellen Stück zu einem begeisternden Solo. Coltrane möchte etwas von dieser Dramatik und Schnelligkeit in sein Solo einbringen. Dieses gelingt ihm auch ansatzweise. Doch die Chorusse werden fast stokkend, es klingt, als spiele er zu sehr mit dem Kopf. Ihm gelingt es nicht, seine Ideen schnell genug auf das Instrument zu übertragen. Allerdings hat er hier nicht so einen wankenden Ton, und einzelne Phrasen lassen schon den späteren Coltrane erkennen.

War die erste Seite völlig von dem grandiosen Spiel von Miles Davis durchzogen, so finden sich in den Stücken »S'posing«, »Miles Theme« und »Stable Mates« auf der zweiten Seite weitere gelungene Ansätze des späteren Coltrane'schen Improvisationsstils.

Auf »S'posing« zieht Coltrane ein kraftvolles Solo ab. Die Intensität bricht nicht innerhalb seines Vortrags ab, sondern bleibt während der guten Phrasen konstant. Die wohl besten Stücke »Miles Theme« und »Stable Mates« zeigen einen kooperativen Davis, der mit Coltrane zusammen die Themen präsentiert. Besonders deutlich wird das in der Benny-Golson-Komposition »Stable Mates«. Coltrane und Davis spielen diese Komposition quasi ohne Luft zu holen in der typischen Golson-Spielweise.

Auf »Miles Theme«, der Erkennungsmelodie sowohl von Davis als auch von Art Blakey, kommt Coltrane über ein kleines

Motiv in eine erregende Improvisation. Das Stück scheint schon von seiner Konzeption her Coltrane Spaß zu machen. Seine Auseinandersetzung mit dem Thema hat schon etwas Spitzbubenhaftes, und auch im Solo klingt an, daß er eigentlich mehr kann, als bislang von ihm zu hören war.

Enttäuschend ist aber doch dann wieder sein Solo auf »Stable Mates«. Trotz des sicheren Einstiegs wird der Ideenflug immer matter, und seinem Spiel fehlt die Initialzündung.

Miles Davis' Trompetensoli sind meisterhaft und zeitlos, die gesamte Rhythmusgruppe ist perfekt und sollte dies für viele nachfolgende LPs mit Coltrane auch immer wieder unter Beweis stellen.

»Miles« ist ein Album, das im Vergleich zu den etwas früheren Davis/Coltrane-Aufnahmen für Columbia einen konfus spielenden Coltrane zeigt, der nur in wenigen Solopassagen im Rahmen dieser Gruppierung überzeugt. Vielleicht steckt aber ganz einfach in dieser Aufnahme nur Lampenfieber. Es ist die erste Schallplattenaufnahme, bei welcher Coltrane mehr oder weniger in der »Front line« steht, und dann noch neben einer so starken Persönlichkeit wie Miles Davis.

27. Oktober 1955, 5. Juni 1956,
10. September 1956

Miles Davis
Round About Midnight

(A) Round About Midnight / Ah-Leu-Cha / All Of You
(B) Bye Bye Blackbird / Tadd's Delight / Dear Old Stockholm

Miles Davis (tp), John Coltrane (ts), Red Garland (p), Paul Chambers (b), »Philly« Joe Jones (dr)

Columbia PC 8649

Miles Davis stand noch bei der Plattenfirma Prestige unter Vertrag, als diese Aufnahmen für Columbia zwischenzeitlich gemacht wurden. Sie sind so etwas wie die musikalische Bestandsaufnahme von einem Programm, mit dem das neue Miles-Davis-Quintett Erfolg haben sollte. Da gibt es mit »Round About Midnight«, »Ah-Leu-Cha« und »Tadd's Delight« eine zeitgemäße Aufarbeitung bekannter Bopstücke und mit »All Of You« und »Bye Bye Blackbird« regelrechte Schnulzen, die erst durch die neue Bearbeitung Qualität erlangen. Mit den Musikern, die dieses Programm vorstellen, hat Davis – wie fast immer – einen guten Griff getan. Der Schlagzeuger »Philly« Joe Jones hatte John Coltrane empfohlen. Der Spitzname »Philly« deutet zum einen darauf hin, daß er aus Philadelphia kommt, zum anderen, daß er nicht mit dem mehr an Swing und Mainstream orientierten Jo Jones verwechselt werden wollte.

Coltrane überlegte hin und her, ob er den Job bei Davis annehmen sollte – ihm stand die Möglichkeit offen, mit dem so beliebten Organisten Jimmy Smith zu touren. Er entschied sich zum Glück dann doch für die Arbeit mit Miles. Mit dem ganz jungen Paul Chambers stieß ein wahres »Baßwunderkind« in die Davis-Mannschaft. Paul konnte sowohl schnelle melodische Linien greifen als auch mit der gleichen Meisterschaft mit dem Bogen umgehen. Der Pianist Red Garland sollte durch Miles Davis eine unerhörte Popularität erhalten. Obwohl er in schlechten Momenten

Columbia PC 8649

einen leichten Barpianistentouch hat, sind seine Akkorde und das blumige Single-Note-Spiel eine Klasse für sich.

»Ah-Leu-Cha« und »Budo« – auf diversen Davis-Samplern vertreten – sind die frühesten Zeugnisse der Kooperation von Miles Davis und John Coltrane. Mit Unterbrechungen sollte diese Partnerschaft mehr als sechs Jahre dauern, eine Zeit, in der sich beide Musiker in ihrer Entwicklung stimulierten. Besser, als es die Liner-Notes ausdrücken, kann man »Ah-Leu-Cha« nicht beschreiben. Es klingt wie »Dixieland in der Bop-Spielweise«. Miles Davis spielt mit offener Trompete und einem wunderschönen Ton das Thema. Coltrane schmückt es aus und umspielt die Trompetenstimme. Während Davis mit seiner neuen »Power« agiert, klingt Coltrane eher abwartend. Sein Tenorsax schwingt in der Manier eines kräftig angespielten Altsaxophons. Red Garlands Reverenz an ein reines Bop-Piano ist gut in seinem Solo herauszuhören. Rasante Läufe im Wechsel mit perlendem Akkordspiel und einem phantastischen Anschlag demonstrieren die Klasse dieses Mannes aus Texas.

Die berühmteste und vermutlich am meisten gespielte Ballade des modernen Jazz ist »Round About Midnight«, die Thelonious Monk in den 40er Jahren schuf. Die neue Version durch Davis wurde eines seiner »Highlights« beim Newport 55er Comeback. Hier demonstriert Coltrane, wie er sich in der kurzen Zeit (ein knappes Jahr) bei Miles entwickeln konnte. Sein Ton ist harsch, manchmal drängend ag-

Prestige 7043
M-47037

gressiv, und in seinem Solo steckt eine Menge trickreicher Akkordfolgen. Interessant ist auch sein Einstieg in die Improvisationskette, die durch eine Tempoverschiebung eingeleitet wird, nachdem Miles Davis das innig schöne Thema mit Dämpfer vorgestellt hat. Welch ein Unterschied zu der zwei Wochen später aufgenommenen Prestige-Version!
»Tadd's Delight« hat ähnliche Qualitäten wie »Ah-Leu-Cha«.
In dem von schwedischer Folklore angehauchten »Dear Old Stockholm« setzt Paul Chambers mit einem ausgiebigen Baßsolo eine geheimnisvolle Stimmung, die sehr gut zu den folgenden Solopartien der Bläser paßt.
Die übrigen Stücke sind lässig hingeworfene Bopthemen, die nur durch die großartigen Coltrane-Soli gewinnen. Als Dokument für Coltrane mit Davis in der Quintettbesetzung gibt es gerade wegen dieser Kontraste kein besseres Beispiel.

7. Mai 1956

Informal Jazz
Elmo Hope Sextet

(A) Weeja / Polka Dots And Moonbeams
(B) On It / Avalon

Donald Byrd (tp), John Coltrane (ts), Hank Mobley (ts), Elmo Hope (p), Paul Chambers (b), »Philly« Joe Jones (dr)

Prestige 7043 / M-47037

Zwei Originale des Pianisten Elmo Hope »Weeja« und »On It« sowie die Standardthemen »Polka Dots And Moonbeams« und »Avalon« werden von der emsig aufspielenden Prestige-Session-Mannschaft mit Akkuratesse erledigt.
Es gibt trotz der großen Namen keine herausragenden Einzelleistungen. John Coltranes Tenorsaxophon fügt sich nahtlos in das freundliche Klangkonzept. »Informal Jazz« bleibt eine angenehme, aber nicht sonderlich aufregende Platte.
Die Platte ist auch in einer anderen Kombination als Doppelalbum unter dem Titel »Elmo Hope. The All Star Sessions« erhältlich.

11. Mai 1956, 26. Oktober 1956

Relaxin'
With The Miles Davis Quintet

(A) If I Were A Bell / You Are My Everything / I Could Write A Book
(B) Oleo / It Could Happen To You / Woodyn' You

Prestige 7129

Workin'
With The Miles Davis Quintet

(A) It Never Entered My Mind / Four / In Your Own Sweet Way / The Theme
(B) Trane's Blues / Ahmads Blues / Half Nelson / The Theme (Take 2)

Prestige 7166

Steamin'
With The Miles Davis Quintet

(A) Surrey With The Fringe On Top / Salt Peanuts / Something I Dreamed Last Night
(B) Diane / Well You Needn't / When I Fall In Love

Prestige 7200

Cookin'
With The Miles Davis Quintet

(A) My Funny Valentine / Blues By Five
(B) Airegin / Medley / Tune Up / When Lights Are Low

Prestige 7094

Miles Davis (tp), John Coltrane (ts), Red Garland (p), Paul Chambers (b), »Philly« Joe Jones (dr)

Die vier Platten »Relaxin', Workin', Steamin' und Cookin'« wurden vom Miles-Davis-Quintett an nur zwei Aufnahmedaten, nämlich im Mai und Oktober 1956, für Prestige aufgenommen.
Nach diesen Sessions hatte John Coltrane ungeachtet des Schocks, daß er nicht weiter von Miles Davis engagiert wurde, einen Saxophonstil entwickelt, der sich deutlich von dem die Szene beherrschenden Hardbop-Tenoristen Sonny Rollins absetzte. John Coltranes Ton, die Phrasierung und seine Improvisationen sind eigenständig und mit ihm identifizierbar. Auf vielen Stücken tritt er sogar aus dem Schatten von Miles Davis heraus und wird

Prestige 7129

Prestige 7166

zu einem Spieler, der mit neuen Ideen seinen eigenen Weg gefunden hat.
Leider sind die Stücke nicht chronologisch aufgenommen worden, einzig »Cookin'« enthält nur Aufnahmen aus der Oktobersession. Die anderen Platten sind durchmischt von beiden Aufnahmedaten. Die Beschäftigung mit der Zeit ist deshalb wichtig, weil zwischen den einzelnen Aufnahmedaten ungefähr ein halbes Jahr liegt. Eine runde Zeitspanne, in der eine rasante Entwicklung stattfand.
Was John Coltrane betrifft, war »Miles« (S. 77), sein Debut-Album bei Davis, eine herbe Enttäuschung. Alle nachfolgenden Aufnahmen sind um Längen besser. Mit anderen Worten: John Coltrane schaffte innerhalb eines halben Jahres den Sprung zu einer kraftvollen eigenständigen Aussage.
Miles Davis' Trompete bleibt auf allen Stücken beherrschend. Wenn er ohne Dämpfer spielt, wird sein Vortrag noch intensiver. Die vier Alben haben ihn noch berühmter gemacht, als er 1956 ohnehin schon war. Sie sind nach wie vor ein jazzmusikalischer Ausdruck dieser Zeit.
»Relaxin'«. Die Frage »If I Were A Bell« beantwortet Pianist Red Garland gleich zur Eröffnung des Stückes mit der Melodie des Big Ben, der Glocke des Londoner Parlamentsgebäudes. Was damals wohl noch ein riesiger Gag war, klingt heute eher etwas komisch. Miles Davis spielt das Thema mit Dämpfer und erzielt in seiner Improvisation eine intime Stimmung. John Coltrane verändert diese, indem er in Verbindung mit der Rhythmusgruppe ein kräftig swingendes Solo abliefert.
In »You Are My Everything« wird John Coltranes großartiges Balladenspiel offenbar. Er geht einfühlsam mit dem Thema um und interpretiert es in der großen Tradition der »klassischen« Balladenspieler des Tenorsaxophons Coleman Hawkins und Ben Webster.
Auf »I Could Write A Book« ist Miles Davis wieder mit Dämpfer zu hören. Ob beabsichtigt oder nicht, zu Coltranes Ton schafft dies einen Kontrast, der dieses Stück ausbalanciert.
»Oleo«, die berühmte Sonny-Rollins-Komposition, wird hier von Miles Davis sehr schnell angespielt, auch John Coltrane tupft auf das Thema an, bevor Miles Davis vor dem dahinrasenden Baß Paul Chambers' sein Solo beginnt. Mit der Kraft, die Berge versetzt, schafft sich Coltrane mit gleichbleibender Dynamik in seine Improvisation. Er spielt mit vollem Einsatz auf einer Improvisationsebene, die von ihm wie im Sprint durchjagt wird.
»It Could Happen To You«, eine liebe Melodie, wird von Miles Davis mit Snobappeal vorgetragen und erst durch Coltranes Solo erträglich.
»Woodyn' You«, teilweise im Unisono Coltrane/Davis enthält ein starkes Trompetensolo des Bandleaders. John Coltrane steigt über eine Phrase aus dem Thema solistisch ein. Die offenbare Sympathie, die er für die Gillespie-Komposition hat, führt zu einigen in seiner Improvisationsweise sonst seltenen humoristischen Wendungen.
»Workin'«. Auf »It Never Entered My Mind« ist die harte Gratwanderung zwischen Kunst und Kitsch zu bestaunen. Ein spätromantischer Klaviereinstieg, der zwar immer noch das Traumziel eines jeden Schmalzpianisten wäre, dient Davis zu weiteren Improvisationen. Hier ist John Coltrane nur mit einem Ton zum Schluß des Themas zu hören.
»Four« schafft es wieder, den Hörer mitzureißen. Ein herrlich schnelles Stück

Prestige 7200

mit dramatischen Soli von Miles Davis und John Coltrane.
In »Your Own Sweet Way« ist es wieder der Kontrast zwischen Coltranes energisch kraftvollen Läufen und dem zierlichen Dämpferspiel von Miles Davis, der den Hörer gefangen hält.
Mit »The Theme«, das auf diesem Album mit zwei Takes und einer langen Version auf »Miles« so etwas wie einen Lückenfüller darstellt, endet die erste Seite.
»Trane's Blues« würde schon gut in John Coltranes späteres Album »Blue Train« passen. Das Thema mit wuchtig ausgreifendem »Walking Bass« von Paul Chambers und einer gehörigen Portion »Soul Message« im Unisono-Vortrag von Coltrane und Davis, bringt schon wichtige Voraussetzungen für gute Improvisationen. Sowohl Davis- als auch Coltrane-Fans werden nicht enttäuscht. Speziell Coltranes Vortrag begeistert durch die ehrliche, ungekünstelte Spielweise.
»Ahmads Blues« ist eine Hommage an den sehr von Davis bewunderten Pianisten Ahmad Jamal. Diese Aufgabe erledigt Red Garland nur mit der Rhythmusgruppe und zeigt dieses Team in glänzender Spiellaune.
»Half Nelson«, in rasender Bopmanier von Davis heruntergespielt, bringt technisch saubere Improvisationen aller Beteiligten.
Auf der Platte *»Steamin'«* ragen besonders die Stücke »Well You Needn't« und »Salt Peanuts« heraus. Die anderen Themen sind alle nach dem gleichen Muster gestrickt: Miles Davis auf der Trompete mit

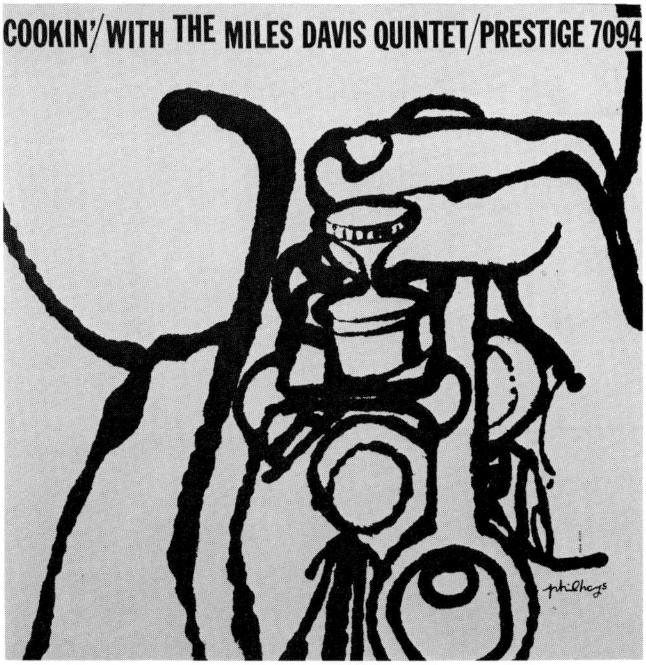

Prestige 7094

Dämpfer und selten gespieltem Broadwaymaterial!
Wie schon eingangs bemerkt, endet nach der LP *»Cookin'«*, die im nachfolgenden besprochen wird, zunächst einmal die Zusammenarbeit Coltrane/Davis.
In seiner weltvergessenen, melancholischen Art ist Davis auf »My Funny Valentine« zu hören. Speziell die »Pizzicato«-Baßbegleitung von Chambers kommt hier in seiner einfühlsamen Schönheit zur Geltung.
Mit intensiv aufgreifendem »Single-Note«-Spiel von Red Garland und der dahinjagenden Themengebung durch Davis präsentiert sich »Blues By Five«.
Wie ein Gigant, der sich aus dem Schlaf erhebt, entwickelt sich Coltranes Solo. Er beginnt vorsichtig, wie wenn er sich wachrütteln wollte, um dann erst die Intensität zu erreichen, die sonst schon von Anbeginn in seinem Solo steckt. Ein gut konzipiertes Piano, ein mit bewegten Motiven durchsetztes Baßsolo und natürlich »Philly« Joe Jones' Drumstatement runden dieses Stück ab.
»Airegin« hat ein phantastisches Coltrane-Tenorintro mit anschließendem Unisonospiel mit Davis. »Philly« Joe Jones treibt das Geschehen vom Schlagzeug her an. In den Phrasen von Davis steckt trotz der Schnelligkeit eine kontrollierte Schönheit. Es wird nicht einfach heruntergehaspelt, sondern das hat Saft und Kraft und steckt voller Eleganz. John Coltrane hat ebenfalls ein aufputschendes Solo. Ungestüme Melodienfetzen, die elektrisierend wirken.

Prestige 7316

Das abschließende Medley »Tune Up« mit eingeschachteltem »When The Lights Are Low« bietet keine besonderen Überraschungen mehr.
Zusammenfassend bleibt nur noch zu sagen, daß jede einzelne Davis-Platte dieser berühmten »Vier-Platten-Edition« in sich stimmt. Willkürlich, aber geschickt hat der Produzent aus der Mai/Oktober-Session die von Miles Davis so emsig abgelieferten Stücke zusammengestellt. Stets werden reine Jazzkompositionen mit geschönten Schlagerthemen kombiniert.
Wenn unter dem Strich die Zusammenarbeit von Miles Davis mit John Coltrane dem letzteren erst seine Karriere ermöglichte, so darf doch nicht vergessen werden, daß auch Davis durch die kontroversen Meinungen der Kritiker über John Coltrane stets im Gespräch blieb. Nach dessen verblüffender Entwicklung fiel ihm dann doch wieder das Verdienst zu, einen Star gemacht zu haben.

23. Mai 1956

Black Pearls
John Coltrane

(A) Black Pearls / Lover Come Back To Me (B) Sweet Saphire Blues

John Coltrane (ts), Donald Byrd (tp), Red Garland (p), Paul Chambers (b), Art Taylor (dr)

Prestige 7316

Auf dem Papier könnte ein Mathematiker mit ziemlicher Sicherheit die Summe der Improvisationsmöglichkeiten bestimmen, die immer noch in der konventionellen 32taktigen Liedform mit den zugrundeliegenden Harmonien liegen. Ob das auch so gut klingen würde, wie es die Musiker des John-Coltrane-Quartetts auf »Black Pearls« zelebrieren, sei dahingestellt. Von Anfang an zieht Coltrane in dem Titelstück den Zuhörer in seinen Bann. Das Auf und Abschwellen in seinem Solo läßt fast an spiralförmige Windungen denken. Dabei ist sein Ton dicht, mitunter gequält und klingt, wie es einmal ein Kollege sehr drastisch formulierte, »hysterisch und orientalisch« (Pepper Adams). Trotz dieser scheinbaren Widersprüche ist die Begeisterung, mit welcher Coltrane spielt, immer präsent. Paul Chambers bringt eine genau passende Begleitung zu dem in hohen Lagen spielenden Trompeter Donald Byrd. Die Dialoge zwischen Schlagzeuger Art Taylor und dem Pianisten Red Garland sind espritgeladen. In »Lover Come Back To Me«, in dieser Interpretation mit viel Dampf gespielt, stellt Donald Byrd in seinem formvollendeten Solo klar, warum er zu den meistbeschäftigten Musikern damals zählen sollte. Bei ihm gibt es wenig musikalische Ausrutscher, abgesehen von seinen späteren Jazzrock-Abenteuern hat sein Spiel immer ein gleichbleibendes Niveau. Immens swingend Red Garlands Pianosolo, der sein Instrument äußerst gefühlvoll behandelt. Melodiös und kontrolliert wirkt John Coltrane mit seinem in mittleren Lagen ausgeführten Solo.
Über die ganze B-Seite zieht sich der schnell gespielte »Sweet Saphire Blues«, bei dem das Pianosolo Red Garlands das Positivste an dem zu langen Stück ist. Eine Menge gibt es an Coltranes Solo auszusetzen. Hier demonstriert er auf eine unschöne Art seine ungeheure Technik. Die Hektik seiner Improvisationen klingt sonst anregend und konstruktiv. Diesmal aber reichert er seine Soli mit unzähligen endlosen Wiederholungen an. Das klingt ungefähr so, als ob er sein Instrument einspielen oder Akkordexerzitien ausführen würde.
Uneigennützig und kreativ kommen hingegen die Soli von Donald Byrd und Red Garland über die Plattenrille.
»Black Pearls« ist nicht unbedingt ein Album für die berühmte »einsame Insel«.

24. Mai 1956

Tenor Madness
Sonny Rollins Quintet

(A) Tenor Madness / When Your Lover Has Gone
(B) Paul's Pal / My Reverie / The Most Beautiful Girl In The World

Sonny Rollins (ts), John Coltrane (ts, nur auf A 1), Red Garland (p), Paul Chambers (b), »Philly« Joe Jones (dr)

Prestige 7047

Mehr durch Zufall, als durch exakte vorherige Planung kam es zu der Begegnung zwischen John Coltrane und Sonny Rollins. Die einfache Erklärung: die gesamte Miles-Davis-Combo hielt sich zu Plattenaufnahmen in New York auf. Sonny Rollins war fest entschlossen, mit dem Rhythmusteam Garland/Chambers/Jones seine neue Platte einzuspielen. Durch Miles Davis und seine Arbeit mit

Prestige 7047

ihm, hatte Sonny Rollins – wie so viele andere Musiker auch – sich einen Großteil seiner Popularität erspielt und er hielt ein waches Auge auf alles, was sich bei Miles musikalisch tat. Durch persönliche und arbeitstechnische Gründe war es ihm nicht möglich in dem neuen Miles-Davis-Quintett mitzuwirken, so daß an seiner Stelle John Coltrane in die Gruppe genommen wurde.

Kurioserweise kam es nun aber mit dieser Platte doch zu Aufnahmen mit der neuen Miles-Gruppe, wenn auch ohne die gewichtige Trompetenstimme von Miles. John Coltrane besuchte diese Aufnahmesession, wobei man sich dazu entschloß, mit »Tenor Madness« ein Kräftemessen zwischen den beiden Giganten des Tenorsaxophons aufzunehmen. Erstaunlicherweise kommt es dabei nicht zu der beabsichtigten Reibung zwischen dem sich zielstrebig zum Star mausernden Coltrane und dem »Star« schlechthin, Sonny Rollins. »Tenor Madness«, ein völlig Boporientiertes Stück mit starker Anleihe an Charlie Parkers »Now's The Time«, wird von den beiden Musikern mit kollegialer Selbstverständlichkeit heruntergespielt, ohne daß der Hörer ein allzu großes Engagement der Beteiligten spüren kann. Bei diesem friedlichen Nebeneinander übernimmt John Coltrane das erste Solo und auch die Führung der »Chases«. Während dieser raschen wechselseitigen Solofolge kommt es dann doch noch zu einigen starken musikalischen Momenten. Einmal durch den wuchtigen Sound Rollins', mit seinen intelligenten Improvisationen, die voller Witz und Anspielungen stecken. Im Kontrast dazu der mehr quirlige Coltrane, der aus seiner Sympathie für Sonny Rollins kein Hehl macht und auch munter drauflos fabuliert. Dieses Zusammenspiel versöhnt letztlich mit »Tenor Madness«, einer Platte, von der ein »Nur«-Coltrane-Fan sicher etwas enttäuscht sein, dafür aber durch die anderen Sonny-Rollins-Stücke mehr als entschädigt wird.

7. September 1956

Tenor Conclave

(A) Bob's Boys / Just You, Just Me
(B) Tenor Conclave / How Deep Is The Ocean

Hank Mobley, Al Cohn, Zoot Sims, John Coltrane (ts), Red Garland (p), Paul Chambers (b), Art Taylor (dr)

Prestige 7074

Als »Black-And-White«-Cocktail kann die typische Blowing-Session »Tenor Conclave« aufgefaßt werden. Den farbigen Tenoristen John Coltrane und Hank Mobley, die als Vertreter der sogenannten Hardbopschule den feurigeren Improvisationspart abliefern, stehen die technisch brillanten weißen Saxophonisten Zoot Sims und Al Cohn gegenüber, die eine coole Spielweise bevorzugen. Von der Platte kommt eine handwerklich einwandfreie, flüssig swingende Musik – nicht zuletzt auch ein Verdienst der Rhythmusachse Garland/Chambers/Taylor – die die zwei Standards »Just You, Just Me«, »How Deep Is The Ocean« und die beiden Originale »Tenor Conclave« und »Bob's Boys« mit gepflegten Soli aller Beteiligten perfekt ausstattet.

21. September 1956

Whims Of Chambers
Paul Chambers Sextet

(A) Omicron / Whims Of Chambers / Nita
(B) We Six / Dear Ann / Tale Of Fingers / Just For The Love

Donald Byrd (tp), John Coltrane (ts), Kenny Burell (g), Horace Silver (p), Paul Chambers (b), »Philly« Joe Jones (dr)

Blue Note 1534
BN – LA 451 – H 2

Auf »Whims of Chambers« spielt John Coltrane mit Freunden, die sich in dieser Besetzung nur für die Blue-Note-Aufnahmen im September 1956 zusammengefunden hatten.
Bassist Paul Chambers, damals erst 21 Jahre alt, zeichnet als Leader verantwortlich, doch keine Angst; die Platte wird deswegen nicht baßlastig!
Zwar hat man Gelegenheit, auf allen Stücken seine Virtuosität – er spielt genauso überzeugend »Pizzicato« als auch »Arco« – zu bewundern, doch hat das nichts von einem Egotrip, sondern fördert nur das ausgeglichene Konzept dieser hervorragenden Session.
»Omicron«, mit großartiger »Latin«-Einleitung im Sechs-Achteltakt von Schlagzeuger »Philly« Joe Jones, wurde so geschickt durch den Trompeter Donald Byrd aufpoliert, daß die Nähe zu Dizzy Gillespies »Woody'n You« absolut neben-

Prestige 7074

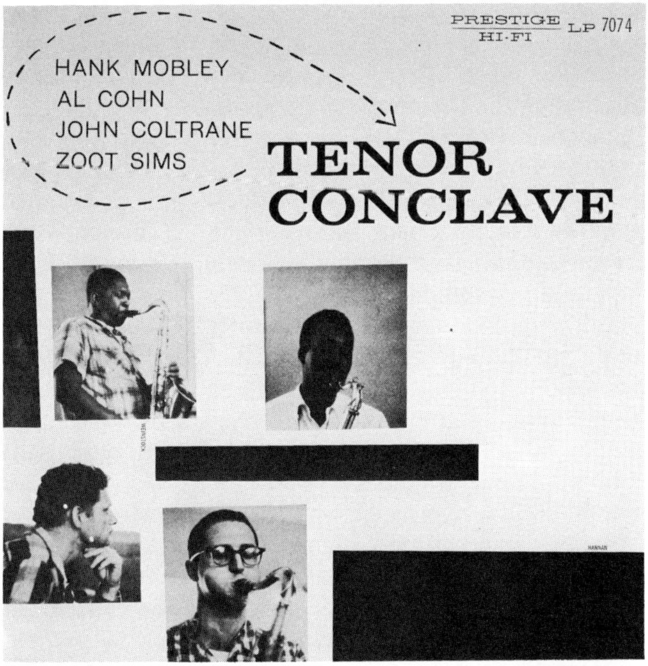

Blue Note 1534
BN – LA 451 – H2

sächlich wird. Donald Byrds Trompete behält Lead-Funktion, John Coltrane beantwortet seinen »Latin« angehauchten Einstieg, und im Unisono führen beide das Thema zu Ende.
Nach kurzem, aussagekräftigem Baßintermezzo absolviert John Coltrane ein warmherziges Solo. Sein Ton hat nichts Schwankendes, und die Improvisation klingt völlig unverbraucht und drückt das Selbstvertrauen aus, das Coltrane als Mitglied des Miles-Davis-Quintetts haben mußte.
Von vielen Kritikern wurde Donald Byrd als der Beste der Dizzy-Miles-Brownie-(Clifford Brown)-Schüler bezeichnet. Sicher ist es sehr schmeichelhaft, mit solchen Giganten verglichen zu werden, aber genauso einengend, weil dahinter doch so etwas wie ein Vorwurf steckt, noch keine eigene Stimme zu haben. Auf dieser Platte hat Donald Byrd seinen eigenständigen unverkennbaren Improvisationsstil. Allein wie er in der Coda von »Omicron« das Stück im Teamwork Byrd/Silver/Jones ausklingen läßt, mit einem duftigen spanischen »Flair« (lange vor Miles Davis' »Sketches of Spain«) ist eine Wucht.
Vielleicht weil er Leader des Albums ist, kommt Chambers Baß noch einmal zu Gehör, dann konzentriert er sich aber voll auf seine Begleiterfunktion und bringt den passenden Background für ein bluesbetontes Horace-Silver-Pianosolo.
Mit seiner im »Hornstyle« gespielten Gitarre erzielt Kenny Burrell fast eine Saxophonstimme: Aber die alleinige Fixierung darauf wäre ihm zu simpel; geschickt bringt er dazu seinen spezifischen Gitarrensound ins Spiel.
»Whims of Chambers«, ein Stück ohne die Bläser, wird von Paul Chambers und Kenny Burrell im Unisono präsentiert. Inhaltlich gibt es bei diesem charmanten Blues sehr schöne Klavier-, Baß- und Gitarrensoli zu hören.
Für John-Coltrane-Fans ist seine Komposition »Nita« das wichtigste Stück der Platte. Hier werden von John – außer der knapp quirligen Bop-transportierenden Themenaussage – zum ersten Male neue Kompositionsprinzipien angewendet. So vermittelt der Baß einen konstant sich wiederholenden Sound oder auch Puls – als »Pedal Point« bezeichnet, der auf die musikalischen Abläufe eine interessante Wirkung hat. In seinen späteren Arbeiten (Atlantic-Zeit) sollte Coltrane dieses Modell noch weiter ausbauen und perfektionieren.
An Donald Byrds »Jazz-Messengers«-Zeiten erinnert sein Thema »We Six«. Es ist ein schnelles Hardbop-Stück, in welchem Coltrane seinen unverwechselbaren Sound dominierend einsetzt.
»Dear Ann«, ein Feature für den Trompeter Donald Byrd, zeigt diesen als großen Balladeninterpreten. Mit weichem, offenem Ton und nachdrücklicher Phrasierung spielt er ein lyrisches Solo.
»Tale Of The Fingers« gehört mehr oder minder dem Bassisten Paul Chambers. Nach seinem witzigen gestrichenen Baßthema läßt Horace Silver Swingstandard-Riffs einfließen und kultiviert in seinem Spiel die hohe Kunst der knappen, wirklichkeitsgerechten Aussage.
In bester Form zeigt sich Coltrane in seiner Komposition »Just For The Love«. Er findet zu aufregenden Chorussen und gewinnt dem 12taktigen Bluesthema immer neue Improvisationsseiten ab.

Einige Stücke der Platte sind auch in dem Doppelalbum »High Step« (Blue Note BN – LA 451 – H 2) enthalten, vgl. S. 74.

Prestige 7070

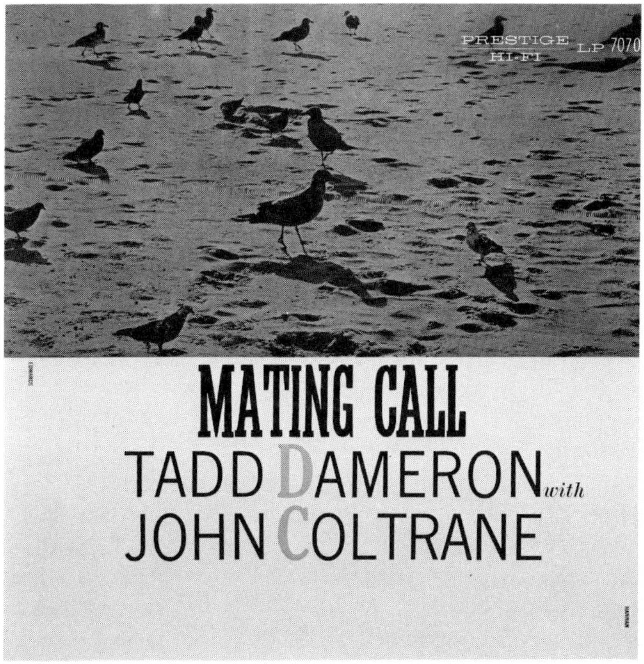

30. November 1956

Mating Call
Tadd Dameron / John Coltrane

(A) Mating Call / Gnid / Soultrane
(B) On A Misty Night / Romas / Super Jet

John Coltrane (ts), Tadd Dameron (p), John Simmons (b), »Philly« Joe Jones (dr)

Prestige 7070

»Mating Call« stellt ausschließlich Kompositionen des Arrangeurs und Pianisten Tadd Dameron vor. Die Themen sind alle hervorragend, doch paßt die anschließende Bearbeitung nicht in Tadds musikalische Auffassung.

Vor allen Dingen macht sich bei John Coltrane die improvisatorische Aufbruchsstimmung bemerkbar. So zwängt er sein intensives Spiel in den leicht überholten Rahmen einer – ansonsten exquisiten – Bebopgruppierung. John Coltrane ist diesem Musizierideal entwachsen, und Tadd Damerons Stärke liegt auch mehr in der Orchestrierung als im Spiel mit kleiner Besetzung.
Aus heutiger Sicht können die Aufnahmen nicht mehr überzeugen, weil innerhalb der Gruppe zwei Blöcke gegeneinander anspielen. Das könnte zu Spannung und Reibung führen, aber hier passiert nichts in dieser Richtung, vermutlich weil sich die Musiker zu sehr respektieren.
Die traditionelle Bopseite wird durch den Bassisten John Simmons und Tadd Da-

meron am Piano, die »Modernisten« werden durch »Philly« Joe Jones am Schlagzeug und John Coltranes Tenorsaxophon präsentiert.
»Mating Call« hat ein verschwommenes »Latin Feeling« und im Thema leichte Ähnlichkeiten mit »I've Got You Under My Skin«. Tadd Dameron spielt hier – wie auch auf allen anderen Stücken – ein sehr boppiges Piano, das aber zu sehr mit Reminiszenszen besetzt ist. John Coltranes Soli hingegen klingen alle aufregend. Seine Improvisationen sind phantasiereich und verraten ein neues Selbstbewußtsein.
»Gnid«, eine melancholische Melodie, wird von Coltrane mit großem musikalischem Geschick angespielt und überzeugend improvisiert. Tadd hat hier ein einfühlsames Solo.
»Soultrane«, eine Widmung Tadd Damerons an Coltrane, die gut auf Johns musikalischen Ausdruck paßt, wird von ihm großzügig mit weitläufigen Melodiebögen gespielt.
Die B-Seite beginnt mit dem Stimmungsbild »On A Misty Night«. Schon im Thema finden raffiniert kleine Tempowechsel statt. John Coltrane zeigt sich hier mit relativ rauhem Ton sehr mit der Stimmung des ergreifenden Themas vertraut. Die Rhythmusgruppe swingt zurückhaltend, spätestens hier wünscht man sich eine orchestrierte Fassung dieses Stückes.
In »Romas« kann man einen völlig anderen Tadd Dameron hören. In diesem Blues setzt er – wie ein Count Basie des Bebop – ein diabolisches Funky-Blues-Piano ein, völlig untypisch im Vergleich mit seinem sonstigen Stil. Coltrane bricht mit explosiven Läufen schon aus dem Thema aus, um ein weiteres gutes Solo beizutragen.
Mit »Super Jet« – »Philly« Joe Jones hat hier ein Drum-Statement schon in der Einleitung – und guten Soli aller Musiker endet eine Platte, die zwar interessante Tadd-Dameron-Themen vorstellt, aber in ihrer Präsentation mitunter – ohne daß man den Musikern deswegen Vorwürfe machen könnte – einfach nicht so recht stimmt.

22. März 1957

Interplay For Two Trumpets And Two Tenors

(A) Interplay / Anatomy
(B) Light Blue / Soul Eyes

Idrees Sulieman (tp), Webster Young (tp), John Coltrane (ts), Bobby Jaspar (ts), Mal Waldron (p), Kenny Burrell (g), Paul Chambers (b), Art Taylor (dr)

Prestige 7112

»Interplay«, ein Album mit der Gegenüberstellung zweier Trompeter, Idrees Sulieman mit Webster Young und der Tenoristen John Coltrane mit Bobby Jaspar, klingt wie eine Bigband in Minimalbesetzung, die durch das Staraufgebot von Musikern zu einer »Blowing Session« umgemodelt wurde.
Wären nicht die hervorragenden Kompositionen von dem Pianisten Mal Waldron, so hätte man das Gefühl der beliebigen Austauschbarkeit im musikalischen Geschehen.
Auf den Stücken »Interplay«, »Anatomy« und »Light Blue« präsentieren sich die nach Publikumswirksamkeit zusammengestellten Musiker im verträglichen Rah-

Prestige 7112

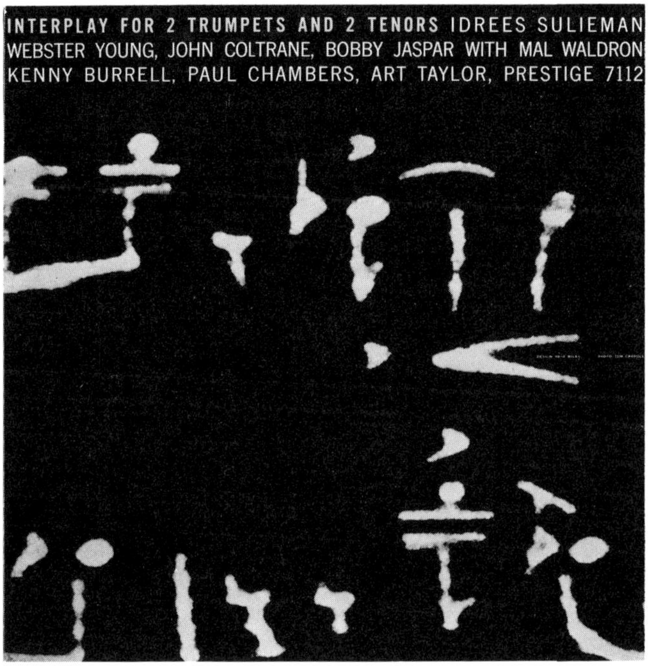

men und bieten individuell große Leistungen, die aber trotzdem nicht recht glücklich machen. Dazu wirkt alles zu routiniert und glatt. Trotzdem kommt die Platte zu einem guten Ende.
Es kann kein Zweifel darüber bestehen, daß durch die Ballade »Soul Eyes« das Album eine Intensivierung erfährt, die sich von dem »Blowing-Session«-Charakter der vorangegangenen Stücke deutlich absetzt.
Die sehnsüchtig stimmende Melodie wird von der Gruppe mit der Geschlossenheit eines homogenen Klangkörpers dargeboten. Den Mittelteil der Komposition spielt Coltrane auf dem Tenor. Er gestaltet diese Passage eher zerbrechlich, und es schimmert fast nichts seiner sonstigen robusten Spielweise durch. Der Gitarrist Kenny Burrell übernimmt das erste Solo. Mit einer an Cool Jazz orientierten Sachlichkeit, streng melodiösen Linien und hoher Virtuosität klingt es völlig zeitlos.
Den Trompeter Webster Young animiert dies, ein Solo à la Miles Davis zu blasen, das jeden »Blindfold«-Tester verwirren würde. Auf der gestopften Trompete ist er von dem damals ebenso sensibel blasenden Davis nicht zu unterscheiden.
Mit einer lyrischen Phrase steigt John Coltrane in den Improvisationsablauf. Er unterbricht nur selten seine langen Linien, um eine etwas härtere Gangart auf dem Tenor einzuschlagen. Auffallend auch hier, wie sehr er in einfühlsamen melodischen Improvisationen die leichtere Phrasierung des Altsaxophonspiels bevorzugt. Mit »Soul Eyes« beschrieb Mal Waldron

treffend John Coltranes Augen und das Stück erhält dadurch eine besondere Widmung.
Schon sehr früh entwickelte Mal Waldron auf dem Piano jenen entrückten Schwebezustand, der in der Klaviermusik dieses Jahrhunderts bei Eric Satie zu finden ist, und versetzt ihn mit einer melodisch eigenständigen, an Thelonious Monk erinnernden Spielweise. In diesem Geist erklingt auch hier sein brillantes Solo.
Idries Sulieman gehört leider zu den immer noch viel zu wenig genannten Trompetern im Jazz. Auch heute noch bläst er mit dem gleichen Empfindungsreichtum, wie dies auf dieser Platte zu hören ist.
Wer als Europäer international beachtet werden will, muß sich in den USA mit der dort spielenden Elite messen. Das hat auch heute nichts von seiner Gültigkeit verloren.
Der Belgier Bobby Jaspar machte das 1956 und spielte mit vielen amerikanischen Kollegen zusammen, die seine an Stan Getz und Zoot Sims erinnernde Spielweise schätzten. Auf diesem Album schaffen seine liedhaften Improvisationen ein Pendant zu Coltranes wesentlich härterem Spiel.

6. April 1957

Johnny Griffin Vol. 2
A Blowing Session

(A) The Way You Look Tonight / Ball Bearing
(B) All The Things You Are / Smoke Stack

Johnny Griffin, John Coltrane, Hank Mobley (ts), Lee Morgan (tp), Wynton Kelly (p), Paul Chambers (b), Art Blakey (dr)

Blue Note 1559

Zu einem familiären Treffen in Sachen Tenorsax hatte der »kleine Gigant«, wie der Chikagoer Tenorist von seinen zahlreichen Bewunderern gerne genannt wird, ins Aufnahmestudio geladen. Wie schon ein Jahr zuvor Coltrane, sollte auch Johnny Griffin in wenigen Monaten mit dem Pianisten Thelonious Monk im New Yorker Jazzclub »Five Spot« ein erregendes Gastspiel geben. Diese wichtige Erfahrung hatte John Coltrane schon hinter sich, und daraus ergibt sich eine hörbare Abstufung im musikalischen Auftreten der einzelnen Tenoristen. Zunächst Johnny Griffin mit rundem, starken explosiven Sound, charakteristisch für die hart swingende Chikagoer Tenorsaxophon-Tradition, dann Hank Mobley, ein etwas konventioneller und unspektakulär auftretender Musiker. Der dritte im Bunde, John Coltrane, steht mit seinem expressiven Ton und seinem Wissen in harmonischer Hinsicht im Vergleich zu den anderen Saxophonisten deutlich im musikalischen Neuland. Nach einer meisterhaften Einleitung auf dem Schlagzeug von Art Blakey wird im halsbrecherischen Tempo, sozusagen zum Aufwärmen, von Johnny Griffin das Thema »The Way You Look Tonight« vorgestellt. Nach einer hitzigen Improvisation des Leaders wird die Solofolge an den Trompeter Lee Morgan, der seinem Ruf als begnadeter »Youngster« mehr als gerecht wird, weitergegeben. Wie ein frischer Wind fällt John Coltrane mit seinem Solo in dieses Stück, nachdem sich zuvor Hank Mobley zu sehr auf saxophonischen Allgemeinplätzen tummelte.

Blue Note 1559

Mit »Ball Bearing« inspiriert Coltrane durch sein Solo alle Beteiligten. Besonders ist der gefühlvolle Einstieg von Lee Morgan zu bewundern. Die Tenoristen Johnny Griffin und der über sich hinauswachsende Hank Mobley begeistern durch ihre Spielfreude.

Mit »All The Things You Are« wird ein weiteres Standardthema offeriert, mit guten Soli aller Musiker, dessen Höhepunkt jedoch die Konversation Schlagzeug-Tenorsaxophon zwischen Art Blakey und Johnny Griffin ist.

Das »Bonbon« der Platte wird aber mit »Smoke Stack« serviert. Phantastisch wie Wynton Kelly auf dem Piano mit einfachen melodischen Linien einen Blues anrührt und die ganze Gruppe mit einsteigt. Sie wird von Paul Chambers am Baß und durch den Schlagzeuger Art Blakey mit sicherem Feeling vorangetrieben. Johnny Griffin liefert ein schnelles und gehaltvolles Solo, nicht minder interessant das feurige Trompetensolo von Lee Morgan, der sich mühelos gegen die Saxophonübermacht behauptet. Es kocht und sprudelt förmlich voller Energie und Hitze. Hank Mobley, der meistens etwas gegen den Rhythmus spielt, reichert seinen sonst trockenen Vortrag mit Zitaten an.

Die Bluessuppe kommt aber erst durch John Coltrane so richtig zum Kochen. Seine Improvisation bewegt sich vornehmlich in den oberen Registern seines Instruments und bringt eine zusätzliche Würze und Schärfe, sozusagen das letzte Feuer, in diese heiße Angelegenheit.

Prestige 8217

18. April 1957

The Cats

(A) Minor Mishap / How Long Has This Been Going On / Eclypso
(B) Solacium / Tommy's Time

Idrees Sulieman (tp), John Coltrane (ts), Tommy Flanagan (p), Kenny Burrell (g), Doug Watkins (b), Louis Hayes (dr)

Prestige 8217

Im amerikanischen Slang bezeichnet man mit »Cat« einen Nonkonformisten; auf den Jazz bezogen, jemanden, der Mitglied einer Band ist und den Durchblick hat, was Bop, Cool und Avantgarde betrifft. Auf der Platte »The Cats« nehmen das für sich gleich sechs Musiker in Anspruch, und – wie man hören kann – mit vollem Recht. Bis auf »How Long Has This Been Going On« stammen alle Stücke von dem Pianisten Tommy Flanagan, der einen souverän zurückhaltenden, swingenden Bop spielt. Sein Kompositionstalent wird mit »Minor Mishap« einleitend demonstriert. Das mittelschnelle Thema zitiert eine Melodie aus »Porgy And Bess«, ganz in Cat-Manier, ohne je den Gedanken an Imitation aufkommen zu lassen.
John Coltrane bringt mit großem melodischen Geschick ein expressives Solo, Ton und Phrasierung klingen makellos. Danach Kenny Burrells Gitarrensolo: Er spielt swingende Linien, die ihn als würdigen und zeitgemäßen Schüler Charlie

Christians ausweisen – des Mannes, der die Gitarre vom bloßen Rhythmusspiel befreite und durch seine Improvisationskunst auf diesem Instrument vom Swing zum Bop überleitete.
Idrees Sulieman liefert ein phantastisches Trompetensolo mit kräftig geblasenen Passagen. Diese Praxis erlangte er durch seine Lehrjahre in den Orchestern von Earl Hines, Lionel Hampton und Dizzy Gillespie, in denen es nun wirklich keinen Platz für zarte Trompetenstimmchen gab. Tommy Flanagans geschmackvolles Solo wird durch Kenny Burrells Rhythmusgitarre noch swingender.
Danach leitet Coltrane zu einer »Chase« über, die Louis Hayes, Kenny Burrell und Idrees Sulieman als phantasievolle, schnell reagierende Partner zeigen.
Nur im Trio mit Baß und Schlagzeug wird Tommy Flanagans sensible Bearbeitung von »How Long Has This Been Going On«, einer selten gespielten George Gershwin-Melodie, gespielt.
Zum Hit der Platte entwickelt sich das voller Lebensfreude steckende Stück »Eclypso«. Im Titel deutet sich an, was einen erwartet. Es handelt sich um einen Calypso, jener überschäumend mitreißenden Musik von den Westindischen Inseln, deren kommerzielle Ableger selbst in die Schlagerparaden einkehrten. Für die Improvisationen wird durch den stets aufmerksam agierenden Bassisten Doug Watkins und den Schlagzeuger Louis Hayes ein swingender 4/4-Takt markiert.
Die Solofolge – alle Interpreten vermitteln in ihren Improvisationen ein lebensfroh-optimistisches Feeling – geht über Tommy Flanagan und Idrees Sulieman zu John Coltrane. Auch dieser hat sich von der Vitalität des Songs infizieren lassen. In seinem Vortrag steckt nicht der sonst so oft ernst wirkende musikalische Inhalt, sondern eine beinah naive Spielfreude. Immer kehrt er zum Thema zurück und improvisiert hier mit der Lässigkeit, mit der Sonny Rollins Jahre später sein Bossa-Nova-Album einspielen sollte.
Die zweite Seite legt los mit »Solacium«, einem soliden Thema, das gut aufeinander abgestimmt von Idrees Sulieman und John Coltrane vorgestellt wird. Auch hier eine entspannte Atmosphäre voller Übereinstimmung, technischer Brillanz und Humor. John Coltranes Solo enthält überaus geglückte Phrasen, die zu einer Einheit zusammengebunden sind und sein instrumentales Können verdeutlichen.
Mit dem langsam rockenden Bluesthema »Tommy's Time« wird die Session vervollständigt. Hier zeigen alle Musiker ihr tiefes Bluesfeeling, ohne das Jazz dieser Prägung gar nicht denkbar wäre. Alle Musiker demonstrieren ihre tiefe Vertrautheit mit der Materie. Auch der Bassist Doug Watkins läßt mit tiefen, trockenen Tönen seine »Message« erschallen. Vielleicht weil es hier keinen Leader gibt, ist »The Cats« ein wirklich gut gemachtes Album – sowohl durch die Kompositionen als auch durch deren Bearbeitung.

19. April 1957, 20. September 1957

The Dealers
Mal Waldron With John Coltrane

(A) Blue Calypso / Falling In Love With Love
(B) Dealin' / Wheelin'

A: Bill Hardman (tp), John Coltrane (ts), Jackie McLean (as), Mal Waldron (p), Julian Euell (b), Art Taylor (dr)

Status 8316
Prestige P-24069

B: John Coltrane (ts), Paul Quinichette (ts), Frank Wess (ts, fl), Mal Waldron (p), Doug Watkins (b), Art Taylor (dr)

Status 8316 (vergriffen, eventuell Japan Import)
Prestige P-24069

Von den vielen Aufnahmen, die John Coltrane mit dem Pianisten Mal Waldron machte und die sich stets auf höchstem musikalischen Niveau bewegen, ist »The Dealers« eine der bemerkenswertesten. Zwei verschiedene Sextettformationen bestreiten diese Einspielung. Das fängt an mit dem sonnigen »Blue Calypso«, dessen Thema Mal Waldron nach dem effektvollen Percussioneinstieg von Art Taylor zu Gehör bringt. Coltrane bereichert dieses ungezwungene Thema mit freundlicher Ernsthaftigkeit. Durch seine interessanten Melodielinien glitzert immer noch das Grundmotiv mit seiner übermütigen Stimmung. Im gleichen Karibikfeeling bewegen sich die solistischen Beiträge von Bill Hardman und dem Altsaxophonisten Jackie McLean.

Trompeter Bill Hardman hat ein großartiges Feature in »Falling In Love With Love«. Seinem brillanten Solo schließt sich Coltranes Improvisation würdig an.

»Dealin'«, ein eleganter Blues, wird schon beinahe in opulenter Klangfülle in Unisono von den Saxophonen Coltrane/ Quinichette/Wess gespielt. Ihre unterschiedlichen Temperamente sind in den anschließenden Soli besonders gut zu hören. Besonders auffallend hierzu Frank

Prestige 7280

Wess, der außer seinem Tenorsax noch ein prächtiges Flötensolo hat.
Eindringliche Variationen von »Wheelin'«, dem zweiten Blues dieser Platte, sind von dem Pianisten Mal Waldron zu hören. Er ist wirklich einer der großen Spieler, die Zeit als Spannungselement einzusetzen vermögen.
Alles in allem ist »The Dealers« eine Blowing Session, die abwechslungsreich gestaltet ist, was sicher auf die Federführung von Mal Waldron zurückzuführen ist. Bis auf »Falling In Love With Love« sind alle Stücke von ihm.
Auf dem Doppelalbum »Wheelin'«, Prestige 24069, sind »The Dealers« mit den anderen Takes einer weiteren raren Platte »Wheelin' And Dealin'« vollständig ediert.

Weitere Beispiele der Kooperation Coltrane/Waldron sind auf dem nicht näher besprochenen Album von Mal Waldron »One And Two«, Prestige 24068, zu hören.

20. April 1957

John Coltrane / Dakar

(A) Dakar / Mary's Blues / Route 4
(B) Velvet Scene / Witches Pit / Cat Walk

John Coltrane (ts), Cecil Payne (bs), Pepper Adams (bs), Mal Waldron (p), Doug Watkins (b), Art Taylor (dr)

Prestige 7280

In ungewöhnlicher Besetzung mit zwei Baritonsaxophonisten, die eindeutig im Vordergrund stehen, bleibt John Coltrane wenig Raum zur musikalischen Äußerung. Hier wird nicht seine Musik gespielt, sondern eher die des Aufnahmeleiters Teddy Charles, der mit drei Kompositionen überstark vertreten ist.
In dem Titelstück »Dakar« wird durch die Saxophongruppe thematisch das Bild eines afrikanischen Marktplatzes heraufbeschworen. Den Anfang der Improvisationskette übernimmt Cecil Payne mit leichter luftiger Spielweise. John Coltranes Solo wirkt sehr modern, völlig Hardbop-bezogen, es läuft sehr gut und setzt sich deutlich von dem robust aufspielenden Pepper Adams ab. Die extrem sparsame Spielweise Mal Waldrons, sozusagen ein Destillat aus der Pianistik von John Lewis und Thelonious Monk, machen sein Spiel vor der sauber swingenden Rhythmusgruppe zu einem wahren Hörvergnügen erster Güte.
»Mary's Blues«, ein Pepper-Adams-Original, wird im mittelschnellen Tempo mit guten Soli aller Ensemblemitglieder absolviert.
»Route 4«, ein düsteres Thema, wird von Cecil Payne geführt.
Für reine John-Coltrane-Liebhaber gibt die B-Seite der Session mehr her. In »Velvet Scene« übernimmt er die melodische Stimmführung des Themas mit »essigsaurer Anmut« laut Covertext. Tatsache aber ist, daß John Coltrane, der bei der ganzen Aufnahme eher bescheiden im Hintergrund stand, in diesem Stück dominiert und die beiden Baritonsaxophonisten Cecil Payne und Pepper Adams sparsamer agieren läßt. Außerdem paßt die Mal-Waldron-Komposition viel besser zur Coltraneschen Spielweise.
Die restlichen Stücke »Witches Pit«, ein brodelndes Bluesthema und »Cat Walk«, der Titel verweist schon bildlich auf die zu erwartende Musik, beenden eine Platte, für die der Titel »Baritonsaxophon All Star Session mit John Coltrane als Gastmusiker« angemessener gewesen wäre.

31. Mai 1957

Coltrane

(A) Bakai / Violets For Your Furs / Time Was
(B) Straight Street / While Your Lady Sleeps / Chronic Blues

John Coltrane (ts), Johnny Splawn (tp), Sahib Shibab (bs), Red Garland (p), Mal Waldron (p), Paul Chambers (b), Al Heath (dr)

Prestige 7105

»Eine wichtige Stimme im Miles-Davis-Quintett«, so steht es auf John Coltranes erster Platte für die er als Leader voll verantwortlich zeichnet. Trotz der eindeutigen Erfolge mit seiner Spielweise, wurde Coltrane doch stets nur in Verbindung mit seinem damals berühmteren Weggefährten genannt. Es ist eigentlich unverständlich, denn diese »Coltrane«-Platte erzielt ihre Wirkung durch die Ausgeglichenheit und völlige Eigenständigkeit, die John hier in seinen Improvisationen bietet. Natürlich kann man einwerfen, daß er mit den Musikern kein großes Risiko eingegangen ist. Der Bassist Paul Chambers und der Pianist Red Garland sind gute Bekannte aus dem berühmten Miles-Davis-Quintett, und Mal Waldron (ersetzt

Prestige 7105

Red Garland auf Seite B) ist ihm auch kein Fremder.
Was macht also diese Platte so bemerkenswert? Zunächst setzt sich John Coltrane mit dem Material auseinander, das er im Laufe seines Lebens aufgefangen hat. »Bakai« zum Beispiel eine Komposition des Trompeters Cal Massey, mit dem Coltrane eng befreundet war und den er schon aus der Anfangszeit seiner Karriere aus Philadelphia kannte, verarbeitet orientalische Einflüsse. Sein Solo in diesem Stück, mit berstender Intensität vorgetragen, wirkt vor der wuchtig marschierenden Rhythmusgruppe äußerst beeindruckend. Immer wieder tauchen Standardthemen auf, wobei die bluesbezogene Balladeninterpretation eindeutig Coltranes Lieblingsbereich reflektieren. Bei dieser Einspielung sind es »Violets For Your Furs« und »While My Lady Sleeps«, das vielleicht schönste Stück des Albums. Weiche formvollendete Melodiebögen entwickeln das Thema, wandeln es ab, entfernen sich, um gegen Ende des Stückes mit der Trompetenstimme Johnny Splawns zusammenzutreffen. »Straight Street« und »Chronic Blues«, beide Stücke von Coltrane geschrieben, präsentieren den Trompeter Johnny Splawn, einen virtuosen Techniker mit warmem Ton, den Baritonsaxophonisten Sahib Shibab mit energischen Soli und vor allen Dingen Mal Waldron mit seinem gezielt sparsamen Klavierspiel, mit dem er eine unglaubliche Spannung erzielt. In »Time Was« kommt ein inniges Baßsolo von Paul Chambers zur Aufführung.

Prestige 7158

17. Mai 1957

Cattin' With Coltrane And Quinichette

(A) Cattin' / Sunday / Exactly Like You
(B) Anatomy / Vodka

John Coltrane (ts), Paul Quinichette (ts), Mal Waldron (p), Julian Euell (b), Ed Thigpen (dr)

Prestige 7158

Das Prestige-Album »Cattin' With« bietet für den Zuhörer eine interessante Vergleichsmöglichkeit zweier Tenorsaxophon-Spielweisen. Die Schule des Hardbop wird von John Coltrane vertreten, der mit seinem gepreßten Ton und seiner zügigen Phrasierungsweise einen Gegenpol zu Quinichettes Spielweise darstellt, die, dem Spiel Lester Youngs oft zum Verwechseln ähnlich, sich durch einen dünnen, lyrischen Ton sowie eine ausgesprochen relaxte Phrasierungsweise auszeichnet.
Die erste Seite wird von einem F-Blues »Cattin'«, komponiert von Mal Waldron eröffnet. John Coltrane beweist hier wieder einmal seine tiefe Beziehung zum Blues. Seine Phrasierung ist angespannt, und aus seinem Spiel läßt sich durchaus sein Bestreben erkennen, eine persönliche, kraftvolle Aussage zu geben. Im reizvollen Kontrast dazu steht Quinichettes Solo. Im Vergleich zu Coltrane wirkt sein Ton zerbrechlicher und zarter, als er

wirklich sein mag. Auch er verleiht diesem Stück unter Zuhilfenahme einiger typischer Lester-Young-Phrasen, einen persönlichen Charakter, der von Lockerheit und Entspannung gekennzeichnet ist.
»Sunday«, ein Swing-Standard, erweist sich neben dem folgenden »Exactly Like You« als »Feature« für Quinichette. Hier spielt er zügiger und ideenreicher als zuvor, und auch Coltrane ist offensichtlich, wie auch im Austausch mehrtaktiger abschließender Phrasen bemerkbar, in guter Form.
Als einziger Solist tritt Quinichette in »Exactly Like You« auf. Dieses Stück, das gewöhnlich mit Lester Young assoziiert wird, zeigt überdeutlich Quinichettes Bezug zu Young. Es werden hier ganze Abschnitte typischer Lester-Young-Phrasen und -Motive verarbeitet. Es wäre jedoch falsch, ihn lediglich als Nachahmer abzuqualifizieren, wie es so viele Kritiker machen. Unbestreitbar ist seine Anlehnung an Lester, aber ebenso unbestreitbar allerdings auch seine Persönlichkeit als Musiker, dessen Leistung darin besteht, auf dem Fundament des Etablierten eine neue Aussage zu finden.
Die B-Seite beginnt mit Mal Waldrons »Anatomy«, dessen Akkordwechsel sicher sehr an das Bop-Paradestück »All The Things You Are« anlehnen. John Coltrane entfaltet hier seine Meisterschaft im Spiel über die nicht sehr einfachen Harmonien und liefert ein sehr schönes, kraftvolles Solo. Auch Paul Quinichette spielt, offensichtlich von Coltranes Solo angefeuert, wesentlich kraftvoller und drivebetonter als zuvor. Mal Waldron ist ein Vorbild an Sparsamkeit und Linearität, Eigenschaften, die diesen Pianisten hervorragend kennzeichnen. Danach tauschen die beiden Saxophonisten wiederholt Phrasen aus und beenden das Stück mit dem Thema.
»Vodka«, ebenfalls von Mal Waldron, ist Coltranes Glanzstück auf dieser Platte. Mit einer unglaublich anmutenden Verve und einer Rasanz, die für ihn typisch ist, sowie technisch perfektem Falsettspiel gibt er diesem Stück einen Charakter, der seine spätere Entwicklung ahnen läßt. Quinichettes Solo ist im Gegensatz dazu freundlich und lyrisch, ein Kontrast, der im Wechselspiel der beiden Tenoristen nach Waldrons Solo sehr deutlich wird. Das abschließende Thema stellt gleichzeitig auch den Abschluß der Platte dar, einer Platte, die mit ihren harten Kontrasten dem Hörer interessante Einblicke gewährt und für den Kenner nahezu unentbehrlich ist.

24. Mai 1957, 16. August 1957,
10. Januar 1958

Lush Life
John Coltrane

(A) Like Someone In Love / I Love You / Trane's Slow Blues
(B) Lush Life / I Hear A Rhapsody

John Coltrane (ts), Earl May (b), Art Taylor (dr), Donald Byrd (tp, nur auf B 1), Red Garland (p), Paul Chambers (b), Louis Hayes (dr, nur auf B 1), Albert Heath (b, nur auf B 2)

Prestige 7188 oder 7581

Manchmal sind Ähnlichkeiten unbeabsichtigt. Bei den Aufnahmen von »Lush Life« scheint aber doch ein gewaltiger Schuß Firmenpolitik dahinter zu stecken.

Prestige 7188
Prestige 7581

Nur wenige Monate zuvor hatte nämlich der Tenorsaxophonist Sonny Rollins, Gewinner sämtlicher Polls und auf höchster Popularitätswoge, sein aufsehenerregendes »Way-Out-West«-Album eingespielt. Die Konzeption dieses Albums, ein pianoloses Trio, wird von Coltrane auf der ersten Plattenseite übernommen. Auch das Thema »Like Someone In Love« war von Rollins kurz vorher aufgenommen worden. Bei diesem Stück und in »Lush Life« wirkt die Stimmung ähnlich. Mit ausdrucksstarkem, exzellenten Ton, souverän majestätisch, werden die Themen von Coltrane auf dem Tenor angeboten. Die lyrische Qualität erfährt in »Lush Life« noch eine Erhöhung durch Paul Chambers, der das Thema mit einer wunderschönen gestrichenen Baßpassage unterlegt. Das musikalische Niveau zwischen den beiden Bassisten ist ohnehin sehr unterschiedlich. Sicher wäre Coltrane mit »Mr. P. C.« (Paul Chambers) bei den Trioaufnahmen wesentlich besser begleitet worden. Earl May ist ein sehr konventioneller Bassist mit sicherem Zeitgefühl, dessen Solo aber in »Trane's Slow Blues« eher bescheiden ankommt.
In »I Love You«, einer Ballade in freudiger musikalischer Gefühlslage, findet Coltrane Gelegenheit vereinzelt seine spezielle Klangflächentechnik, die Produktion vieler Töne innerhalb einer Takteinheit und die Hereinnahme von Unter- und Obertönen, überzeugend zu demonstrieren. Dabei setzt Art Taylor durch lateinamerikanische Drumeffekte zu Beginn des Themas zusätzliche Farbtupfer.

Jazzland JLP 46

JAZZLAND

Ansonsten sind die Triostücke John Coltranes Angelegenheit, er ist allgegenwärtig, und die anderen Musiker wirken neben ihm blaß. Auf der Seite B, mit unterschiedlichen Bassisten und Schlagzeugern, liefert Donald Byrd eine Probe seiner feinen Lyrizismen in »Lush Life«. Er knüpft dabei an die große Gillespie-Brown-Tradition an. Red Garlands Klaviersolo wirkt sehr verspielt, mit leisem Anhauch eines intellektuellen Cocktailpianos. Er liegt weit unter seiner sonstigen Form. Mit »I Hear A Rhapsody« endet die Platte, die bei den Trioaufnahmen mit anderen Begleitmusikern einen noch stärkeren Hörgenuß gebracht hätte. Wie die Aufnahmedaten zeigen, wurde die Platte aus drei verschiedenen Sessions zusammengeschnitten. Das ist eine Praxis, auf die der Künstler in den meisten Fällen keinen Einfluß hat. Das Ergebnis ist oft unbefriedigend und macht Raum für Spekulationen.

16. April 1957, 26. Juni 1957

Thelonious Monk With John Coltrane

(A) Ruby My Dear / Trinkle, Tinkle / Off Minor
(B) Nutty / Epistrophy / Functional

A 1, 2 und B 1: John Coltrane (ts), Thelonious Monk (p), Wilbur Ware (b), »Shadow« Wilson (d)

A 3 und B 2: John Coltrane (ts), Coleman Hawkins (ts), Gige Gryce (as), Ray Copeland (tb), Thelonious Monk (p), Art Blakey (dr)
B 3: Thelonious Monk (p), Solo

Jazzland JLP 46

Die hohe Kunst des Weglassens, eine totale Reduktion auf das Wesentliche und dessen Mitteilung in ätzender Schärfe, keine andere Persönlichkeit der afroamerikanischen Musik hat diese Arbeitsweise so stark perfektionieren können, wie der Pianist und Architekt der ungewöhnlichsten Kompositionen – Thelonious Monk. Mit europäischen Konzertohren wurde und wird sein Pianostil immer noch als dilettantisch, harmonisch danebenliegend, kurzum als unmöglich beschrieben, ohne der einfachen Tatsache Rechnung zu tragen, daß hier nicht abendländisch seziert werden darf. Seine wenigen, skurrilen Interviews, verbunden mit exzentrischen Auftritten und das nicht um einen Millimeter Abrücken von seinen musikalischen Positionen, müssen auf jeden Musiker, der ernsthaft neue Ausdrucksformen sucht, zwangsläufig magnetisch anziehend wirken. In einer ungestümen Begeisterung äußert sich John Coltrane über seine Arbeit mit Thelonious Monk, der seiner Entwicklung mit Sicherheit die entscheidende Richtung gab und ihn in seiner rastlosen Suche bestätigte und ermunterte. Es gibt dazu Parallelen in Monks Laufbahn. Zu Beginn seiner Karriere in den Kinderschuhen des Bebop spielte Thelonious ein Swingpiano etwa in der Art eines Teddy Wilson, bis er schlagartig mit seinen Kompositionen und mit der in kein Schema passenden Spielweise die Jazzwelt in die zwei berühmten Lager zwischen empörter Ablehnung und bedingungslosem Enthusiasmus spaltete. Wegen der internen Querelen zwischen den Plattenfirmen – Monk hatte gerade bei Riverside unterzeichnet, Coltrane stand bei Prestige unter Vertrag – kam es leider nur zu sehr wenigen Aufnahmen mit diesen beiden Künstlern.

Von der im April 1957 aufgenommenen »Monks Mood«-Version zeigt sich der Pianist von Coltranes Spiel so angetan, daß er unbedingt noch weitere Aufnahmen mit ihm plant. Mit Monk zusammen zelebriert Coltrane zwar sein makelloses Balladenspiel, doch ist diese Demonstration noch himmelweit von der Qualität der im Juni aufgenommenen Monk-Klassiker »Ruby My Dear«, »Trinkle, Tinkle« und »Nutty« entfernt. Auch hierfür gibt es eine relativ einfache Erklärung. In einem länger andauernden Gastspiel im New Yorker Jazzclub »Five Spot« hatte sich das Quartett mit Thelonious Monk am Piano, Wilbur Ware am Baß, »Shadow« Wilson am Schlagzeug und natürlich John Coltrane am Tenorsaxophon vor begeistertem Publikum so aufeinander eingespielt, daß einfach alle miteinander harmonisierten.

Mit verhalten weichem Ton stellt Coltrane, ganz in die Monksche Klangwelt hinabgetaucht, zusammen mit dem Pianisten in »Ruby My Dear« das Thema vor. Von dessen meditativer Stimmung getragen, improvisiert Coltrane in totaler Gelöstheit. Die Rhythmusgruppe fügt sich in diese Stimmung ein – ruhige Besenarbeit des Drummers »Shadow« Wilson und die unorthodoxe Phrasierungsweise des Bassisten Wilbur Ware. Nur Thelonious Monk bringt seine spröden Kommentare in dieses herrliche Stück. In »Trinkle, Tinkle« vor der hüpfend losswingenden

Milestone M–47011

Rhythmusgruppe, scheint Coltranes Improvisation voller Ideen nur so zu explodieren, Monks Solo dagegen, mit verzahnten harmonischen Sprüngen und zeitmäßigen Verschiebungen, wirkt danach wie eine weise Erklärung auf so viel spielerischen Ehrgeiz. Ein voll im Raum stehendes »Walking-Bass«-Solo mit kräftigem Ton runden dieses Stück ab.
Den idealen Background für Thelonious Monks Angewohnheit, mit tapsiger Choreographie um sein Piano zu tanzen (er macht das, wenn er nicht gerade Solo spielt), bildet »Nutty«. Hierin setzt er streckenweise völlig aus, während Coltrane durch die harmonischen Gefilde strolcht. Erst in seinem Solo beschäftigt er sich intensiv mit dem listig witzigen Thema. Wie ein Kind, das seine Spielsachen zerlegt, sie dann immer wieder in neue Perspektiven rückt, sich freut oder ärgert, so verfährt Monk mit seiner Komposition. Für John Coltrane muß diese Zeit von ungeheurer Wichtigkeit gewesen sein. Wie anders hätte er so erstaunliche Antworten auf alle seine musikalischen Fragen erhalten, wenn nicht durch das bizarre Spiel Thelonious Monks.

Die Original-LP »Monk With Trane« ist, wenn überhaupt, nur schwer erhältlich. Alle Stücke sind aber auf der oben abgebildeten Doppel-LP »Monk And Trane« (Milestone M–47 011) enthalten.

Prestige 7123

23. August 1957

Traneing In
John Coltrane With The Red Garland Trio

(A) Traneing In / Slow Dance
(B) Bass Blues / You Leave Me Breathless / Soft Lights And Sweet Music

John Coltrane (ts), Red Garland (p), Paul Chambers (b), Art Taylor (dr)

Prestige 7123

Mit einer vehementen, unermüdlichen Schaffenskraft und sich aneinanderreihenden Aufnahmesessions, größtenteils als Sideman, aber auch wie bei der vorliegenden als Leader, wird das Jahr 1957 in John Coltranes Leben dokumentiert. Es zeigt sich dabei in jeder neuen Aufnahme John Coltranes Drang, alle konventionellen Formen in allen Schattierungen auszuspielen. In »Traneing In«, seiner zweiten offiziellen Aufnahme als Leader, stürzt er sich förmlich mit berstend breitem Ton nach der heftig losswingenden längeren Einleitung des Garland/Chambers/Taylor-Rhythmusgespanns in die Bluesstimmung des Stückes. Bei dieser Aufnahme arbeitet Red Garland hauptsächlich mit der »Single-Note«-Technik, d. h. er spielt einzelne Töne und verwendet, wenn überhaupt, ein sehr sparsames Akkordspiel. So erhält sein Vortrag wesentlich mehr Intensität, da bei ihm doch die Gefahr besteht, manchmal zu sehr in Klavierspielereien

abzudriften. Äußerst gelungen auch das Zwiegespräch zwischen ihm und dem kräftigen Baßspiel Paul Chambers. Coltrane hat noch ein weiteres Solo mit ebenso großer Wucht und leitet zu dem verblüffend einfachen Thema über. Mit gezupftem Baß leitet Paul Chambers in »Slow Dance« über. Es ist ein Stück bei dem er besonders herausgestellt wird, mit den, den ruhigen Charakter des Stückes beschreibenden, einfühlsamen Soli von Coltrane und Garland.
Mit einer exemplarischen Dokumentation afroamerikanischen Musizierens beginnt die zweite Seite der LP. In »Bass Blues« wird das Thema von Chambers und Coltrane Unisono vorgestellt. Treffend antwortet Red Garland durch sein Piano. Was sich hier abspielt ist das beinahe klassische »Call And Response«-System, das sich wie ein roter Faden durch die Jazzgeschichte zieht. Weitere Höhepunkte sind nach Coltranes kraftvollem Solo ein beinahe »funky« Pianospiel und der an das Summen eines Bienenschwarms erinnernde gestrichene Baß von Chambers' Solo. Mit »You Leave Me Breathless« schließt sich die auf allen Platten schon zur Pflicht gewordene Ballade an, welche seelenvoll von allen Musikern interpretiert wird. Beim absoluten Fetzer der Platte, »Soft Lights And Sweet Music«, vorangetrieben durch die traumhaft sichere Rhythmusgruppe, bläst John Coltrane ein voll auf Geschwindigkeit ausgerichtetes Solo. Seine Mitspieler halten dieses halsbrecherische Tempo und geben exzellente Proben ihrer Improvisationsbreite.
»Soft Lights And Sweet Music« ist auch das letzte Stück und danach hat man das Gefühl, eine ausgewogene und voll befriedigende Platte gehört zu haben.

1. September 1957

Sonny's Crib
Sonny Clark

(A) With A Song In My Heart / Speak Low / Come Rain Or Shine
(B) Sonny's Crib / News For Lulu

Donald Byrd (tp), Curtis Fuller (tb), John Coltrane (ts), Sonny Clark (p), Paul Chambers (b), Art Taylor (dr)

Blue Note 1576

»Sonny's Crib«, ein relativ unbekanntes, und das oft in der Jazzliteratur zitierte »Blue Train«-Album (Seite 113), beide Aufnahmen in Sextettformation, kommen aus dem Aufnahmestudio der Firma Blue Note.
Dort wurden seit 1939 unter der Regie der beiden Jazzenthusiasten Alfred Lion und Francis Wolf konsequent viele großartige Jazzplatten produziert. Allein die Geschichte dieser Firma wäre ein Buch für sich. Nun aber zu den Alben selber, deren Vergleich mehr als reizvoll ist. Obwohl in der Instrumentierung identisch und aufnahmemäßig nur kurz auseinanderliegend, gibt es doch gewaltige Unterschiede festzustellen. In »Sonny's Crib« ist noch stark Coltranes Einfügen in das damalige musikalische Blue-Note-Profil, dem charakteristischen Sound der Art Blakey/Horace Silver-Gruppen, zu spüren, während in »Blue Train« dieses Konzept von ihm eigenwilliger und innovativer angegangen wird.
Mit dem alten Rodgers/Hart-Musical-Standard »With A Song In My Heart«, als Thema ein echter Ohrwurm, mit schönen Umspielungen von dem Trompeter Do-

Blue Note 1576

Blue Note 1577

nald Byrd vorgetragen, bringt erst Coltranes Solo ein wenig Energie in die ansonsten ziemlich konventionelle Darbietung.

Sein Glanzstück ist jedoch die dominierende Rolle, die er bei »Speak Low« innehat. Über einen »Latin Rhythmus« spielt er auf den oberen Registern seines Tenorsaxophons mit solch schwebender Leichtigkeit, die an ein Altsaxophon erinnert. »Come Rain Or Shine«, eine ausbalanciert ruhige Melodie, bringt den technisch und vom »Feeling« her versierten Posaunisten Curtis Fuller in den Vordergrund. Auch hier gute Soli aller Ensemblemitglieder.

»Sonny's Crib« und »Lulu« sind Kompositionen des Pianisten Sonny Clark, einem leider zu wenig beachteten Musiker, der viel zu früh verstarb. Als Pianist steht er voll in der Bud-Powell-Schule, verfügt über einen charakteristischen Anschlag und reiche musikalische Ideen. Sicherlich hat sein Spiel auch eine weitere Anzahl von Pianisten beeinflußt. Von seinen beiden Kompositionen ist »New For Lulu« besonders schön. Mit einer kleinen Figur, ausgeführt durch seine linke Hand, leitet Sonny das exotisch klingende Stück ein. Donald Byrd spielt ein heftiges Trompetensolo, und auch die übrigen Mitspieler dieses ausgezeichneten Ensembles lassen sich solistisch nicht lumpen.

15. September 1957

John Coltrane
Blue Train

(A) Blue Train / Moment's Notice
(B) Locomotion / I'm Old Fashioned / Lazy Bird

Lee Morgan (tp), Curtis Fuller (tb), John Coltrane (ts), Kenny Drew (p), Paul Chambers (b), »Philly« Joe Jones (dr)

Blue Note 1577

Das nur zwei Wochen nach Sonny's Crib aufgenommene Album »Blue Train« bringt erst die in der Luft liegende Steigerung, wobei »I'm Old Fashioned«, ein hübscher Popsong, die berühmte Ausnahme bildet.

Alle weiteren Stücke dieses großartigen Albums sind Coltrane-Kompositionen. Dabei kam es personell zu einigen Umbesetzungen. Der Schlagzeuger Art Taylor wird durch den wesentlich flüssiger und eleganter aufspielenden »Philly« Joe Jones, der Trompeter Donald Byrd durch den »New Star« Lee Morgan, und der Pianostuhl mit Kenny Drew besetzt. Der Rest der Mannschaft ist schon aus den »Sonny's Crib«-Aufnahmen bekannt.

Mit dem erdigen Bluesthema »Blue Train«, kongenial von Morgan/Coltrane/Fuller zu Gehör gebracht, braust besagte Platte los. Coltranes Solo wird durch leichte Tempowechsel noch mehr vorangetrieben. Lee Morgans Einstand folgt mit starker Attacke, er ist ein wahrer Himmelsstürmer auf seinem Instrument. Im Vergleich zu ihm macht sich Donald Byrds Spiel nahezu bieder aus. Zum Thema passende Riffs des Teams Fuller/Morgan machen dieses Stück zu einem permanten Hörvergnügen. »Moment's Notice«, eine sehr ausgefallene Komposition, strahlt eine ungeheuer gelassene Grundstimmung aus. Beinahe unfaßbar, daß dieses Stück im letzten Augenblick von Coltrane im Studio zu Papier gebracht wurde! Mit einem Schlagzeugbreak wird »Locomotion« eingebracht. Das zweite im Blues angesiedelte Thema erlebt durch diese ungewöhnliche Vorstellungsweise von Anfang an ein Spannungselement. Wie ein Komet zieht Coltrane seine Mitspieler von einem genialen Solo zu anderen, überraschenden musikalischen Statements. Nicht nur eine Anspielung, sondern vielmehr eine besondere »Hommage« auf Tadd Damerons »Lady Bird« ist in dem Wortspiel »Lazy Bird« zu spüren. Hier hat jemand (Coltrane) genau hingehört auf das, was andere Musiker, in diesem Falle der legendäre Tadd Dameron zu sagen haben. Er antwortet in der musikalischen Sprache, mit dem Gefühl also, wie auch Tadd sich hätte ausdrücken können, wenn aus einer »Lady Bird« eben ein »Lazy Bird« wird.

15. November 1957, 13. Dezember 1957

The Red Garland Quintet Featuring Donald Byrd And John Coltrane

All Mornin' Long

(A) All Mornin' Long
(B) They Can't Take That Away From Me

Prestige 7130

Soul Junction

(A) Soul Junction / Woody'n You
(B) Birks' Works / I've Got It Bad / Hallelujah

Prestige 7181

High Pressure

(A) Undecided / What Is There To Say
(B) Solitude / Two Bass Hit / Soft Winds

Prestige 7209 (Nicht abgebildet)

Dig It

(A) Billie's Bounce (B) Lazy Mae

Prestige 7229 (Nicht abgebildet)

John Coltrane (ts), Donald Byrd (tp), Red Garland (p), Paul Chambers (b), Art Taylor (dr)

Gegen Ende des Jahres 1957 entfaltet John Coltrane noch einmal eine rege Aufnahmetätigkeit. Er wirkt bei vielen Sessions mit, so auch, als es zur Bildung eines Quintetts, mit Donald Byrd (tp), Paul Chambers (b), Art Taylor (dr) kommt, für das der Pianist Red Garland die Funktion der Leitung übernommen hatte. Da es sich bei dieser Besetzung um Musiker handelt, die auch in ähnlichen Gruppierungen an vielen Coltrane-»Prestige«-Alben beteiligt sind, wird hier nur knapp auf die Alben hingewiesen.
Wie nicht anders zu erwarten, absolvieren die Musiker mit Elan die wendigen Bopstücke und Standardthemen, die den Hauptbestandteil der Alben bilden. Dabei setzen sich die beiden Garland-Originale – gleichzeitig Titel der Alben vom 15. November 1957 – »All Morning Long« (Prestige 7130) und »Soul Junction« (Prestige 7181), zwei lange funkbesetzte Bluesnummern, von den übrigen Titeln markant ab. (Als Doppel-LP unter dem Titel »Jazzjunction«, Prestige P-24 023)

Prestige 7130

Prestige 7181

Ähnlich konzipiert sind die vier Wochen später aufgenommenen Alben »High Pressure« (Prestige 7209) mit restlichen Stücken aus der Novembersession – ansonsten ein reines Standard-Album – und »Dig It« (Prestige 7209).
Trotz ihres mitunter sehr routinierten Ablaufs sind alle vier Alben dieser Serie empfehlenswert, da sie gute Musik transportieren und die Kreativität der Coltrane'schen Soli in keinem Augenblick gebremst wird.

September 1957, Dezember 1957

John Coltrane
Turning Point

(A) Pristine / If I'm Lucky (I'll Be The One) / Tippin'
(B) Midriff / Turtle Walk / Love And The Weather / The Outer World

A 1, 3, B 1, 3: Art Blakey Big Band: Donald Byrd, Idrees Sulieman, Bill Hardman, Ray Copeland (tp), Melba Liston, Frank Rehak, Jimmy Cleveland (tb), Sahib Shibab, Bill Graham (as), John Coltrane, Al Cohn (ts), Bill Slapin (bs), Walter Bishop (p), Wendell Marshall (b), Art Blakey (dr)
A 2, B 2, 3: Donald Byrd (tp), Frank Rehak (tb), Gene Quill (as), John Coltrane (ts), Al Cohn (ts), Eddie Costa (p), Freddie Green (g), Oscar Pettiford (b), »Philly« Joe Jones (dr)

Bethlehem BCP–6024

Trotz der ausgeklügelten Arrangements und der prominenten Besetzung schleppt sich das Bigband Projekt des Schlagzeugers Art Blakey – im Laufe des Dezembers 1957 aufgenommen – sehr langatmig über die Rillen. Die Musik hat nichts von der Spritzigkeit kleiner Blakey-Formationen, außerdem paßt das Powerplay, das Blakey an seinem Schlagzeug entfacht, nicht zu der Strenge der gebotenen Arrangements, die alle mehr oder weniger im »West-Coast«-Musizierideal angeboten werden. Es nimmt daher auch nicht weiter Wunder, daß sich das Stück »Tippin'« und die Coltrane-Komposition »Pristine«, die Trompeter Donald Byrd und ihn vor der Rhythmusgruppe featuren, am besten anhören.
Die eben angesprochenen Stücke und ein paar Kostproben der Art-Blakey-Bigband (»Midriff«, »The Outer World«) sind auf dem Album »Turning Point« zu hören.
Für weitere Kontraste sorgen die Titel aus der »Winner's Circle«-Session vom September 1957, die John Coltrane mit den Saxophonisten Gene Quill und Al Cohn präsentiert. Damit ist aber auch die »Bethlehem«-Zeit Coltranes hinreichend dokumentiert.

16. August 1957, 10. Januar 1958

John Coltrane
The Last Trane

(A) Lover / Slowtrane
(B) By The Numbers / Come Rain Or Shine

John Coltrane (ts), Donald Byrd (tp), Red Garland (p), Paul Chambers (b), Earl May (b), Louis Hayes (dr), Art Taylor (dr)

Prestige 7378

Bethlehem BCP–6024

Prestige 7378

Eine informative Mixtur von diversen Sessions aus dem Fundus des Prestige-Katalogs mit bis dato unveröffentlichten Aufnahmen bietet das Album »The Last Trane«.
In einem irrsinnigen Tempo feuern John Coltrane und der Trompeter Donald Byrd »Lover«, eigentlich eine immer schonend behandelte Ballade, herunter. Coltrane rastert die anmutige Melodie auf und scheint in seiner Improvisation alles zu zerfleddern, um es mit Tempo dann wieder zusammenzustellen. Donald Byrd hat ein großartiges Solo mit leichten Stratosphärenklängen, Red Garland improvisiert streckenweise im 3/4-Takt, wie wenn er die beiden »Hitzköpfe« beruhigen wollte. Kurzum: ein riesiger »Opener«.
Schon in der »Lush Life«-Session entpuppte sich Coltranes Blues »Slowtrane« zu einem regelrechten Ohrwurm. Hier, beim Wiederhören, passieren bei dem zweiten Take ein paar Überraschungen. Das Baß-Statement Earl Mays zu Beginn ist länger und beachtlicher, und auch sein Solo im Mittelteil des Stückes mit schönem starken Ton ist imponierend. Zudem haftet der zweite Take mehr in der Bluesstimmung, weil er viel langsamer gespielt wird. An Dramatik ist Coltranes Solo der ersten Fassung ebenbürtig, ein weiteres – nach Art Taylors vorangegangenem starken Schlagzeugsolo – noch ausdrucksstärker.
Die zweite Plattenseite beginnt mit Coltranes Komposition »By The Numbers«, dem eine feudale Nightclubatmosphäre anhaftet. In diese Richtung lenken die stromlinienhaften Red-Garland-Pianochorusse, bluesbesetzt, die nach und nach in das Stück einführen. Den abschließenden Improvisationsgedanken nimmt Coltrane erneut auf, der seinen Part in unnachahmlicher Art und Weise absolviert. Mit echtem Ausdruck und raffinierten Läufen diktiert er durch sein Tenorsax eine moderne Spielweise des Blues.
In »Come Rain Or Shine« wird auf die sonst so oft praktizierte Unisono-Vorstellung des Themas verzichtet. Sofort nachdem Coltrane das Thema gespielt hat, steigt er in die Improvisation mit einem Elan, als wenn diese Melodie frisch für ihn geschrieben worden wäre, und sich nicht schon Heerscharen von Musikern darin getummelt hätten.
Donald Byrds Trompetensolo wirkt dagegen leicht antiquiert. Er findet schon bald, nach nur kurzer Improvisation, zum Thema zurück.
Aus Coltranes schier unerschöpflichem Schaffensdrang ist »The Last Trane« ein weiteres erfreuliches Vermächtnis, zudem ein gut ediertes Album.

20. November 1957

The Ray Draper Quintet Featuring John Coltrane

(A) Clifford's Kappa / Filide / Two Sons
(B) Paul's Pal / Under Paris Skies / I Hadn't Anyone Til You

Ray Draper (tu), John Coltrane (ts), Gil Coggins (p), Spanky de Brest (b), Larry Ritchie (dr)

Prestige 8228

Zu einer ungewöhnlichen Begegnung gerät das Treffen John Coltranes mit dem Tubaspieler Ray Draper.
Trotz seiner Jugend – Ray war zum Aufnahmezeitpunkt erst 17 Jahre alt – hatte er schon einen Plattenvertrag in der

Prestige 8228

Tasche und eine richtige kleine New Yorker Fangemeinde.
Historisch betrachtet, wurde die Tuba im archaischen Jazz als reines Rhythmusinstrument eingesetzt und verlor später durch das flüssigere Spiel und die besseren Verstärkungsmöglichkeiten diesen Rang an den Kontrabaß.
Erst in den genialen Orchestrierungen von Gil Evans erlebte das Tubaspiel mit kleineren Soli eine Renaissance.
Das ganze Ray-Draper-Quintett lebt von dem Kontrast zwischen dem schwerfälligen Tubasound ihres Leaders und dem strahlenden Tenor von John Coltrane. Alle Stücke der ersten Seite sind von Ray Draper komponiert, und herausragend ist dabei vor allen Dingen das Eröffnungsstück »Cliffords Kappa«.
Die Kombination Coltrane/Draper klingt zunächst erst einmal ungewöhnlich, was durch das schlitzohrig verschachtelte Thema noch unterstrichen wird. Ray Draper setzt zu seinem wuchtigen, erdnahen Solo an, aber in dessen Verlauf treten doch permanent Wiederholungen auf. Coltranes Solo setzt sich daher durch seinen gleißenden Ton um so effektvoller von dem Tubasound ab, obwohl ihm auf dieser LP auch einige Ausreißer passieren.
Für den Pianisten Gil Coggins gibt es nur sehr wenig – dafür aber um so nachhaltiger – Gelegenheit, sich in Szene zu setzen. Er ist ein leider oft unterschätztes Hardbop-Pianotalent. In seiner Interpretation bevorzugt er die »Single Note«-Spielweise mit dem umfangreichen Vokabular hart swingender Pianisten.

Prestige 7201

Prestige Pr 7142

Auf »Filide« spielt Coltrane das Afro-Cuban eingefärbte Thema, während Ray seine Tuba wie einen gestrichenen Baß als Untermalung einsetzt. Auch hier bremst sein Solo den rhythmischen Fluß, der erst wieder durch Coltranes Improvisationen richtig dahinbraust.
Recht farblos ist »Two Sons«, das nur schwerfällig über die Rille kommt. Neben »Cliffords Kappa« ist einzig noch »Paul's Pal«, eine Sonny-Rollins-Komposition, überzeugend. Alle Ensemblemitglieder schaffen hübsche Soli, und diese beiden Stücke auf irgendeiner anderen Platte würden eigentlich genügen. So erfährt »Under Paris Skies« nur die adrette Themengebung und ein sehr gutes Coltrane-Solo.
Mit »I Hadn't Anyone Til You« endet diese Session, die nur über wenige Strecken ein anhaltendes Interesse erweckt.

3. Januar 1958

Gene Ammons And His All Stars Groove Blues

(A) Ammon Joy / Groove Blues
(B) Jug Handle / It Might As Well Be Spring

Prestige 7201

The Big Sound

(A) The Real McCoy / Cheek To Cheek
(B) Blue Hymn / Thats All

Prestige 7132 (Nicht abgebildet)

Gene Ammons, Paul Quinichette (ts), John Coltrane (as), Jerome Richardson (fl), Pepper Adams (bs), Mal Waldron (p), George Joyner (b), Art Taylor (dr)

Zu der Recording Session für die beiden Prestige-Alben des Chikagoer Tenoristen Gene Ammons »Groove Blues« und »The Big Sound« nimmt John Coltrane nach langer Zeit sein Altsaxophon mit in das Studio.
Er spielt es hier, anders als Jahre zuvor im Kontext der Dizzy-Gillespie-Bands, nicht so rauh, sondern in sanfter Charlie-Parker-Nachfolge mit exquisiten Lyrizismen. Besonders eindrucksvoll ist das auf dem Stück »It Might As Well Be Spring« zu hören (Groove Blues).

7. Februar 1958

Soultrane

(A) Good Bait / I Want To Talk About You
(B) You Say You Care / Theme For Ernie / Russian Lullaby

John Coltrane (ts), Red Garland (p), Paul Chambers (b), Arthur Taylor (dr)

Prestige Pr 7142

In der Komposition »Soultrane« steckt die Bewunderung, die der Pianist Tadd Dameron für Coltrane empfunden hat. Leider ist das Stück hier nicht vertreten, sondern es gibt lediglich dem Album den Namen; es wurde von den beiden bei einer früheren Aufnahme verwendet (Tadd Dameron/John Coltrane: Mating Call, Prestige PR 7070, S. 93). Coltrane läßt die

Reverenz nicht unbeantwortet. »Good Bait«, eine einfache Melodie, die sich aber nach einmaligem Hören festsetzt und einen so schnell nicht mehr losläßt, gehört von der Anlage her eher in die Übergangszeit von Swing zu Bop. Das Stück ist in Zusammenarbeit von Tadd Dameron und Count Basie entstanden, und mit ein wenig Vorstellungskraft läßt es sich in ein totales Swingstück umwandeln. Trotzdem findet man es bevorzugt in Bebopkreisen – allen voran im Programm des Trompeters Dizzy Gillespie. Coltrane spielt diese fröhliche Melodie langsamer als sein Vorgänger; seine Themeninterpretation wirkt beinahe holprig, bis er mit seinem Chorus dieses schiefe Bild zurechtrückt. Mit sehr schönem Akkordspiel wird Coltranes letzter musikalischer Gedanke von dem Pianisten Red Garland aufgefangen. Paul Chambers brilliert mit einem exzellenten Baßsolo, und nach einem viertaktigen dramatischen Wechselspiel zwischen dem Schlagzeuger Art Taylor und John Coltrane stellt sich das Thema wieder ein.

»I Want To Talk About You« ist die Übertragung des romantischen Gesangstils des großen Balladensängers Billy Eckstine auf das Tenorsaxophon. Dieser hatte als Bandleader Mitte der 40er Jahre die personell sensationellste Bigband – allein im Saxophonsatz tauchten Musiker wie Dexter Gordon oder Charlie Parker auf. Mit ähnlich beseelter Intonation, die für den Sänger bezeichnend ist, transformiert Coltrane sein Instrument in eine menschliche Stimme.

Die zweite Seite beginnt mit »You Say You Care«, einem besonders schönen Thema. Seine Präsentation in mittelschnellem Tempo enthält interessante Coltrane-Akkorde und ein flüssiges »Single Note«-Solo Red Garlands. Dem Altsaxophonisten Ernie Henry gilt die Widmung »Theme For Ernie«. In Coltranes Improvisation spürt man in den traurig melodischen Bögen, daß er um den Verlust weiß, den der allzu frühe Tod Henrys bedeutet.

Die unerreichte Fähigkeit Coltranes, in rascher Folge sehr viele Noten in einen Takt einzugeben und damit Spannung zu erzeugen, wird von ihm in »Russian Lullaby« mit höchster Bravour dargelegt. Wie eine Spieluhrmelodie klingt die Einleitung am Piano, bis Coltrane mit der lieblichen Eröffnung Schluß macht und urgewaltig mit expressivem Klang diese Sacharinwelt beiseite schiebt. Das nachfolgende Garland-Solo hat eine ähnlich nervöse Eleganz, und mit einem Stopchorus (Coltrane bläst unbegleitet) klingt dieses packende – hellwach machende – »Russische Schlaflied« aus.

7. März 1958

The Kenny Burrell Quintet With John Coltrane

(A) Freight Trane / I Never Knew / Lyresto
(B) Why Was I Born/Big Paul

John Coltrane (ts), Tommy Flanagan (p), Kenny Burrell (g), Paul Chambers (b), Jimmy Cobb (dr)

Prestige 8276 / SMJ 6556
Prestige 24059

Eine schöne Ergänzung zu der »Cats«-Session (Seite 98) bildet die Aufnahme »The Kenny Burrell Quintet With John Coltrane«, die ungefähr ein Jahr später eingespielt wurde.

Prestige 8276
SMJ 6556

Prestige 24059

Wieder ist der Pianist Tommy Flanagan mit von der Partie und steuert mit »Freight Trane« und »Big Paul« zwei heitere ideenreiche Kompositionen bei.
Unbestrittener Höhepunkt der Platte jedoch bleibt »Why Was I Born«, sicher eines der gefühlvollsten Gitarre-Tenorsaxophon-Duos, die es im Jazz auf Schallplatte gibt.
Auf dem Doppelalbum »Kenny Burrell / John Coltrane«, Prestige 24059, sind sowohl »The Cats« als auch die oben angesprochene Session zusammengefaßt.

13. März 1958

John Coltrane – Wilbur Harden
Countdown
The Savoy Sessions

(A) Wells Fargo I / Wells Fargo II / E.F.F.P.H.
(B) Count Down I / Count Down II
(C) Rhodomagnetics I / Rhodomagnetics II
(D) Snuffy / West 42nd Street

Wilbur Harden (flh), John Coltrane (ts), Tommy Flanagan (p), Doug Watkins (b), Louis Hayes (dr)

Savoy SJL 2203

Mit den Aufnahmesessions ist es ähnlich wie mit den Bildern eines Kaleidoskops, die von den Zufälligkeiten der farbigen Steinchen abhängen, aus denen sie sich zusammensetzen. Für die technische Leitung und als Produzent des charakteristischen »Monosounds« vieler Prestige-, Savoy- und Blue-Note-Scheiben steht der Name Dr. Rudy van Gelder. In seinem Aufnahmestudio, das die entspannte Atmosphäre eines Wohnzimmers hatte, entstanden diese grandiosen Savoy-Aufnahmen des Trompeters – aber bevorzugt Flügelhorn spielenden – Wilbur Harden zusammen mit John Coltrane. Die ganze Session ist bluesgeschwängert und mit äußerst interessanten Titeln besetzt.
Wilbur Harden, der einen ähnlichen Background wie John Coltrane hat, kommt vom Rhythm-and-Blues und spielte in so heißen Bands wie Ivory Joe Hunter und Roy Brown. Auf seinem Flügelhorn erinnert er an einen technisch versierteren Miles Davis. Sein Ton ist makellos rein. Die Improvisationen mit ausgeklügelt einfachen Phrasen verraten ein ungeheures Bluesfeeling. Alle Kompositionen der vorliegenden Doppel-LP stammen aus seiner Feder.
Gleich mit »Wells Fargo« geht die Post im wahrsten Sinne des Wortes ab. Das muntere Thema wird von Harden und Coltrane im Wechsel vorgestellt. Weich und beschwingt gerät auch das anschließende Harden-Solo. John Coltranes Solo drückt eine tiefe Zufriedenheit aus, er spielt, als sei er mit sich und der Welt im Einklang. Der Pianist Tommy Flanagan, ein zurückhaltend geschmackvoll spielender Künstler, und der Bassist Doug Watkins mit dem »riesigen« Sound stammen beide aus Detroit, der Heimat vieler bedeutender Jazzmusiker. Ein weiterer wichtiger Mann des Rhythmusteams ist Louis Hayes, ein Schlagzeuger von der Art, die Coltrane damals so sehr schätzte: Ein unaufdringlicher Rhythmuslieferant!
»E.F.F.P.H.« – was immer auch dieser Titel bedeuten mag – hat einen satten, wenn auch modifizierten Anklang an »A Night In Tunisia«, einem weiteren Bop-

Savoy SJL 2203

klassiker. Für lateinamerikanische Färbungen sorgt Doug Watkins' dramatische Baßeinleitung zusammen mit dem durch das ganze Stück präzise geschlagenen Afro-Cuban-Beat von Louis Hayes. Tommy Flanagan entlockt seinem Piano verspielte Latin-Klänge, Coltrane improvisiert in seinem Solo mit wohldosierter Energie und umwerfend schönem Ton.
Auch von »Count Down«, einem nervös vibrierenden Stück, existieren wie von »Wells Fargo« jeweils zwei verschiedene Takes, wobei der zweite noch schneller gespielt wird. Bedrohlich sirenendurchzogen hat diese Komposition etwas Beunruhigendes, die Soli sind wahre musikalische Kraftakte. Ebenfalls als Vehikel für ausgedehnte Soloausflüge dient das schnelle Thema »Rhodomagnetics«. Hervor sticht das überragende Spiel von Wilbur Harden, der sich mit John Coltrane einen ebenbürtigen Partner ausgesucht hat. Dessen Tenorsax Improvisation hat auf »Snuffy« einen regelrecht orientalischen Touch. Das Instrument klingt gepreßt, herausfordernd und mit starkem Bluesfeeling durchsetzt. Im mittelschnell gespielten »West 42nd Street« hört man Hardens Flügelhorn weich und geschmeidig, und einen John Coltrane, der sich auf dieser »Jazzstraße« so richtig umschaut. Auch Tommy Flanagans Pianosolo ist ein Leckerbissen. Damit endet eine rundum ausgeglichene Session, die mit den etwas später aufgenommenen Platten »Gold Coast« und »Dial Africa« (S. 129) eine würdige Fortsetzung finden sollte.

26. März 1958

John Coltrane
Settin' The Pace

(A) I See Your Face Before Me / If There Is Someone Lovelier Than You
(B) Little Melonae / Rise And Shine

John Coltrane (ts), Red Garland (p), Paul Chambers (b), Arthur Taylor (dr)

Prestige 7213

Songmaterial aus der Tin Pan Alley – so der Spitzname der New Yorker Straße, die vom Fließband mehr oder weniger seichte Liedchen ausstieß – dienten in allen Jazzstilen den Musikern als Themen ihrer Improvisationen. John Coltrane macht da keine Ausnahme. Seine Affinität zum Balladenspiel ist wohl hinreichend bekannt. Auch auf dieser Platte setzt er sich gleich in »I See Your Face Before Me« mit diesem Genre auseinander. Aber welch ein Unterschied zu einem auf die Tränendrüsen drückenden Broadwayensemble und der Saxophonstimme Coltranes! Mit samtenem Ton und melodiösem Feingefühl nimmt er sich Zeit für diese musikalische Betrachtung. Im Hintergrund läßt Paul Chambers ein wenig respektlos den Baß schnurren, während Red Garland manchmal zu süßliche Pianobeiträge liefert. Allerdings versteht es Chambers in seinem gestrichenen Baß-Solo etwas von der sensiblen Coltrane-Themenbehandlung zu erwischen.
Mehr Verve hat »If There Is Someone Lovelier Than You«, eine schneller gespielte Ballade, worin das prächtige Klaviersolo Red Garlands den Höhepunkt bildet.

Das einzige originäre Jazzthema »Little Melonae« – von dem Altsaxophonisten Jackie McLean komponiert – eröffnet die zweite Plattenseite. Es ist ein raffiniert verwickeltes, an Thelonious Monk erinnerndes Thema mit einem frühen Einbezug von dem Bassisten Paul Chambers. Das Coltrane-Solo hat einen unerhörten Fluß und strömt von Ideen über.
Am besten gefällt Red Garland, wenn er, wie hier, sein sparsames »Single Note«-Spiel einsetzt. Dadurch bekommt sein Solo einen gewaltigen Schub, es swingt so sehr, daß sich automatisch ein Fußwippen oder Fingerklicken beim Zuhörer rührt. Auch der Schlagzeuger Art Taylor sorgt mit seinem Solo für einen weiteren Ohrenschmaus.
Das Stück »Rise And Shine« kommt zügig von der Platte und weist sehr gute Soli auf, bleibt aber nicht so sehr im Kopf hängen, wie die anderen Stücke dieser anspruchsvollen Plattensession.

2. April 1958, 3. April 1958

Milestones
Miles Davis

(A) Dr. Jekyll / Sid's Ahead / Two Bass Hit
(B) Miles / Billy Boy / Straight No Chaser

Miles Davis (tp), Julian »Cannonball« Adderley (as), John Coltrane (ts), Red Garland (p), Paul Chambers (b), »Philly« Joe Jones (dr)

Columbia CS 9248

Mit Sicherheit war das im Frühjahr 1958 formierte Miles-Davis-Sextett eine seiner besten Gruppen. Mit hochkarätigen Mu-

Prestige 7213

Columbia CS 9248

sikern wie John Coltrane und dem neu hinzugekommenen Altsaxophonisten Julian »Cannonball« Adderley hatte Davis Persönlichkeiten engagiert, die alle das Zeug hatten, eigene Gruppen zu leiten. Seit seiner Arbeit mit Charlie Parker pflegte er seine Vorliebe für den Sound des Altsaxophons. Mitte der 50er Jahre begann der kometenhafte Aufstieg von Cannonball Adderley, nach seinem Gastspiel mit dem unvergessenen Bassisten Oscar Pettiford im New Yorker »Café Bohemia«. Davis war von Adderley so begeistert, daß er auf dessen Platte »Something Else« als Gastmusiker mitwirkte und ihn so unterstützte – ein für Davis völlig untypisches Verhalten.

Außer Coltrane sind mit Paul Chambers am Baß und Red Garland am Piano noch drei Leute des »alten« Quintetts dabei. Im Laufe des Jahres sollte Red Garland den Pianostuhl an den klassisch geschulten Bill Evans abgeben, wodurch sich für den Improvisationsspielraum noch größere Möglichkeiten ergaben. Unverständlich bleibt später der Verzicht auf den exzellenten Schlagzeuger »Philly« Joe Jones, der durch James Cobb, einen relativ farblos wirkenden »Timekeeper« substituiert wurde.

Aus der für Charlie Parker geschriebenen Komposition »Dr. Jackle« des Altsaxophonisten Jackie McLean wird »Dr. Jekyll«; Die Namensänderung zitiert die literarische Vorlage »Dr. Jekyll und Mr. Hyde« – einen berühmten Stevenson-Roman, worin sich der gute Dr. Jekyll in das Monster Hyde verwandelt. Ganz so schlimm ist hier die Metamorphose nicht, doch die Tempounterschiede sind gewaltig. »Dr. Jackle« im Original geht sehr langsam über den Plattenteller, während diese neue Version wesentlich rasanter ist. Cannonball Adderley und John Coltrane bieten eine Saxophonschlacht, die Klasse hat. Dabei klingen die Coltranephrasen intensiver und überlegter; Adderleys Ton und seine Phrasierungen haben mitunter etwas marktschreierhaftes. Im Laufe seines Engagements bei Davis veränderte Adderley durch den Einfluß Coltranes diese Spielweise. Nach einem Baß-Solo (exzellente Chambers-Bogenarbeit) sammelt Davis über ein Swing-Riff das ganze Ensemble ein und leitet zum Thema über.

»Sid's Ahead« ist so ein richtiger 12taktiger Großstadtdschungelblues, der jeden guten amerikanischen Kriminalfilm musikalisch untermalen könnte. Coltranes Improvisation hat die streunende Raffinesse, die das lässige Thema und den »Walking«-Baß Paul Chambers' herausfordern. Miles Davis hat in diesem Stück ein inspiriertes Solo, das er – quasi im Trio – mit Chambers und Jones vorträgt.

»Two Bass Hit«, eine Komposition des Pianisten John Lewis, von ihm zusammen mit dem Trompeter Dizzy Gillespie in den 40er Jahren geschaffen, wird zu einem »Showcase« des hochkarätigen Schlagzeugers »Philly« Joe Jones. Die Breaks, die Philly in dem mit äußerst schnellem Tempo gespielten Stück schlägt, machen Sinn, sie unterstützen und erweitern das Thema und sind nicht nur technisch perfekt hingehauen. Das Aufregendste jedoch ist Coltranes Solo. Man gewinnt den Eindruck, daß er sich in diesem Wahnsinnstempo so richtig wohl fühlt. Seine Improvisation wirkt durch diesen schnellen Ablauf noch dramatischer, weil er durch Akkordfolgen jagt, die von der Rhythmusgruppe wegen ihrer Neuheit gar nicht so recht erkannt werden.

»Miles«, eine der populärsten Davis-Kompositionen, muß in seiner Be-

schwingtheit selbst den unsportlichsten Zeitgenossen zu einem Dauerlauf animieren. Im Mittelteil des schnellen Themas, dem ein fetziger, vom ganzen Ensemble getragener Riff zugrunde liegt, setzt Davis verlangsamt seine Trompetenstimme gegen die vorwärtstreibende Rhythmusgruppe ein, als ob er das Tempo bremsen wollte, um dann wieder in den Riff einzusteigen. Die Solofolge Adderley/Davis/Coltrane bestärkt diesen musikalischen Staffettenlauf. Jeder der Musiker greift die letzte Phrase seines Kollegen noch einmal auf und führt die atemberaubende Jagd fort.
»Straight No Chaser« ist eine Thelonious-Monk-Komposition mit ähnlicher Solofolge und erhält durch das bizarre Thema schon den richtigen musikalischen Biß. Mit einem fabelhaften »Single Note«-Pianosolo zeigt Red Garland, wie sehr von dieser Spielweise spätere Davis-Pianisten, wie z. B. Wynton Kelly, profitieren sollten. Ohne Bläser, im Trio, liefert der Pianist mit »Billy Boy« ein weiteres Beispiel seiner Improvisationskunst.

13. Mai 1958, 29. Juni 1958

John Coltrane – Wilbur Harden
Gold Coast

(A) Tanganyika Strut / Dial Africa I
(B) Gold Coast / B. J. I

John Coltrane (ts), Wilbur Harden (flh), Curtis Fuller (tb), Tommy Flanagan (p), Howard Williams (p, B 2), Al Jackson (b), Art Taylor (dr)

Savoy SJL 1115

John Coltrane – Wilbur Harden
Dial Africa
The Savoy Sessions

(A) Dial Africa II / Anedac/B. J. II
(B) B. J. III / Once In A While / Oomba

Besetzung wie auf Savoy SJL 1115, bis auf Tommy Flanagan nur auf A 1 und B 3, sonst Howard Williams (p)

Savoy SJL 1110

In Afrika hat diese Musik soviel zu suchen wie eine Gazelle im Central Park. Die vordergründige Fixierung auf die »Gold Coast« stimmt musikalisch nicht, trotzdem handelt es sich hier um zwei ausgezeichnete Platten.
Trompeter und Flügelhornspieler Wilbur Harden hatte sich schon während seines Engagements bei Yusef Lateef ein Jahr zuvor mit verschiedenen exotischen Themen beschäftigt. Der Multiinstrumentalist Lateef befaßte sich als einer der ersten Jazzmusiker mit fremden Musikkulturen und hat sicher auch Harden damit infiziert. Auch Coltranes Interesse an Afrika – sowohl in musikalischer als auch in spiritueller Hinsicht – war erwacht. Wie vieles, was er mit ungeheurem Fleiß im musikalischen Vorfeld seiner Karriere erarbeitete und später noch einmal intensiver aufgriff, bekommt die Beschäftigung mit Afrika erst mit seinem Album »Africa Brass« (s. S. 157) endgültig Gestalt.
Etwas Afrikanisches, ohne vordergründiges Folklorekolorit, hört man aus »Tanganyika Strut« heraus, das dann von der Anlage und Interpretation zu einem typischen Hardbopthema umfunktioniert wird. Mit leichter Phrasierung und makel-

Savoy SJL 1115

Savoy SJL 1110

losem Ton bringt Wilbur Harden sein Solo, das in einfachen, aber originären melodischen Linien dahinfließt. Im Gegensatz dazu John Coltrane: Das Wortspiel Coltrane = Trane = Train bewahrheitet sich; wie ein rasender Zug schießt er durch die Register seines Instruments, wobei er sämtliche Ober- und Untertöne miteinbezieht. Der rund klingende Posaunenton Curtis Fullers und sein subtil strukturiertes Solo scheinen Coltranes schnelle Fahrt auf ruhigere Gleise zu bringen. Mit seinem delikaten Pianospiel bringt Tommy Flanagan frische, neue Einfälle in seine Soli ein und wirkt wie ein aufmerksam ordnender Beobachter in diesem Ensemble.

»Gold Coast«, eine Fullersche Komposition, wird zum absoluten Highlight der gleichnamigen Platte. Das Thema wird von Trompete und Saxophon vorgestellt, hinzu kommt der prächtige Posaunenklang von Curtis Fuller. Hier kommen wirklich – mit etwas Phantasie – Bilder der Elfenbeinküste und des afrikanischen Kontinents auf. Obwohl alle Soli im Stil der damaligen Zeit gute Hardbopmaßarbeit sind, verlieren sie sich nicht in irgendwelchen Klischees.

Die zweite Version von »Dial Africa« ist um ein Vielfaches intensiver als der erste Take auf »Gold Coast«. Allein der starke Eingangsriff des Bassisten Al Jackson und die feinziselierten Pianomotive Tommy Flanagans sind beeindruckend. Die Bläsergruppe in der Reihenfolge Harden/Coltrane/Fuller steuert phantasiereiche Soli bei und widerlegt die Ansicht, daß die Platte nur wegen des überragenden John Coltrane wieder veröffentlicht werden sollte.

Weitere Stücke sind »Anedac«, eine mittelschnelle Komposition, und die insgesamt drei boppigen Takes von »B. J.«; dichter Posaunensound im Verbund mit dem Trompeter Wilbur Harden und einer gekonnten Umspielung von Coltrane. In sein melodiöses Posaunensolo läßt Fuller eine Menge Motive einfließen, bis nach einer rhythmischen Verschiebung Wilbur Hardens Solo beginnt. In das ökonomische, bluesige Pianosolo Tommy Flanagans setzt Al Jackson seine feinen Baßfiguren.

Nicht »Africa«, aber ein phantastischer Mainstream-Jazz Ende der 50er Jahre.

25. Juni 1958

Michel Legrand And His Orchestra »Legrand Jazz«

Wild Man Blues / Round Midnight / The Jitterbug Waltz / Django

Miles Davis (tp), John Coltrane (ts), Phil Woods (as), Jerome Richardson (cl, bs), Herbie Mann (fl), Betty Glamann (harp), Eddie Costa (vib), Bill Evans (p), Paul Chambers (b), Kenny Dennis (dr)

CBS CL 1250
CBS 62 637

Mit einem Staraufgebot sondersgleichen spielte der junge französische Arrangeur Michel Legrand seine beachtliche LP »Legrand Jazz« ein. Besonders die orchestrale Bearbeitung schon klassisch traditioneller Jazzthemen wie Jelly Roll Mortons »Wild Man Blues« und dem »Jitterbug Waltz« von Fats Waller machen diese Platte durch ihren Charme zu einem wahren Hörvergnügen.

CBS 62 637

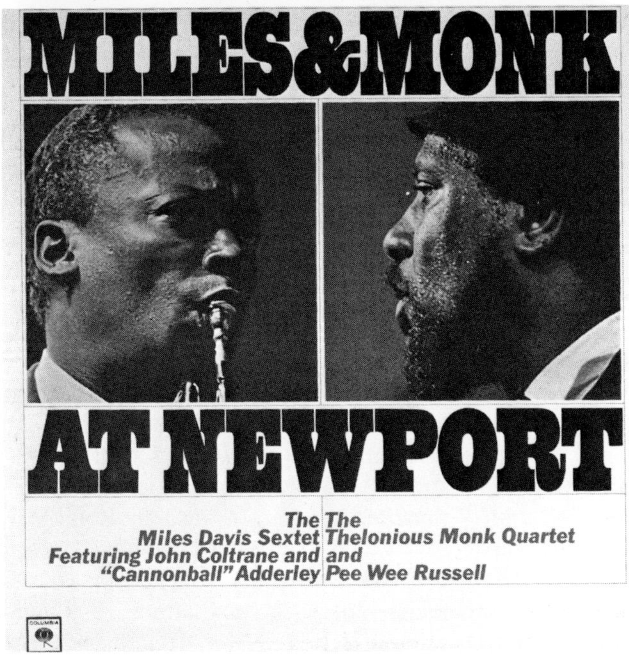

CBS CS 8978

»Legrand Jazz« im Original dürfte wohl kaum zu beschaffen sein. Eher geht das mit der hier abgebildeten LP »Facets« von Miles Davis (CBS 62 637), das die oben angeführten vollständigen Aufnahmen der Coltrane-Davis-Legrand-Kooperation enthält.

3. Juli 1958

Miles And Monk At Newport

(A) Ah-Leu-Cha / Straight No Chaser / Fran Dance / Two Bass Hit
(B) Thelonious Monk Quartett mit Pee Wee Russell

Miles Davis (tp), John Coltrane (ts), Julian »Cannonball« Adderley (as), Bill Evans (p), Paul Chambers (b), Jimmy Cobb (dr)

CBS CS 8978

Auf »Miles And Monk At Newport« kommt es nicht, wie man eigentlich aus dem Titel schließen könnte, zu einer Session mit diesem großen Einzelgänger des Jazz. Er und Miles Davis sind mit ihren regulären Gruppen auf je einer Plattenseite zu hören. Eine neue Begegnung zwischen John Coltrane und Thelonious Monk findet leider nicht statt.
Für Thelonious Monk, den Schöpfer ausgefallener Kompositionen und Klänge, wird der Auftritt vor dem begeisterten Newport-Jazzfestival-Publikum zu einem großen Erfolg. In seinem Quartett sticht besonders der Tenorsaxophonist Charlie Rouse hervor. Mit biegsamem Ton und Improvisationen, die das zeitweilig Düster-Skurrile »Monkscher« Musik aufrastern, ihr aber gleichzeitig weiteren Witz und Ironie verleihen, tritt er genau in die Fußstapfen des großen Pianisten.
Der Auftritt Miles Davis / John Coltrane hat eine ähnliche Dynamik. Einziger Wermutstropfen bleibt der Mangel an neuen Stücken.
So lebt das Album von den starken Live-Versionen schon früher aufgenommener Stücke wie »Ah-Leu-Cha« und vor allen Dingen der Monk-Komposition »Straight No Chaser« – zu der Zeit ein Paradestück der Miles-Davis-Band – mit vehementen Soli von John Coltrane und Miles Davis.

11. Juli 1958, 26. Dezember 1958

John Coltrane
Standard Coltrane

(A) Don't Take Your Love From Me / I'll Get By
(B) Spring Is Here / Invitation

John Coltrane (ts), Wilbur Harden (tp), Red Garland (p), Paul Chambers (b), Jimmy Cobb (dr)

Prestige 7243

John Coltrane / Bahia

(A) Bahia / Goldsboro Express / My Ideal
(B) I Am A Dreamer / Something I Dreamed Last Night

Gleiche Besetzung bis auf Wilbur Harden (tp, A 2, B 1), Freddie Hubbard (tp, B 2) und Art Taylor (dr, A 1, B 2)

Prestige 7353

Prestige 7243

John Coltrane / Stardust

(A) Stardust / Time After Time
(B) Love Thy Neighbour / Then I'll Be Tired Of You

Gleiche Besetzung wie »Standard Coltrane« und »Bahia« (S. 133) bis auf Wilbur Harden (flh, A 1, B 1), Freddie Hubbard (tp, B 2) und Art Taylor (dr, A 2, B 2)

Prestige 7268

Mit der kontinuierlichen Herausgabe von Coltrane-LPs in den Jahren 1957/58 – es sind mehr als 40 Alben! – erwies man dem Genius nicht immer eine kritische Referenz. Beeindruckend die Quantität, doch gilt auch hier die Maxime: weniger wäre mehr gewesen. Das Gefälle zwischen den einzelnen Stücken der hier vorgestellten Alben ist mitunter beträchtlich, wobei weniger Coltrane enttäuscht als die inzwischen schon via Fließband reproduzierte »Prestige-Sessionmannschaft«. Inmitten einer uninspirierten, lediglich phantastisch geölt begleitenden Gruppe etwas zu bringen oder innovativ zu werden, grenzt schon ans Unmögliche. Eine schöne Vorstellung, wenn sich Coltrane weiter mit Musikern von der Größenordnung eines Cecil Taylor und dessen Umfeld beschäftigt hätte, statt nach der mißglückten Platte mit ihm *(Coltrane Time)* einfach aufzustecken. Sicher wären ihm einige Umwege auf der Suche nach dem universellen Klang erspart geblieben. Aber auch hier gilt, daß Erfahrungen persönlich

Prestige 7353

erlebt werden müssen, um daraus Entwicklungen abzuleiten. So bleibt Coltranes Weg bis zu seinem »klassischen Quartett« mit Broadwaymelodien und einer Menge Kompromisse gepflastert.

Auf »Standard Coltrane« gibt es ein Wiederhören mit Wilbur Harden, der statt auf dem Flügelhorn hier auf der Trompete zu hören ist. Seine Improvisation und Phrasierung in dem ersten Stück »Don't Take Your Love From Me« ist ballerinahaft tänzelnd, das Coltrane-Solo gleicht sich an, wenn auch mit anderem Temperament. In »I'll Get By« wird vitale Musik in mittelschnellem Tempo präsentiert. Coltranes Solo schießt weit über das »Standard«-Versprechen hinaus. Es hat eine intensive Ausstrahlung und ist wohldosiert im zeitlichen Ablauf. In »Spring Is Here« wird der Hörer durch die Saxophonstimme Coltranes dazu angeregt, den Dingen auf den Grund zu gehen. »Invitation« – sehr fröhlich und herausfordernd – kann man beinahe als Einladung betrachten, sich an der Suche nach musikalischem Neuland zu beteiligen. Das Stück hat eine sanfte Struktur und wird durch gute Soli aller beteiligten Musiker aufgewertet.

»Bahia«, ein Stück eines südamerikanischen Komponisten, erlebte während des Bossa-Nova-Fiebers einen Aufnahmeboom. Coltrane bringt diese folkloristische Melodie verhalten feurig in bewährter »Nearly-Latin«-Begleitung mit hinreißendem ostinaten Spiel des Pianisten Red Garland und des Bassisten Paul Chambers. Eine weitere reine Freude ist die gute

Prestige 7268

Aufnahmetechnik dieser Platte. Alle Instrumente »stehen« transparent im Raum. Selten erlebt man von dem Schlagzeuger Art Taylor solch einen Dauerbrand von explosiven Breaks und stimulierendem Tempo wie in »Goldsboro Express«. Auch Coltrane bläst eine kraftvolle Serie von üppigen Chorussen. Dagegen fällt »My Ideal«, eine Ballade, qualitativ ziemlich ab. Die beiden Stücke »Bahia« und »Goldsboro Express« sind die Stars der LP. Auf der B-Seite wird etwas zu viel geträumt! »I'm A Dreamer« rettet nur Hardens brillantes Trompetensolo. John Coltrane entledigt sich seines Beitrags mehr oder weniger aus Pflichtgefühl. Das gleiche bei »Something I Dreamed Last Night«: hier hilft der zwischen dem Clifford-Brown- und Lee-Morgan-Sound liegende Trompeter Freddie Hubbard aus. Alles in allem eine verschlafene Plattenseite, die aber nahtlos an die »Stardust«-Session anschließt.

Alle Jazzgrößen haben dieses Thema schon so exzellent behandelt, daß für die Coltrane-Crew nur noch ein mattes Funkeln übrigbleibt. Alle Soli sind weit unter sonstiger Güte. Auch »Love Thy Neighbour« ist eine Enttäuschung. Lediglich die beiden Balladen »Time After Time« und »Then I'll Be Tired Of You« kommen frisch und eigenwillig in ihrer Interpretation herüber. Fazit: Die Aufnahmesession im Juli wäre mit »Standard Coltrane« gut dokumentiert. Die Streckung der wesentlich interessanteren Dezember-Session mit dem Juli-Material ist manchmal zu mühsam und wenig erfreulich.

Decca DL (7) 9216
MCA 2–4017

12. September 1958

George Russell And His Orchestra New York, N.Y.

Manhattan (alle anderen Stücke ohne John Coltrane).

Art Farmer, Doc Severinson, Ernie Royal (tp), Bob Brookmeyer, Frank Rehak, Tom Mitchell (tb), John Coltrane (ts), Sol Schlinger (bs), Bill Evans (p), Barry Galbraith (g), Milt Hinton (b), Charlie Persip (dr), Hal McKusik (as), Jon Hendricks (narration)

Decca DL (7) 9216
(Kaum beschaffbar!)

»Was kann ich schon über New York sagen? Leute wie Art Farmer, Benny Golson, Max Roach, Bob Brookmeyer, Milt Hinton – der Pianist Bill Evans und ein Tenorsaxophonist mit dem Namen John Coltrane. Sie alle sagen es für mich.« So drückt der Pianist und Komponist George Russell seine Liebe für diesen Moloch von Stadt aus.
In dem programmatischen Bigband-Album ist John Coltrane nur in dem Stück »Manhattan« mit einem harmonisch ausgefuchsten Solo und »Sheets of Sounds«-Anrissen zu hören.

Zusammen mit »Jazz In The Space Age« wurde dieses Album unter MCA 2–4017 wiederveröffentlicht.

United Artists
UA UAL 4014

13. Oktober 1958

Coltrane Time

(A) Shifting Down / Just Friends
(B) Like Someone In Love / Double Clutching

John Coltrane (ts), Kenny Dorham (tp), Cecil Taylor (p), Chuck Israels (b), Louis Hayes (dr)

United Artists UA UAL 4014

Was als Sensation gedacht war, entpuppt sich bei näherem Zuhören als Blindgänger. »Coltrane Time«, so der Titel der vorliegenden Platte, sollte den Tenoristen mit dem Avantgarde-Pianisten Cecil Taylor zusammenführen. Was dabei herauskam, kann man getrost als die musikalisch merkwürdigste Gruppierung bezeichnen, die in den Oktobertagen des Jahres 1958 möglich war. Da trifft ein supermoderner Pianospieler auf eine diesmal echt hausbacken aufspielende Rhythmusgruppe (Chuck Israels am Baß und Louis Hayes Schlagzeug), einen in der Improvisation öfter danebenliegenden Trompeter Kenny Dorham und einen John Coltrane, der sich völlig unter seinem sonstigen Standard bewegt.
Cecil Taylor stammt aus New York und hatte mit seiner Schallplatte »Looking Ahead« eine tiefe Markierung in Richtung Free Jazz gesetzt. Anders als Coltrane, der seinen musikalischen Background in der afro-amerikanischen Musik fand, befaßte

sich Taylor mehr mit der Ausweitung der instrumentalen Möglichkeiten seines Pianos und den Klangkaskaden der europäischen Avantgarde.

So bleibt diese Sessionzusammenstellung ein völliges Rätsel, wie es das wohl auch für Coltrane und seine Mitspieler war. Buchstäblich nichts gelingt dem Trompeter Kenny Dorham in »Shifting Down«; obwohl es seine eigene Komposition ist, wirkt sein Solo ausdrucksleer. Vielleicht irritieren ihn aber auch die phantastischen »Ultra Monk«-Cluster Taylors zu sehr und die dazu kreuzbrav geradlinig aufspielende Rhythmusgruppe. Nur zögernd, eher nervös, nimmt Coltrane sein Solo auf. Man merkt deutlich, daß er sich in dieser Umgebung nicht wohl fühlt. Dafür kommt Cecil Taylor ohne Umschweife zur Sache: immenser Anschlag, vitale Läufe und eine völlig unorthodoxe Harmonieauffassung.

Sehr elegant wird »Just Friends« von Dorhams Trompete vorgestellt, und auch seine Improvisation hat es in sich. Schöne klare Linien stehen mit guten Ideen im Einklang. Dieses Solo ist das Beste, das diese Platte zu bieten hat. Mit konventionellem Muster – kurze Themenvorstellung durch Coltrane und Dorham – läuft in »Like Someone In Love« Dorhams routiniertes Solo ab. Hier scheint sich Coltrane etwas gefangen zu haben. Er musiziert ausdrucksstark, jedoch nicht mit seiner gewohnten Dynamik. Zu allgegenwärtig sind die ruppigen Cluster Cecil Taylors, die die Auffassung aller anderen Musiker in Frage stellen. Was wäre wohl passiert, wenn einige Musiker aus seiner Ecke an dieser Session teilgenommen hätten, z. B. die Schlagzeuger Sunny Murray oder Dennis Charles, mit denen Taylor zu der Zeit zusammenarbeitete?

So endet mit »Double Clutching« eine Langspielplatte, die mit John Coltrane trotz des Titels nur wenig gemein hat. Interessant wird sie allein durch den Pianisten Cecil Taylor, der in dieser Umgebung fast so etwas wie eine prophetische Dimension erlangt.

10. November 1958, 26. Dezember 1958

The Believer
John Coltrane

(A) The Believer
(B) Nakatini Serenade / Do I Love You Because You Are So Beautiful

John Coltrane (ts), Donald Byrd (tp, A 1, B 1), Red Garland (p), Paul Chambers (b), Louis Hayes (dr, A 1, B 1), Freddie Hubbard (tp, B 2), Arthur Taylor (dr, B 2)

Prestige 7292

Noch aus der »Lush-Life«-Session stammt das Material der vorliegenden Platte. Man entschloß sich zur Veröffentlichung, nachdem sich der Erfolgsweg Coltranes immer klarer abzuzeichnen begann. Sein »Blue Train«-Album war inzwischen zu einem Bestseller geworden, und auch das erneute Engagement im Miles-Davis-Sextett tat ein weiteres, um das Gespräch und die Diskussion um diesen »angry tenorsaxplayer« nicht verstummen zu lassen. Die Platte »The Believer« – der Gläubige – ist keine Verlegenheitsveröffentlichung, wie das bei nachgeschobenen Sessions vorkommt, sondern ein Hinweis auf sein spirituelles Bewußtsein und zum ersten

Mal ein früher, tastender Versuch, modal zu spielen.
Diese Technik, die sich in der Zusammenarbeit mit Miles Davis noch ausgeprägter entwickeln sollte, ermöglicht eine Improvisationsweise, die sich nicht mehr allein auf die dem Thema zugrunde liegenden Akkorde stützt, sondern der Improvisationsablauf geschieht über Skalen (Tonleitern). Die Soli werden dadurch farbiger, ein Großteil der harmonischen Beschränkungen wird aufgehoben und der Weg zum völlig freien Spiel geöffnet.
Das Titelstück »The Believer« ist eine nicht sehr aufregende Coltrane-Komposition, die ebenso wie die »Nakatini Serenade« seines Freundes Cal Massey so vertraut in den Ohren liegt, daß man eigentlich nur noch durch die Soli überrascht werden kann. Und die haben es tatsächlich in sich. In »The Believer« prescht Coltrane ungestüm los und beweist wieder einmal seine unglaubliche instrumentale Technik; es fehlen weder die »Sheets of Sounds« noch Anklänge an die modale Spielweise. Die Rhythmusgruppe mit Louis Hayes, einem Meister des unauffälligen Schlagzeugs, zusammen mit dem meistbeschäftigten Bassisten dieser Jahre – Paul Chambers – liefern mit dem Pianisten Red Garland einen Beat, der so präzise wie ein Uhrwerk läuft. Wie Red Garland in seine Improvisation plötzlich ein Walzermotiv einfließen läßt und Chambers/Hayes darauf eingehen, ist mehr als nur ein musikalisches Kabinettstückchen.
Trotzdem ist es hier und auch bei der »Nakatini Serenade« so, daß man sich Coltrane herausgelöst aus dieser rhythmischen Umgebung denken kann. Zu sehr befinden sich seine Mitspieler noch in der konventionellen breiten Fahrrinne des Hardbop, ohne zu merken, wo Coltrane mit seinen Soli hinsteuert. Seltsam auch der Kontrast zwischen seiner Komposition und der modernen Improvisation, die ein so schlichtes Thema nicht vermuten läßt.
In der Ballade »Do I Love You Because You Are So Beautiful« zeigt Freddie Hubbard – mit frischen Ideen improvisationsmäßig von Coltrane beeinflußt –, daß er der kommende Mann auf der Trompete ist. Er und Coltrane ergänzen sich im tiefempfundenen Balladenspiel und treffen am Schluß wieder zum Thema zusammen.

15. Januar 1959

Bags And Trane
Milt Jackson & John Coltrane

(A) Bags And Trane / Three Little Words / The Night We Called A Day
(B) Be-bop / The Late Late Blues

John Coltrane (ts), Milt Jackson (vib), Hank Jones (p), Paul Chambers (b), Conny Kay (dr)

Atlantic 1368

Für den Vibraphonisten Milt Jackson werden seine Soloalben sicher so etwas wie eine Erholung von der mitunter doch sterilen Atmosphäre im Modern-Jazz-Quartett gewesen sein. Jedenfalls kann er sich auf »Bags And Trane« zusammen mit John Coltrane richtig ausspielen und muß seine Spontaneität nicht einem Klangideal opfern.
Für Coltrane ist dies sein Einstieg bei der Plattenfirma Atlantic. Auf »Bags And Trane« – die Spitznamen der Leader –

Prestige 7292

Atlantic 1368

scheinen sich Milt Jackson und John Coltrane erst einmal musikalisch zu beschnuppern. Nach dem mittelschnellen Bluesthema improvisiert Milt Jackson auf seinem Vibraphon. Es zeigt eine breite Skala von Ideen. Coltranes Einstieg ist äußerst bluesig, mit allen Selbstverständlichkeiten, die er in diesem Genre mittlerweile erarbeitet hatte. Sein langjähriger »Baßmann« Paul Chambers zieht gewohnt gut ab, während der Schlagzeuger Conny Kay nur still und schlicht wirkt. Hank Jones übermittelt ein ideenreiches Solo mit Reminiszenzen an John Lewis.
»Three Little Words«, ein ausgesprochen optimistischer Song, wird auch so von Milt Jackson skizziert. John nimmt das Thema noch einmal auf, nicht ohne es durch seine Spielweise zu verwischen.
Die Rhythmusgruppe spielt – wie es so schön heißt – geradeaus. Sie marschiert heftig los, obwohl die Hauptarbeit bei Paul Chambers liegt. Seinen Baß hört man stets deutlich heraus. Er läßt ihn wohl mit Absicht ab und zu etwas lauter schnarren, um das zu dezente Schlagzeug zu unterstützen. Coltrane bläst – wie gewohnt – inzwischen schon intellektuell anmutende sich reibende Melodiebögen. Zum Ende des Stückes bestimmen spannende »Chase«-Chorusse zwischen John, Milt und Conny das Geschehen.
In »The Night We Called A Day« geht Coltrane völlig auf das sensible Vibraphonspiel Milt Jacksons ein. Er improvisiert zwar »Coltranesk«, paßt sich aber in seiner Spielweise dem Vibraphonsound Jacksons an.
Mit den Stücken »Be-bop« und »The Late Late Blues« auf der zweiten Plattenseite enthält diese eine deutliche Steigerung. Findet man die Stücke der ersten Seite schon sehr gut, so kann man sie – gemessen an dem, was auf der zweiten Seite passiert – nur als guten Durchschnitt bezeichnen.
Mit »Be-bop« erinnern sich Milt und John vielleicht an ihre gemeinsame Zeit bei Dizzy Gillespie. Hier stimmt einfach alles! Das Thema wird von beiden homogen dargeboten. Mehr als jede langatmige Erklärung drückt es den ganzen Charakter des Bop aus. Sowohl Milt als auch John spielen faszinierend moderne Bopimprovisationen, der Pianist Hank Jones schafft ebenfalls rasende boppige Linien. Paul Chambers wirbelt nur so am Baß, und selbst Conny Kay scheint seine rhythmische Schüchternheit abgelegt zu haben und spielt mit »M. J. Q.« Volldampf.
Absolutes Highlight jedoch bleibt die Schlußnummer »The Late Late Blues« sehr »funky« und mit einer im Thema liegenden vibrierenden Gospelatmosphäre. Paul Chambers hat im Thema mit seinem Baß »Predigerfunktion«, bevor mit der Auflösung Milt Jacksons Vibraphon abzieht.
Endlich läßt auch Conny Kay von seiner Reserviertheit ab, geht aus sich heraus, schlägt kleine »Bombs«, benützt die Becken und Trommeln, kurz: er wird zu einem idealen Schlagzeuger. Das hätte man sich schon zuvor so gewünscht.
Bei jedem Soloeinsatz taucht das stapfende Funky-Thema wieder auf. John Coltranes Solo mit beeindruckenden Läufen wächst sich zu einer musikalischen Bestandsaufnahme aus. So kann nur jemand spielen, der alle Höhen und Tiefen in seiner Laufbahn erfahren hat.
Hank Jones' Solo hat etwas Mitreißendes und zeigt die technischen Möglichkeiten dieses versierten Pianisten.
Das Baßsolo Paul Chambers' bringt im Anschluß wieder das Thema und läßt diese grandiose Platte ausklingen.

Atlantic SD 1553

15. Januar 1959, 25. Mai 1960,
24.–26. Oktober 1960

The Coltrane Legacy

(A) 26-2 / To Her Ladyship / Untitled Original (B) Centerpiece / Stairways To The Stars / Blues Legacy

A 1, 3: John Coltrane (ts, ss), McCoy Tyner (p), Steve Davis (b), Elvin Jones (dr)
A 2: John Coltrane (ts, as), Eric Dolphy (fl), Freddie Hubbard (tp), McCoy Tyner (p), Art Davis (b), Elvin Jones (dr)
B: John Coltrane (ts), Milt Jackson (vib), Hank Jones (p), Paul Chambers (b), Conny Kay (dr)

Atlantic SD 1553

Als Vermächtnis erschien auf dem »Legacy«-Album (Atlantic SD 1533) der Rest der Session »Bags and Trane«, die zur Komplettierung unbedingt notwendig ist. »Centerpiece«, eine Komposition des Trompeters Harry Edison, zeigt Coltrane und Jackson in entspannter Mainstreamstimmung. Die Improvisationen gelingen wendig und drücken völlige Übereinstimmung aus.
Swingimpressionen weckt der alte Standard »Stairway To The Stars«. In der neuen Bearbeitung erhält diese Komposition durch Coltrane aber eine markante Schärfe.
Stärkstes Stück des »Legacy«-Albums ist wieder ein Blues, und zwar das Stück »Blues Legacy« von Milt Jackson. Hierauf behauptet sich Coltrane von Anfang an.

Mercury MG 204 449
EXPR-1014

Mit »dirty«-Effekten spielt er das Thema und schafft Raum für intensive Bluesimprovisationen. Die Begleitung bleibt sehr einfach. Conny Kay scheint den Beat zu hämmern. Wer den sonst so subtilen Drummer nur in Zusammenarbeit mit seinen Modern-Jazz-Quartett-Kollegen kennt, hält es nicht für möglich, daß er so deftig zulangt.
Eine besonders wichtige Aufnahme ist das Stück »To Her Ladyship«, wodurch die Coltrane-»Olé«-Session (Atlantic 1373) endlich vollständig dokumentiert wird.
Die restlichen Stücke »26–2« und »Untitled Original«, das übrigens auch unter dem Titel »Exotica« in einer wesentlich heftigeren Fassung auf »The Best Of Birdland« (S. 152) zu hören ist, komplettieren die Atlantic-Aufnahmen.

3. Februar 1959

Cannonball Adderley Quintet In Chicago

(A) Limehouse Blues / Stars Fell On Alabama / Wabash
(B) Grand Central / You're A Weaver of Dreams / The Sleeper

Julian Cannonball Adderley (as), John Coltrane (ts), Wynton Kelly (p), Paul Chambers (b), Jimmy Cobb (dr)

Mercury MG 204 449 / EXPR–1014

Bei seiner Vorliebe für den Altsaxophonisten Julian »Cannonball« Adderley wird Miles Davis sicher ein Auge zugedrückt

Columbia PC 8163

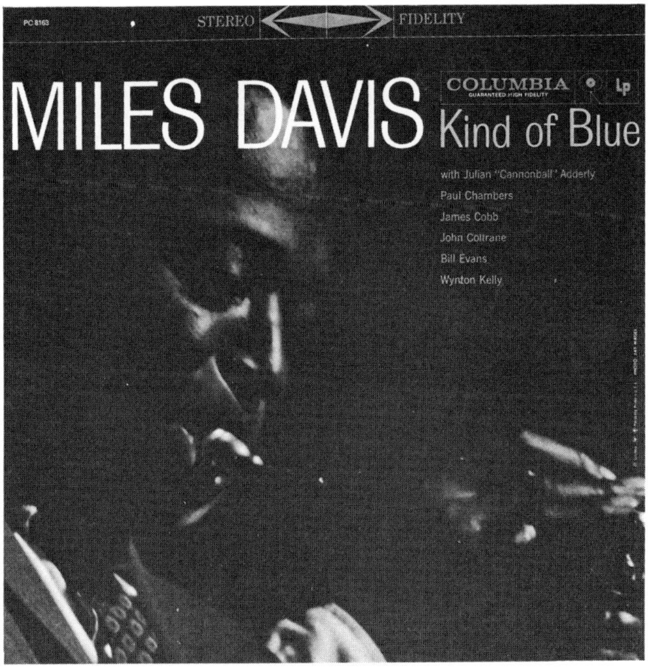

haben. Was sich nämlich da als »Cannonball Adderley Quintet In Chicago« anpreist, ist eigentlich nichts anderes als die reguläre Gruppe des Startrompeters.
So bleibt nur wenig Raum für alle Beteiligten, sich mit einem eigenen Konzept zu profilieren. Eine Ausnahme bildet Adderleys Alleingang in dem Stück »Stars Fell On Alabama«. Ansonsten vermißt man deutlich Miles Davis in seiner Vermittlerrolle zwischen ihm und den reifer und überlegter ausgestatteten Soli von John Coltrane.
In »Weaver Of Dreams« wird das besonders deutlich. Sein virtuoses Balladenspiel reißt die Rhythmusgruppe, die sich bislang mit Routine durch die Session schlängelte, aus ihrer Lustlosigkeit und führt sie zu einer inspirierten Begleitung.

2. März 1959, 22. April 1959

Miles Davis
Kind Of Blue

(A) So What / Freddy Freeloader / Blue In Green
(B) All Blues / Flamenco Sketches

Miles Davis (tp), John Coltrane (ts), Julian Cannonball Adderley (as), Bill Evans (p), Wynton Kelly (p, A 2), Paul Chambers (b), Jimmy Cobb (dr)

Columbia PC 8163

In »Kind Of Blue« steckt die Summe aller Erfahrungen, die Miles Davis und John Coltrane miteinander machen konnten.

Nirgendwo anders wird ihr gemeinsames Wachstum, die Herausforderungen und Ansprüche, die jeder der beiden Musiker an den Partner stellt, in ihrer Reife besser zu Gehör gebracht. Aus existenziellen Gründen mußte John Coltrane in der Vergangenheit auch eine Vielzahl Aufnahmen machen, mit denen er nicht so glücklich war. Man erlebt ihn in solchen Momenten in drängend hektischem Spiel. Hier jedoch hören wir ihn regelrecht »beseelt« mit schnellen, geglätteten Tonfolgen. Was Miles Davis betrifft, so hat dieser eigentlich nie in dem Sinn »hot« gespielt, wie das andere farbige Trompeter taten. Seine Soli wirken einfach und kontrolliert. Jede Tonfolge hat eine ökonomische Funktion. Um die Besetzung des Pianos hat es in der Jazzwelt einen Wirbel gegeben. Red Garland gab seinen Platz dem einzigen Weißen in der Band – Bill Evans. Den Tip dazu hatte Davis von dem Arrangeur George Russell erhalten, und sicher hätte niemand anders besser in diese Sextettformation gepaßt. Bill Evans überträgt gewissermaßen – mit mehr Technik und Raffinesse – Davis' lyrisches Konzept auf sein Piano. Er schafft den Background, ohne den dieses ausgefallene Album gar nicht möglich gewesen wäre.

Alle Themen wurden von Miles Davis erst zu der Aufnahmesession mitgebracht, und es existiert nur ein Take pro Titel – ein Beweis für die traumwandlerische Sicherheit, mit welcher das Sextett musizierte.

In »So What«, einem 32taktigen Thema, dessen Improvisationsbasis nur über zwei Skalen geht, diktiert Paul Chambers vom Baß aus einen Teil dieses energischen Songs; der gewaltige Sound der Melodiegruppe antwortet, und dann geht es in die – zeitlich unbegrenzte – Solofolge. Nur auf »Freddy Freeloader« kann man das »funky« Piano von Wynton Kelly hören. Es ist ein schnell gespieltes Bluesthema von melodischer und rhythmischer Anmut, mit sich hervorragend ergänzenden Alt- und Tenorsaxophonsoli von Cannonball Adderley und John Coltrane.

»All Blues« – ein schwermütiges Klavier und eine sich darüber erhebende Bäsergruppe, die je nach individueller Stimmungslage traurig oder fröhlich machen kann, ergibt den ersten Höreindruck. Man möchte hinabtauchen in dieses Meer von Tristesse und gleichzeitig wieder wie ein Vogel über dieses Klanggemälde fliegen. Miles Davis bläst hier sehr emotionsgeladen, als wolle er die traurige Stimmung wegwischen. Coltrane legt herrliche Melodiebögen über den statisch schwebenden Beat des Drummers James Cobb.

In dem Stück »Flamenco Sketches« wird die ganze herbe Schönheit einer spanischen Landschaft eingefangen. Ein Soundgemälde, das Davis vielleicht auch zu seinem »Sketches Of Spain«-Album inspirierte, das seine Trompetenstimme vor dem großartigen Orchester Gil Evans zeigt. Auch John Coltrane sollte sich einige Jahre später mit seinem Album »Olé« nochmals und intensiver mit spanischer Folklore auseinandersetzen. Alle Improvisationen sind äußerst leidenschaftlich und haben ein spanisches Flair behalten, sind aber trotzdem intellektuell beeinflußt. »Flamenco Sketches« ist ein gutes Beispiel für die von Coltrane/Davis entwickelte modale Konzeption, den Verzicht auf funktionsharmonische Bezüge. Alle Improvisationen erfolgen über Skalen, die Taktbegrenzungen sind aufgehoben. So kommt es zu unterschiedlicher Solodauer, und die Musiker müssen genau hinhören, was der jeweilige Solist spielt, um gegebenenfalls einsteigen zu können.

Atlantic 50 115

1. April 1959, 4.–5. Mai 1959,
24. Oktober 1959, 24. November 1960

John Coltrane
Alternate Takes

(A) Giant Steps / Naima / Like Sonny / Cousin Mary
(B) I'll Wait And Pray / Count Down / Body And Soul / Syeedas Song Flute

A 1–3: John Coltrane (ts), Cedar Walton (p), Paul Chambers (b), Lex Humphries (dr)
B 2, 4: John Coltrane (ts), Tommy Flanagan (p), Paul Chambers (b), Art Taylor (dr)
B 3: John Coltrane (ts), McCoy Tyner (p), Steve Davis (b), Elvin Jones (dr)

Atlantic 50 115

»Alternate Takes« sind Aufnahmen, die im Rahmen einer Plattensession mehrfach mitgeschnitten, aber aus verschiedenen Gründen nicht veröffentlicht wurden. Hier sollen lediglich die Unterschiede zu den schon bekannten Takes besprochen werden.

»Giant Steps«, am 1. April 1959 aufgenommen, zeigt Coltrane in etwas entspannterer Stimmung als bei der Einspielung des Stückes einen Monat später – der »klassischen Giant Steps« –, weiterhin ist das Fehlen eines Pianosolos bemerkenswert.

Bei »Naima« spielt Coltrane auf die Harmonien des Stückes ein ausgedehntes Solo, welches auf der späteren Aufnahme einem Solo des Pianisten Wynton Kelly weicht.

»Like Sonny« – eine Huldigung an den von Coltrane verehrten Sonny Rollins – bleibt nach dem Thema noch einige Zeit im Latin-Feeling, anstatt sofort in einen swingenden 4/4-Takt zu gehen, so daß für das Tenorsolo Tranes eine andere Basis bereitet wird.
»Cousin Mary«, identisch mit der Besetzung von »Giant Steps«, läßt keinen großen Unterschied in der Ausführung erkennen, sieht man von dem langsameren Thema ab. Dasselbe gilt für »I'll Wait And Pray.«
In allen diesen Fällen läßt sich kein Grund feststellen, warum diese Stücke nicht veröffentlicht wurden. In »Countdown« spielt Coltrane ein längeres Duo mit Art Taylor als auf dem Original. Hie und da glaubt man minimale Spielfehler erkennen zu können, die möglicherweise zur Zurückweisung dieser Takes geführt haben könnten, bedenkt man Coltranes Perfektionismus. Dies mag auch der Fall sein bei »Body And Soul«, das im übrigen der Aufnahme auf »Coltrane Sound« gleicht. In seiner Version des Coleman-Hawkins-Klassikers spürt man viel Wärme und die Achtung, die er dem Stammvater des Tenorsaxophons gegenüber empfand.
Auch das letzte Stück dieses Platte »Syeedas Song Flute« ist in Coltranes hier festgehaltenen Improvisationen dem Original sehr nahe. Trane übersetzt das kinderliedhafte Thema in seine Tenorsaxophonsprache, ohne daß es seinen verspielten Charme verliert.
Interessant wird diese Platte für Coltrane-Sammler und vor allem für Musiker, denen hier interessante Vergleiche im Detail gegeben werden.

12. Februar 1959, 4. und 5. Mai 1959

John Coltrane
Giant Steps

(A) Giant Steps / Cousin Mary / Countdown / Spiral
(B) Syeeda's Song Flute / Naima / Mr. P. C.

John Coltrane (ts), Tommy Flanagan (p), Wynton Kelly (p, B 2), Paul Chambers (b), Art Taylor (d), James Cobb (dr, B 2)

Atlantic 1311

Die wichtigste Platte Coltranes aus seiner Atlantic-Zeit ist wohl »Giant Steps«. Mit diesem Album erreichte Coltrane das, was in Ansätzen bereits vorher bemerkbar war: eine außergewöhnliche formale Geschlossenheit, wie auch eine teilweise ungewöhnliche harmonische Komplexität des Dargebotenen (»Giant Steps«, »Countdown«).
Das erste Stück der Platte ist mittelschnell gehalten und stellt im harmonischen Aufbau eine bis dato unbekannte hochkomplizierte Struktur vor. Ein Großteil der Harmonik dieses 16taktigen Stückes bewegt sich in Medianten-Fortschreitungen, d. h. die Akkorde wechseln in Terzsprüngen. Im Gegensatz zu seinen »Sheets of Sounds« bewegt sich Coltranes Solo hauptsächlich in Achteln, wobei er das zugrunde liegende Akkordmaterial präzise ausspielt. Das Solo des Pianisten Tommy Flanagan ist weit weniger strukturiert und verrät in seiner zögernden bruchstückhaften Phrasierung mangelhafte Vertrautheit mit den Harmonien.
»Cousin Mary«, ein zwölftaktiger Blues, zeigt hervorragend Coltranes Fähigkeit als

Atlantic 1311

Komponist und Improvisator von Bluesthemen. Sein kraftvolles Solo hier zeigt, daß trotz der Kompliziertheit des Materials, dessen er sich bedient, seine Wurzeln tief in der Tradition des Blues verankert waren.

Die folgenden Soli von Flanagan und Chambers demonstrieren die glückliche Hand Coltranes bei der Auswahl seiner Begleitmusiker.

Ebenfalls nach dem harmonischen Konzept von »Giant Steps« ist »Countdown« aufgebaut. In sehr schnellem Tempo spielt Coltrane die ersten Chorusse nur über die sichere Schlagzeugbegleitung Art Taylors. Tommy Flanagan legt dann lediglich die Harmonien unter Coltranes Solo, und als dieser das Thema spielt, steigt Paul Chambers mit seinem Walking-Baß ein.

Das letzte Stück der ersten Seite ist »Spiral«, wie auch alle anderen Stücke der Platte eine Eigenkomposition Coltranes. Dieser improvisiert mit selbstverständlich anmutender Sicherheit und unvergleichlicher Dynamik über die teilweise chromatischen Akkorde, und auch Flanagan steuert ein wundervoll lyrisches Solo bei.

Die zweite Seite beginnt mit einem Stück, das Coltrane in einer nahezu kinderliedhaften Form konzipierte. Auf Coltranes und Flanagans Solo folgt ein Baßsolo, dessen Beweglichkeit in der Phrasierung deutlich Chambers' Meisterschaft demonstriert. Die einzige Ballade der Platte ist »Naima«, eine Widmung Tranes an seine Frau. Coltrane verzichtet hier auf ein Solo und begnügt sich damit, die wunderschöne Melodie vorzustellen. Das anschließende

Solo kommt von Wynton Kelly, der hier Flanagan vertritt.
Wiederum eine Widmung – diesmal an Paul Chambers – ist der zwölftaktige Blues in C-Moll »Mr. P. C.«. Hier offenbart sich am deutlichsten die Reife von Coltranes Ausdruckskraft und Instrumentaltechnik. Sein scharfer, beißender Ton, seine gespannt zügige Phrasierung verleihen diesem Stück den Charakter einer Tour de Force. Dieses ist der Ausklang einer Platte, die bei ihrem Erscheinen 1959 Furore machte und heute durchaus als epochemachender Klassiker und Höhepunkt von Coltranes sogenannter klassischer Periode dasteht.

24. November 1959, 2. Dezember 1959, 21. Oktober 1960

John Coltrane
Coltrane Jazz

(A) Little Old Lady / Village Blues / My Shining Hour / Fifth House
(B) Harmonique / Like Sonny / I'll Wait And Pray / Some Other Blues

John Coltrane (ts), Wynton Kelly (p), Paul Chambers (b), Jimmy Cobb (dr)
A 2: John Coltrane (ts), McCoy Tyner (p), Steve Davis (b), Elvin Jones (dr)

Atlantic 1354

Welche plakative Funktion Coltranes Name, sein künstlerischer Status und seine Eigenständigkeit hatten, unterstreicht die Atlantic-Platte »Coltrane Jazz«.
»Little Old Lady«, ein sehr selten gespieltes Stück, trägt deutlich stilistische Züge seines Freundes Sonny Rollins, der zu dieser Zeit in der Versenkung verschwunden war. Dies ließ seinerzeit sogar das Gerücht aufkommen, er hätte sich zurückgezogen, um das Feld für John Coltrane freizumachen.
Wie auch immer, fest steht, daß John Coltrane diese Zeit nützte und mit »Giant Steps«, »My Favorite Things« und »Olé« ein Höchstmaß an Popularität erreichte.
»Village Blues«, ein Stück, das im Oktober 1960 eingespielt wurde und auf welchem zum ersten Male der Pianist McCoy Tyner und der Schlagzeuger Elvin Jones vertreten sind, läßt schon viel von ihrer späteren Zeit anklingen (»My Favorite Things«, Seite 156). Ebenfalls in der Art von »Little Old Lady« ist »My Shining Hour« gestaltet.
»Fifth House« ist, vom harmonischen Standpunkt gesehen, das interessanteste Stück der Platte. Über eine ostinate Baßfigur spielt Coltrane das orientalisch klingende Thema, dem er im B-Teil seine charakteristischen Mediantenharmonien unterlegt. Das Thema wird von einem luftigen Latin-Rhythmus begleitet, der bei der Improvisation von Coltrane einem mittelschnellen Tempo weicht.
Erstaunlich, was Coltrane aus dieser einfachen Rollins-Improvisationslinie gestaltet. Während dieser in seinen genialen Improvisationen viel mit rhythmischen Verschiebungen arbeitet, immer überraschende Strukturen aufbaut und abwandelt, sprudeln aus Tranes Horn – selbst wenn er in typischer Rollins-Manier phrasiert – unaufhörlich neue üppige Chorusse. Dadurch geht der orientalische Einschlag verloren, und die Improvisationslinie erfährt eine andere Deutung. Nach seiner Improvisation, in der auch im modalen Teil die Harmonien ausgespielt werden, was einen seltsamen, fast atona-

Atlantic 1354

len Eindruck ergibt, schließt Coltrane mit einem *Akkord*.

In »Harmonique« verwendet er nun ausführlich diese Akkordspielweise, die durch eine besondere Fingertechnik und einen sehr kontrollierten Ansatz entsteht. Durch den Pianisten Thelonious Monk wurde Coltrane auf diese Technik aufmerksam gemacht, die, wie er in diesem Stück zu Beginn seines Solos demonstriert, eine Möglichkeit darstellt, zwei- oder sogar mehrstimmig zu spielen.

»Like Sonny« basiert auf einer Improvisationslinie von Sonny Rollins, dem Coltrane wiederum seine Mediantenharmonien, diesmal jedoch im langsameren Wechsel, unterlegt. Bemerkenswert bei diesem Stück ist Paul Chambers' langes, ausgezeichnetes Baßsolo.

Das durch Sarah Vaughan bekannt gewordene Stück »I'll Wait And Pray« wird von John Coltrane durch den Einsatz des hohen Registers und mit großer Eleganz und Wärme gespielt. Wieder schließt er mit einem Akkord, den er – geschickt wie ein Pianist – in einen anderen gleiten läßt.

»Some Other Blues« bezieht seinen Namen daraus, daß im Thema leicht »Now's The Time«, ein von Charlie Parker gern gespielter Blues, angerissen wird, es dann aber in typischer Coltrane-Bluesspielweise weitergeht.

»Coltrane Jazz« hat zwar nicht die eminente Bedeutung des vorangegangenen Albums »Giant Steps«, bleibt aber dennoch ein wichtiges Sammlerstück aus der Atlantic-Zeit des Tenoristen.

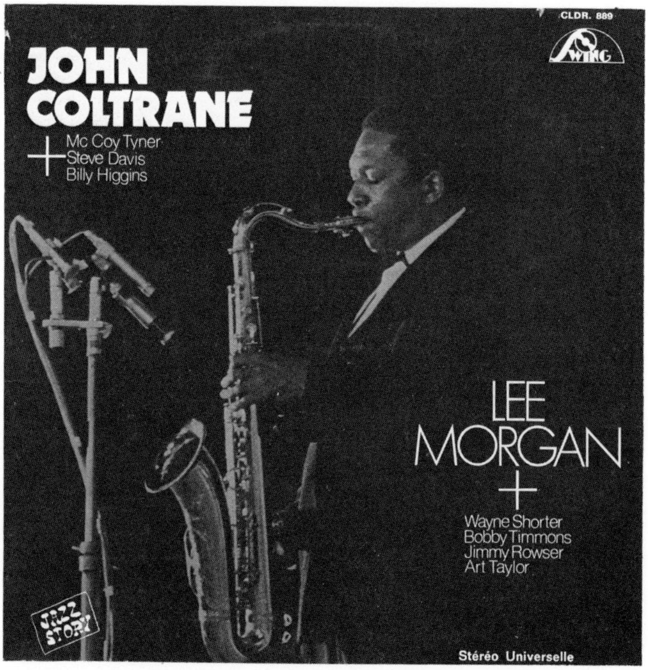

Roulette R 52 094
Vogue 500 889

Herbst 1960

John Coltrane / Lee Morgan
The Best Of Birdland

Exotica / One And Four / Simple Like
(Die anderen Stücke sind ohne Coltrane)

John Coltrane (ts), McCoy Tyner (p), Steve Davis (b), Billy Higgins (dr)

Roulette R 52 094 / Vogue 500 889

Die Aufnahmen aus dem New Yorker Jazzclub »Birdland«, die vermutlich im Herbst 1960 mitgeschnitten wurden, zeigen John Coltranes Musik in vorsichtiger Ablösung von dem Sound vorangegangener Alben.

Maßgeblich daran ist McCoy Tyner beteiligt, der schon lange Coltranes Wunschpianist war. Dies hier sind seine ersten Aufnahmen im Coltrane-Quartett, bekanntlich hatten die beiden Musiker schon vorher nie eine Möglichkeit ausgelassen, zusammen zu spielen. Deutlich lassen hier McCoy Tyners explosiver Anschlag und sein mächtiges Akkordspiel erkennen, welche zusätzliche frische Kraft sich in die Musik von Coltrane einfügt.

Alle drei Stücke sind Eigenkompositionen des Leaders, und seine und McCoy Tyners Improvisationen zielen schon auf spätere Arbeiten. Wie ein Muezzin, der die Gläubigen zum Gebet ruft, klingt Coltranes Tenor-Saxophon-Intro bei »Exotica«. Es ist eine seiner Kompositionen, die im Thema und in der Improvisation orienta-

Atlantic SD 1382

lische Musikeinflüsse sensibel verarbeitet. »One And Four« präsentiert die Gruppe am geschlossensten, »Simple Like«, identisch mit »Like Sonny« auf »Coltrane Jazz« (Seite 150), erreicht nicht dessen Qualität. Trotz ihrer unbestrittenen musikalischen Qualitäten können der Schlagzeuger Billy Higgins und der Bassist Steve Davis nicht das spielen, was sich John Coltrane in rhythmischer Hinsicht vorstellte: nämlich statt »Timekeeping« einen ständigen Puls und eine Vielschichtigkeit von Rhythmen. Kurz darauf sollten der Schlagzeuger Elvin Jones und der Bassist Reggie Workman diese Coltrane-Maxime einlösen.
Die Rückseite der LP ist dem Trompeter Lee Morgan und seiner im Hardbop agierenden Gruppe vorbehalten.

24. Oktober 1960

Coltrane Plays The Blues

(A) Blues To Elvin / Blues To Bechet / Blues To You
(B) Mr. Day / Mr. Syms / Mr. Knight

John Coltrane (ts, ss), McCoy Tyner (p), Steve Davis (b), Elvin Jones (dr)

Atlantic SD 1382

Als sich 1960 nach diversen Umbesetzungen Coltranes Quartett mit McCoy Tyner am Piano und Elvin Jones am Schlagzeug herauskristallisiert hatte, spielte er, neben anderen Stücken, auch eine Reihe Bluesstücke ein, die bei Atlantic als Platte

»Coltrane Plays The Blues« herauskam und Furore machte.
Das erste Stück, »Blues To Elvin«, von dem Drummer komponiert, ist ein langsamer erdiger Blues. Coltranes Solo merkt man seine Lehrjahre bei King Kolax und Eddie Vinson an, seine Improvisation greift geschickt Klischees und Standardphrasen auf, um sie zu einem geschlossenen Ganzen zu machen.
»Blues To Bechet«, ebenfalls im langsamen Tempo, ist ein Tribut an den ersten großen Sopransaxophonisten des Jazz, Sidney Bechet. Um die Beziehung noch augenfälliger zu gestalten, greift Coltrane hier zum Sopransaxophon. Sein Solo bewegt sich etwa auf derselben Ebene wie bei »Blues To Elvin«. Coltrane spielt das Sopransaxophon nicht mit dem voluminösen vibrierenden Ton eines Sidney Bechet, sondern scharf und schneidend.
Eine Vorahnung von »Chasing The Trane« vermittelt »Blues To You«. Im mittelschnellen Tempo spielt Coltrane hier schon jene seltsamen Linien, die ab 1961 zu seinem Markenzeichen werden sollten. Im Austausch von 4taktigen Phrasen zum Schluß wird Elvin Jones Gelegenheit gegeben, seine dichte Schlagzeugarbeit zu demonstrieren.
»Mr. Day« ist – »Equinox« nicht unähnlich – ein Blues mit einem komplizierten harmonischen Schema und einer ostinaten Baßfigur. John Coltrane erkundet hier vor allem die Changes, alteriert und geht sie von neuen Positionen an. McCoy Tyners Solo ist klar und fast schwebend, dem Stück eine weitere Möglichkeit abgewinnend. Mit Steve Davis' Baßlinie endet das Stück.
Auch »Mr. Syms«, in langsamerem Tempo gespielt, ist harmonisch komplizierter als die normale Bluesform. Coltrane spielt das Thema, einen Chorus, Improvisation und wiederum das Thema, worauf McCoy Tyner zuerst akkordisch und dann mit »Single Note«-Linien übernimmt.
Wie auch bei »Mr. Day« entwickelt sich »Mr. Knight« über eine ostinate Baßfigur. Sogar die Themen beider Stücke ähneln sich, lediglich das Tempo ist langsamer. Nach Coltranes bewegter Improvisation spielt McCoy Tyner ein weitgehend akkordisches Solo.
Mit dieser Lektion in Sachen Blues demonstriert Coltrane neue Wege, die das traditionelle Schema des Blues erneuern und modernisieren.

24. Oktober 1960, 26. Oktober 1960

Coltrane's Sound

(A) The Night Has A Thousand Eyes / Central Park West / Liberia
(B) Body And Soul / Equinox / Satellite

John Coltrane (ts, ss), McCoy Tyner (p), Steve Davis (b), Elvin Jones (dr)

Atlantic SD 1419

Einen vorläufigen Abschluß von Coltranes funktionsharmonischer Spielweise markiert diese 1960 aufgenommene Platte. Bereits die folgenden »Africa/Brass« und »Olé« waren, wie auch die vorausgegangene »My Favourite Things«, bereits von einem großen Hang zur modalen Musik geprägt. Noch einmal übt sich Coltrane hier im Spiel über harmonisch komplizierte Texturen. Seine Improvisationen sind jedoch bereits wesentlich

Atlantic SD 1419

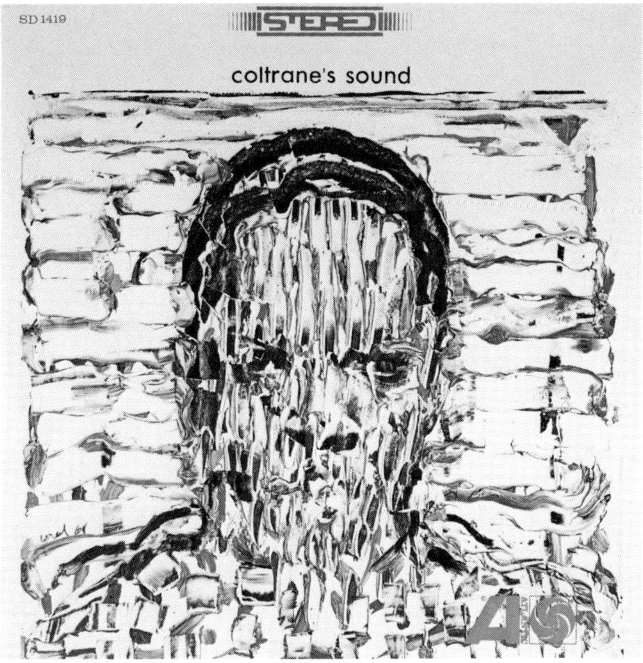

freier und ungebundener als auf »Giant Steps« und geben eine Vorahnung auf seine spätere Richtung. Das erste Stück auf dieser Platte, »The Night Has A Thousand Eyes«, ein selten gespielter Standard, erfährt hier mit einem Pedalbaß und zusätzlichen Harmonien eine geschickte Behandlung. Coltranes Linien sind nicht mehr so funktional, wie sie dies noch ein Jahr zuvor auf »Giant Steps« (S. 148) gewesen waren. Sein Spiel wird druckreicher und forcierter. McCoy Tyner am Piano gibt eine Vorahnung auf sein späteres Spiel im »klassischen Coltrane-Quartett«, mit glitzernden, perlenden Läufen und breiten, vielfarbigen Akkorden.

Auf dem Sopransaxophon spielt Coltrane »Central Park West«, wobei er sich stets nahe an das Thema hält, welches über Harmonien liegt, die im Prinzip denen von »Countdown« oder »Moment's Notice« ähneln. Der Pianist McCoy Tyner benutzt diese Changes, um ein ruhiges, lyrisches Solo aufzubauen, nach welchem Coltrane das einfache, aber wirkungsvolle Thema mit weichem, zurückhaltendem Ton ausklingen läßt.

»Liberia«, das Coltrane nach dem Besuch einiger liberianischer Studenten schrieb, stellt das Thema im Rubato (nicht metrisch gebunden, frei rhythmisiert) vor, bis es sich in einen mittelschnellen 4/4-Takt umwandelt, der regelmäßig von Passagen mit Latin-Rhythmus und Pedalbaß unterbrochen wird. Coltrane spielt gelöst und sehr dynamisch, besonders sein Einstiegsbreak nach dem Thema ist grandios. Der

Pianist spielt ein schnelles und wendiges Solo und beweist, daß er in seiner Fähigkeit, Ideenreichtum umzusetzen, seinem »Lehrer«, Coltrane, nicht um vieles nachsteht.
»Body And Soul«, der zweite Standard, erfährt hier von Coltrane eine harmonische Umdeutung, die diesem Stück jene unbestimmte Melancholie rauben, mit der es seit Billie Holidays Aufnahme behaftet war. Coltrane überläßt Tyner das erste Solo. Er selbst beschränkt sich darauf, das Thema zu umspielen, und liefert eine ähnlich gelungene Interpretation wie die legendäre Aufnahme von Coleman Hawkins.
Der Titel »Equinox«, zu deutsch Tag- und Nachtgleiche, ist eine Anspielung auf Coltranes Geburtstag am 23. September 1926, der mit dem Sommer-Herbst-Äquinoktium zusammenfiel. Von einem Latin-Intro wird »Equinox« in das Moll-Blues-Thema geführt, dem eine ostinate Baßlinie von Steve Davis zugrunde liegt. Coltrane spielt fast schon simple Phrasen, die ihr Gewicht aus Plazierung und tonalem Bezug erhalten, und beeinflußt so McCoy Tyners Solo, das einem ähnlichen Weg folgt.
»Satellite« ist wieder ein Stück über Mediantenharmonik, das Coltrane im Trio ohne McCoy Tyner zeigt. Hier spielt Coltrane ein Solo, das zwar von den Changes getragen wird, dessen Linien jedoch, im Vergleich zu »Giant Steps«, wesentlich geladener sind und, mehr als einmal, fast den harmonischen Rahmen sprengen.
»Coltrane's Sound« ist eine gute, inspirierte Platte, die zu Unrecht den Bekanntheitsgrad von »Giant Steps« und »Olé«, zwischen denen die Aufnahme zeitlich liegt, nicht erreicht hat.

21., 24. und 26. Oktober 1960

John Coltrane
My Favorite Things

(A) My Favorite Things / Every Time We Say Goodbye
(B) Summertime / But Not For Me

John Coltrane (ts, ss), McCoy Tyner (p), Steve Davis (b), Elvin Jones (dr)

Atlantic SD 1361

Mit dieser Platte sollte John Coltrane schlagartig die absolute Führungsrolle im Modern Jazz Anfang der 60er Jahre einnehmen.
Die Titel, die auf den ersten Blick wie ein zeitgenössisches Potpourri anmuten – es handelt sich ausnahmslos um Standards –, erhalten durch die Ausführung eine Qualität, die auch heute noch Maßstäbe setzt. Die Sensation war perfekt durch die Verwendung des Sopransaxophons in einer völlig neuen Klangqualität. Coltrane holt beinahe oboenhafte Effekte aus diesem Instrument heraus. Bis zu diesem Zeitpunkt war das Sopransaxophon im modernen Jazz fast nie eingesetzt worden. Das Titelstück »My Favorite Things« erhält durch den hypnotischen Vortrag und die eindringliche Wiederholung einen orientalischen Touch, der durch den pulsierenden Schlagzeugeinsatz von Elvin Jones eine weitere Steigerung erfährt.
»Every Time We Say Goodbye« wird als Ballade mit weichen Tönen auf den oberen Registern des Sopransaxophons vorgestellt. Im anschließenden Pianosolo weiß McCoy Tyner einfühlsam mit fließender Melodik dem Thema neue Ebenen zu eröffnen.

Atlantic SD 1361

Die B-Seite beginnt mit einem in energischem Vortrag hingeschleuderten »Summertime«. Nichts ist darin mehr lieblich! Drängend und kraftvoll eilt Coltrane durch seine anschließende Improvisation. McCoy Tyners Solo folgt ebenso kräftig, fast perkussiv. Das anschließende Zwiegespräch zwischen Steve Davis' Baß und Elvin Jones' Schlagzeug wirkt wie Donner und Regen zugleich und steigert die Spannung. Wie eine Auflösung greift Coltrane das Thema wieder auf.
Das letzte Stück »But Not For Me« wird in mittelschnellem Tempo und ganz entspannt angegangen. Coltrane spielt ein ökonomisches Solo, dem sich McCoy Tyner angleicht. Die Rhythmusgruppe swingt absolut sicher. Ein schöner Ausklang für eine phantastische Platte.

23. Mai 1961, 7. Juni 1961

Africa / Brass
The John Coltrane Quartet

(A) Africa
(B) Greensleeves / Blues Minor

John Coltrane (ts, ss), McCoy Tyner (p), Reggie Workman, Art Davis (b), Elvin Jones (dr), Orchestra arr. Eric Dolphy

Impulse A–6

Eine Art Dschungelmusik hatte der geniale Komponist und Orchesterleiter Duke Ellington schon Ausgang der 20er Jahre geschaffen. Seine afrikanischen Exkursionen waren vordergründig auf

Impulse A–6

»Show« getrimmt, während Jahrzehnte später einige Musiker des modernen Jazz sich über ihre Herkunft und ihr afrikanisches Erbe Gedanken machten und das auch verstärkt in ihrer Musik ausdrückten. Um 1960 waren einige afrikanische Staaten unabhängig geworden und vermittelten ein neues Selbstbewußtsein und freies Lebensgefühl. An der Diskriminierung der farbigen Amerikaner hatte sich nicht viel geändert. Ihre berechtigten Proteste gegen Benachteiligungen in allen Lebensbereichen wurden immer lauter und fanden auch im Jazz ein Artikulationsventil. Die »Freedom-Now-Suite« des Schlagzeugers Max Roach ist hierfür ein oft zitiertes Beispiel.

Mit einer Big Band, die durch ihre Instrumentierung mit Waldhörnern, Tuba und Euphonium leicht an das Orchester von Gil Evans denken läßt, nahm Coltrane 1961 die Platte »Africa/Brass« auf. Die Arrangements dazu besorgte Coltranes langjähriger Freund, der Multiinstrumentalist Eric Dolphy.

In dem Titelstück des Albums »Africa« erzeugen die beiden Bassisten Reggie Workman und Art Taylor in ihrem Rhythmus/Melodie-Spiel zusammen mit Schlagzeuger Elvin Jones einen ungewöhnlich erregenden Sound. Nach McCoy Tyners donnernd rollendem Pianointro setzt das Orchester riffartig musikalische Muster ein, die unwillkürlich an Afrika denken lassen. Es liegen flimmernde Hitze, tropische Schwüle und Dschungelgeräusche in dem Stück. In der Vielstimmigkeit von Steppe und Urwald antwortet das Orche-

Impulse AS–9273

ster Coltrane, nachdem er auf dem Tenorsaxophon das Thema von »Africa« gespielt hat. Ohne Übertreibung kann man das Trompeten von Elefanten, undefinierbare Tiergeräusche sowie ein ständiges Surren von Insekten vernehmen. Trotz dieser aufrührenden Klangkulisse gibt es auch ruhige Passagen in der Komposition. Über allem scheint der kräftig-harte Coltrane-Sound zu schweben. Beinahe wie ein Schlagzeuger behandelt McCoy Tyner sein Piano. Er scheint vordringlich mit einfachen perkussiven Figuren beschäftigt zu sein, die er in die gewaltige Gesamtrhythmik einbringt. Ganz zögernd zitiert er nach und nach das Thema. Immer wieder blendet sich das Orchester in sein Solo ein, bis er sich plötzlich mit herrlichen Melodielinien freispielen kann. Umwerfend auch das gewaltige Schlagzeugsolo. Nur auf den Trommeln (aber mit was für Nuancen und Schattierungen!) zollt Elvin Jones Afrika seinen Tribut. »Ich habe Sachen im 3/4 und 4/4 gemacht. Das ist meine erste Platte mit diesem rhythmischen Background. Alles in allem bin ich mit ›Africa‹ sehr zufrieden.« Dieser lapidaren Feststellung Coltranes ist nichts weiteres hinzuzufügen.

Es existieren von dem Stück drei verschiedene Takes. Die Version auf »The Africa Session Vol. 2« (Impulse AS–9273) klingt wegen der intensiveren Baßparts vielleicht noch interessanter. Außer einem weiteren Take von »Greensleeves« ist darauf auch noch »Song Of The Underground Railroad«, von John Coltrane arrangiert, zu hören.

Die Rückseite von »Africa / Brass« beginnt mit »Greensleeves«, einem schönen Folkmusic-Thema, das Coltrane weich und sensibel auf dem Sopransaxophon interpretiert. Sein Solo bleibt immer dicht an der Melodie, Spannung erzeugen die ständigen Orchestereinschübe und die unaufhörlich fließenden Jones'schen Polyrhythmen.
Mit dem thematisch konventionellen »Blues Minor«, mit guter Ensemblearbeit und packenden Soli, endet diese absolute Pflichtplatte.

25. Mai 1961

Olé
Coltrane

(A) Olé
(B) Dahomey Dance / Aisha

John Coltrane (ts, ss), George Lane / Eric Dolphy (fl, as), Freddie Hubbard (tp), McCoy Tyner (p), Reggie Workman (b), Art Davis (b, A 1, B 1), Elvin Jones (dr).

Atlantic SD–1373

Bei den dicht aufeinanderfolgenden Aufnahmedaten im Mai 1961 entwerfen John Coltrane und sein Freund Eric Dolphy musikalische Reisebilder von beeindruckender Vielfalt. In Coltrane-Biographien läßt sich nachlesen, daß er sich eine Plattensammlung zugelegt hatte, die Aufnahmen originärer Musik aus Afrika, Europa und Indien enthielt. Auf der Suche nach dem universellen Sound faszinierten ihn die Möglichkeiten, Jazz mit anderen Musikarten zu verbinden. Auf »Olé« erweitert Coltrane sein reguläres Quartett mit drei Musikern aus der erfolgreichen »Africa/Brass«-Bigband. Dort waren sie voll in das Orchester integriert und schufen den gewaltigen impressionistischen Background, ohne solistisch weiter hervorzutreten. Es handelt sich um den Altsaxophonisten und Flötisten Eric Dolphy – auf dieser Platte mit dem Pseudonym George Lane –, den Trompeter Freddie Hubbard und am Baß zusätzlich Art Davis, der außer auf »Aisha« auf allen anderen Stücken mit Reggie Workman zusammen zu hören ist.
Kein anderer Teil Europas liegt Afrika so nahe wie die Iberische Halbinsel. Vielleicht ist dies eine Erklärung dafür, daß sich Coltrane in »Olé«, seiner spanischen Impression, immer noch nicht so recht aus der vorangegangenen »Africa/Brass«-Session lösen kann. Auch hier die erregende Baßeinleitung und das donnernde McCoy-Tyner-Piano, bis sich das Thema von »Olé«, ein altes spanisches Volkslied reflektierend, herauskristallisiert. Coltrane stellt es mit fremdartiger Färbung auf dem Sopransaxophon vor. Es bekommt dadurch etwas Orientalisches und wird erst im Lauf des Stückes mit Spanien assoziierbar. Durch die gesamte Länge (18,05 Minuten!) schlägt Elvin Jones mit unglaublicher Präzision einen 3/4-Takt, der die Musik strafft ohne eine Walzeratmosphäre aufkommen zu lassen.
Spielerisch übernimmt Eric Dolphy das erste Solo auf der Flöte. Bis heute sind seine Improvisationskünste auf diesem Instrument unerreicht. Hier gehen exotische Melodiefolgen, Monologe und sprunghafte Motivwechsel fließend ineinander über. Sein Ton erklingt stets rein und voluminös.
Mit großer Technik demonstriert Freddie Hubbard seine Trompetenchorusse. See-

Atlantic SD–1373

lenvoll passen sie sich dem Charakter des Stückes an.

Das spanische Element in »Olé« bringt wohl am besten McCoy Tyner in sein Solo ein. Durch ständige perkussive Wiederholung rollt er das Thema richtig, man könnte sagen: glutvoll aus, setzt mit der linken Hand energische orientierende Akkorde und erweitert mit der rechten den musikalischen Ablauf durch vorwärtstreibende Melodielinien, die etwas Düsteres und Karges haben und an entsprechende spanische Landschaften denken lassen. In sein Solo drängen sich einzelne Baßmotive; Art Davis verschafft sich dabei durch sein Bogenspiel immer mehr Gehör und kommt über ein einfaches Motiv zum Thema, unterstützt von gleichzeitigen Baß-Flamenco-Effekten seines Kollegen Reggie Workman. Man hat den Eindruck, daß Coltrane mit seinem Solo bis zum Schluß wartet, um in seiner leidenschaftlichen Improvisation noch einmal alles Gehörte auf seine Art zu bearbeiten. Mit unbändiger Energie schwingt er sich in die höchsten Tonfolgen, die auf dem Sopransaxophon möglich sind, und versetzt den Zuhörer mit seiner Improvisation in eine Art Trance.

Nach der gewaltigen Vorderseite macht das Umschalten auf die beiden Stücke »Dahomey Dance« und »Aisha« der Rückseite Mühe. Zu sehr ist man von der Olé-Stimmung eingefangen. Um es vorwegzunehmen: hier passieren auch nicht so aufregende Dinge.

An Miles Davis' »Kind of Blue«-Zeiten erinnert das einfache, riffartige Thema

»Dahomey Dance«. Die Wucht der beiden Bässe und Elvin Jones' superbe Schlagzeugarbeit animiert alle Mitspieler zu guten Soli, aber man hat doch den Eindruck, alles schon einmal gehört zu haben. Die einzige Ausnahme bleibt Eric Dolphy. Seine Improvisation auf dem Altsaxophon mit schnatternden Tonfolgen klingt äußerst skurril und ungewöhnlich.

Neben Coltranes »Naima« dürfte die McCoy-Tyner-Komposition »Aisha« mit eine der schönsten Balladen im Jazz sein. Coltrane spielt das Thema mit Inbrunst, und keiner seiner Mitspieler erreicht die Qualität des darauf folgenden emotionsbesetzten Solos. Damit endet »Olé«.

28. Juni 1960, 8. Juli 1960

The Avant-Garde
John Coltrane & Don Cherry

(A) Cherryco / Focus On Sanity
(B) The Blessing / The Invisible / Bemsha Swing

John Coltrane (ts, ss), Don Cherry (p), Charlie Haden (b, A 1, B 1), Ed Blackwell (dr), Percy Heath (b, A 2, B 2, 3)

Atlantic SD 1451

Als sich in den Jahren 1959/60 mit Leuten wie Cecil Taylor und Ornette Coleman eine Wende zum Jazz andeutete, sah sich die Plattenfirma Atlantic gezwungen, ihre Musiker, die in diesen Bereich tendierten, in verschiedenen Konstellationen zu repräsentieren.

Diesen Bemühungen fielen auch Don Cherry, zu dieser Zeit Trompeter im Ornette-Coleman-Quartett, und John Coltrane, den man zu jener Zeit eigentlich noch nicht als Avantgardisten bezeichnen kann, zum Opfer.

Als zusätzliches Manko für Coltrane wird er hier auch noch von Colemans Rhythmusgruppe begleitet, die ganz und gar auf das Spiel dieses Altsaxophonisten eingestellt war. Bereits im ersten Stück »Cherryco«, einer Komposition von Don, zeigt sich dieses Handikap.

Nach einem guten Solo von Trompeter Don Cherry folgt ein eher richtungslos wirkender Coltrane. Sein Spiel klingt hier trotz aller technischen Raffinesse aufgesetzt, die Rhythmusgruppe folgt seinem Solo abwartend. Coltranes Ton wirkt – wohl aufnahmebedingt – relativ stumpf und trocken. Kein Vergleich zu »Giant Steps«! Nach einem kurzen Austausch von Phrasen zwischen Don Cherry und Schlagzeuger Ed Blackwell endet das Stück.

»Focus On Sanity«, das den Rest der ersten Plattenhälfte ausfüllt, beginnt nach dem Thema mit einem Solo von John Coltrane. Wieder bleibt die Rhythmusgruppe im Hintergrund und gibt Coltranes Spiel keinen Rückhalt, läßt es fast für sich allein stehen. Cherry spielt ein gutes Solo, das deutlich seine Erfahrung mit Coleman reflektiert.

Nach einem kurzen Schlagzeugsolo von Ed Blackwell spielen Cherry und Coltrane ein zweites Thema, langsam, und mit Bruchstücken arabischer Tonleitern durchsetzt. Das folgende Solo von Cherry baut anfänglich auf einer pentatonischen Leiter auf und ist bemerkenswert wegen seiner lyrischen, kräftigen und ausbalancierten Linie. Coltrane versucht über den modalen Background Changes (Akkordwechsel) zu implizieren und erreicht damit teilweise interessante Linien, die trotzdem

Atlantic SD 1451

nicht mit der Rhythmusgruppe verschmelzen. Nach dem Baßsolo von Percy Heath, der wie Cherry auf der pentatonischen Leiter aufbaut, endet dieses Stück mit dem A-Thema und einem ausgeblendeten Nachspiel von Charlie Haden und Ed Blackwell.

Auf »The Blessing«, einer Komposition von Ornette Coleman, erscheint Coltranes erstes auf Platte aufgenommenes Sopransaxophon-Solo. Ganz unüblich im Vergleich zu seinem späteren Spiel bewegt er sich hier im mittleren bis unteren Register des Instruments. Er spielt das Sopran eher wie ein Tenorsaxophon, ohne den nasalen oboenhaften Ton, der sein späteres Spiel auszeichnet. Ed Blackwells Solo bringt mit seinem Spiel auf den Tom-Toms afrikanische Anklänge.

Auch »The Invisible«, so genannt, weil die Haupttonart des Stückes kaum erkennbar ist, stammt von Ornette Coleman. Don Cherrys bruchstückhaftem, fragmentarischem Solo steht das von Coltrane gegenüber, der – hier mit Erfolg – über die Harmonien des Themas improvisiert und zum Schlußthema noch einmal kurz zum Sopran greift.

Sichtlich am wohlsten fühlt sich Coltrane bei Monks »Bemsha Swing«, einem ihm durch die Arbeit mit Thelonious Monk vertrauten Stück.

Don Cherrys Spiel, linear und voller gut gelungener Phrasen, führt zu Coltranes bestem Solo auf der Platte, wenn man einmal von der nicht auf ihn abgestimmten Rhythmusgruppe absieht. Nach kurzen Intermezzi von Charlie Haden und Ed

Blackwell endet das Stück mit der Wiederholung des Themas.
Alles in allem hält die Platte nicht, was man aufgrund der beteiligten Musiker von ihr erwartet.
Trotz guter Soli von Cherry wirkt Coltranes Auftritt in dieser Umgebung unglücklich. Das rhythmische und melodische Konzept der Ornette-Coleman-Musiker verbindet sich nicht mit seinen Improvisationen.

2. und 3. November 1961

Coltrane »Live« At The Village Vanguard

(A) Spiritual / Softly As In A Morning Sunrise
(B) Chasing The Trane

John Coltrane (ts, ss), McCoy Tyner (p), Reggie Workman (b), Elvin Jones (dr), Eric Dolphy (b–cl)

Impulse AS–10

»Ich mag das Club-Feeling, besonders solch eine intime Atmosphäre wie die des ›Village Vanguard‹. Es ist äußerst wichtig, einen richtigen Kontakt zu den Zuhörern zu haben, weil es das ist, was wir wollen: kommunizieren.«
Diesen Kommentar gibt John Coltrane zu dem sensationellen Mitschnitt aus dem New Yorker Jazzclub »Village Vanguard«. Er wollte – wie er dem Producer Bob Thiele mitteilte – unbedingt in entspannter »Live«-Atmosphäre neue Stücke einspielen.
Den Anfang macht »Spiritual«, eine Komposition, die sowohl Spiritual- als auch Worksong-Elemente enthält. Coltranes Tenor-Intro erhält durch Reggie Workmans Baßuntermalung und der mitunter kontrapunktisch eingesetzten Baßklarinette Eric Dolphys eine feierliche Kirchenstimmung. Anders ausgedrückt: in der Präsentation des Themas liegt eine intellektuelle »Soul«-Jazz-Auffassung.
Völlig organisch kommt Elvin Jones' Schlagzeug. Er setzt rhythmisch-metrische Ordnungen, ohne seine Mitspieler einzuengen, für damalige Verhältnisse ein ungeheurer Freiraum, den Coltrane auch für seine Improvisationsvorstellungen benötigt. Dieser läßt vertraut erscheinende Melodiefetzen in sein Solo einfließen, vielleicht um den musikhistorischen Bezug – *back to the roots* – noch zu verstärken. Nach dem McCoy-Tyner-Pianosolo greift er zum Sopransaxophon für eine weitere Improvisation. Durch den Wechsel von Tenor auf Sopran schafft er neue Klangfarben innerhalb des Stückes. Bevor es dazu kommt, erfolgt aber erst noch Eric Dolphys brisantes Baßklarinettensolo. Beinahe unnötig zu erwähnen, daß er damals wohl der einzige war, der dieses ungewöhnliche Instrument für längere Soli verwandte. Durch plappernde Tonkaskaden bekommt seine Improvisation eine ungeheure Ausstrahlung. McCoy Tyner hat ein sehr schönes lyrisches Pianosolo, und danach, wie erwähnt, fegt Coltrane auf dem Sopransaxophon. Er spielt mit der gleichen Güte und technischen Qualität wie auf dem Tenor. Während der ganzen Improvisation bleibt der Ton stark und energisch, es gibt keinen Ausreißer. Mit dem Thema-Statement durch Coltrane und Dolphy endet dieses formvollendete Stück.
Der einzige Standard »Softly As In A Morning Sunrise« wird relaxed von der

Impulse AS–10

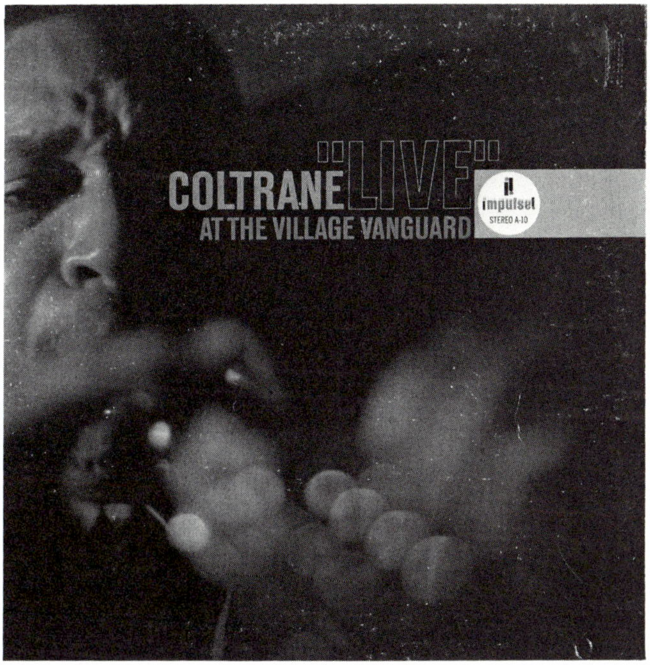

Rhythmusgruppe angeboten. McCoy Tyner spielt das leichtfüßige Thema in bester Mainstream-Manier, assistiert von einem vornehmlich die Besen gebrauchenden Elvin Jones und dem stark swingenden Bassisten Reggie Workman. Bis zum Sopransax-Einstieg von Coltrane klingt es bieder und wenig aufregend. Dessen hitziges Solo vertreibt die sanfte Morgenstimmung und bringt vehemente Improvisationen.

Den fast 16minütigen, schnell gespielten Blues »Chasing The Trane« auf der Plattenrückseite kann man als absolute Steigerung ansehen. Hier bläst sich John Coltrane im wahrsten Sinn des Wortes »die Seele aus dem Leib«. Das Stück entstand spontan, und da keiner so recht wußte, wie man es taufen sollte, brachte man einfach die Arbeit des Aufnahmeingenieurs Rudy van Gelder auf die Kurzformel »Chasing The Trane«. Dieser jagte mit seinen Bandgeräten tatsächlich Abend für Abend von einer Coltrane-Session zur anderen.

Bei dieser Komposition demonstriert Coltrane Variationen seines Saxophonspiels in spektakulärer Bandbreite. Wie er oft erklärte, liebte er lange Improvisationen, um wirklich alles auszudrücken, was ihm durch den Kopf ging, und als Ausgangsbasis für solch ein »Powerplay« eignet sich das Bluesschema besonders gut. Außer seinen phantasiereichen Improvisationen, »Honks« und »Dirty Sounds« verbindet er in seinem Solo auch erstmalig Melodieketten, die in ihrer Anordnung an Ornette Coleman erinnern. Schon früher hatte er

Impulse AS–9325

gewisse Saxophonlinien von Sonny Rollins in seiner Komposition »Like Sonny« verarbeitet, diesmal könnte man von einem »Augenzwinkern« zu Ornette Coleman sprechen. Das Fehlen des Pianos ist für das Stück äußerst positiv. Coltrane kann unbeeinflußt von akkordischen Kommentaren durch seine Musikgefilde jagen. Elvin Jones schafft durch die Intensität seines Schlagzeugs – einfühlsame Akzentuierung gepaart mit hartem Drive – zusammen mit dem Bassisten Reggie Workman die ideale Atmosphäre für den dahinstürmenden Trane.
Das Engagement der John-Coltrane-Gruppe im Village Vanguard dauerte vom 1. bis 5. November 1961.
Wer noch mehr Stücke dieser erregenden Session hören möchte, sollte sich »The Other Village Vanguard Tapes«, Impulse AS-9325, und »Trane's Modes«, Impulse 9361-2, beschaffen. Trotz Überschneidungen einzelner Titel ist die Komplettierung dieser Session für den Coltrane-Fan eine lohnende Sache.

5. November 1961, 18. September 1962, 29. April 1963

Impressions
John Coltrane

(A) India / Up Gainst The Wall
(B) Impressions / After The Rain

John Coltrane (ts, ss), McCoy Tyner (p), Jimmy Garrison (b), Reggie Workman (b,

Impulse AS–42

A 1), Elvin Jones (dr, A 1, 2, B 1), Roy Haynes (dr, B 2)

Impulse AS–42

Auf dieser Platte werden, neben zwei Stücken späteren Datums, weitere Nachträge zur »Live At The Village Vanguard«-Platte veröffentlicht. Dies sind »India« und »Impressions«, aufgenommen am 5. November 1961. »India«, ein Tribut Coltranes an die von ihm sehr verehrte indische Musik, zeigt ihn als virtuosen Sopransaxophonisten. Nach dem einfachen Thema spielt Coltrane ein Solo, das zum größten Teil nur von Elvin Jones begleitet wird (eine Spielweise, die er immer wieder verwendete). Wiederum hört man jene verschlungenen Linien, die ein tonales Zentrum nur am Rande zu berühren scheinen. Dolphys Baßklarinettensolo ist hitzig und erregt, er verwendet hier Spieltechniken (gleichzeitiges Singen und Blasen), die man nicht unbedingt als typisch für ihn bezeichnen kann, läßt aber hier jene stark rhythmisierten Linien mit großen Intervallsprüngen vermissen, die ansonsten sein Spiel kennzeichnen.

»Up Gainst The Wall«, ein Blues, 1962 aufgenommen, zeigt Coltrane in etwas konventionellerem Kontext. Nach dem Thema setzt McCoy Tyner, wie so oft, aus, und Coltrane entfaltet sein Solo über Elvin Jones' dichtem, donnerndem Schlagzeug-Netzwerk. Sein Ton mutet ungewöhnlich stumpf an, sein Falsettregister entzieht sich teilweise seiner Kontrolle, der technischen Ausführung seiner Linien

mangelt es an der sonst von ihm gewohnten Brillanz.
»Impressions«, das Titelstück, hier ohne Eric Dolphy gespielt, ist auf dem Prinzip von Miles Davis' »So What« aufgebaut und liefert dem Solisten einen beträchtlichen freien Raum zur Improvisation. Coltrane nutzt den Freiraum in seinem Solo, wieder ohne McCoy Tyner, das Chorus für Chorus mit unglaublichen Linien, nie gehörten Phrasen und einer berstenden Energie glänzt. »After The Rain«, 1963 mit Roy Haynes anstelle von Elvin Jones aufgenommen, ist ein wahres Meisterwerk. Coltrane spielt das Balladenthema über einem ruhig liegenden Klangteppich, der von Tyners dichten, farbigen Harmonien getragen wird. Mit diesem Stück endet eine der bekanntesten Platten Coltranes.

21. Dezember 1961, 18. September 1962, 13. November 1962

Ballads
John Coltrane Quartet

(A) Say It (Over And Over Again) / You Don't Know What Love Is / Too Young To Go Steady / All Or Nothing At All
(B) I Wish I Knew/What's New / Its Easy To Remember / Nancy

John Coltrane (ts), McCoy Tyner (p), Jimmy Garrison (b), Elvin Jones (dr)

Impulse A–32

Diese Platte aus dem Jahr 1962 gehört zu jenen, die, im Vergleich zu seinem vorherigen Spiel, einen scheinbaren Rückschritt bedeuteten. Wie auch die Platten mit Ellington und Hartman zeigen ihn diese Aufnahmen, wie schon der Titel sagt, als hervorragenden Balladeninterpreten. Es ist vielfach der Verdacht geäußert worden, daß »Ballads« auf Initiative von Bob Thiele, Coltranes Produzent bei Impulse, eingespielt wurde, um die Wogen zu glätten, die sein Spiel 1961 im Village Vanguard, mit Eric Dolphy, hervorgerufen hatte, und somit wieder höhere Verkaufszahlen zu erreichen. So findet man hier einen etwas gebremsten »Coltrane«, dem man sein früheres Spiel nur in Andeutungen ansehen kann. Trotz alledem gibt auch diese Platte einen Einblick in die große Bandbreite von Coltranes Musik.
»Say It« beginnt mit dem zurückhaltend vorgetragenen Thema. Dies führt zu einem Pianosolo McCoy Tyners, der mit raffinierten Akkorden und lyrischen Linien zeigt, daß er sich auch in dieser Umgebung zu Hause fühlt. Coltranes anschließende Improvisation ist von einer fast zerbrechlichen Zartheit.
Bei »You Don't Know What Love Is« bekommt der Hörer, durch das Rubato-Thema, eine Ahnung von Coltranes Fähigkeit, eine Themalinie neu zu gestalten. Sein folgendes Solo ist wesentlich entschlossener und kraftvoller als im vorherigen Stück. Das Schlußthema, wieder Rubato, zeigt eine verblüffende Ähnlichkeit mit Coltranes freieren, modalen Stücken (Alabama).
»Too Young To Go Steady« erinnert in der Manier wieder eher an den ersten Titel. Ein gutes Solo von McCoy Tyner, der sich in diesem Kontext sichtlich am wohlsten fühlt, bereitet den Weg für Coltrane, der mit dem etwas zögernd gespielten Thema das Stück beschließt.
»All Or Nothing At All« wird von einem Schlagzeugsolo eingeleitet. Bei diesem

Impulse A–32

schnelleren Stück bietet sich für Coltrane die Möglichkeit, druckvoller zu spielen, die er reichlich nutzt. Mit Sprüngen vom Falsett zum tiefsten Register und fetzenhaften rhythmischen Linien führt er zu einem Schlagzeugsolo, das den Titel, damit auch die A-Seite beschließt.

»I Wish I Knew« ist ein gutes Beispiel für die pianistische Leistung Tyners. Er benutzt alle Register und Bereiche des Klaviers, spielt seine perlenden, doch nie hektischen Linien über einen sorgfältig bereiteten Akkordteppich.

Einen eigenartig gezügelten und gebremsten Eindruck machen sowohl Coltrane als auch die Rhythmusgruppe, speziell Elvin Jones, bei »What's New«. Trotz der Versuche des Schlagzeugers, das Geschehen zu verdichten und intensivieren, bekommt er keine Reaktion von Tyner und Coltrane.

»It's Easy To Remember«, bei dem nur das Thema gespielt wird, ist demgegenüber, sieht man von Jones' donnerndem Abschlag ab, von ausgeglichener Ruhe.

Mit »Nancy«, einem Stück, das in der Interpretation Frank Sinatras bekannt wurde, schließt diese Platte ebenso lyrisch und zurückhaltend ab, wie sie beginnt.

»Ballads« ist eine unspektakuläre, etwas harmlos wirkende Aufnahme, die dennoch, eben durch den Kontrast zu Coltranes sonstigem Spiel, eine Aufforderung ist, nicht zu vergessen, daß Coltrane ein Meister der Balladeninterpretation war. So werden aus teilweise schlichten Themen durch das Spiel Coltranes kleine Kostbarkeiten.

Musidisc 30 JA 5184

10. Februar 1962

John Coltrane / Eric Dolphy Two Giants Together

(A) My Favorite Things
(B) Mr. P. C. / Miles Mode

John Coltrane (ts, ss), Eric Dolphy (fl, as), McCoy Tyner (p), Jimmy Garrison (b), Elvin Jones (dr)

Musidisc 30 JA 5184

Die unter dem Namen »Two Giants Together« auf Musidisc veröffentlichte Platte ist ein Bandmitschnitt eines Konzerts im New Yorker »Birdland«, der ursprünglich als Schwarzpressung veröffentlicht worden war, was auch die etwas mangelhafte Tonqualität erklärt.

Die A-Seite fügt, mit »My Favorite Things«, den zahllosen Aufnahmen dieses Stückes eine weitere hinzu. Diese ist nicht so sehr wegen Coltranes ausgezeichneter Improvisation als vielmehr Dolphys Flötensolo wegen interessant. Er spielt zunächst lange, schwingende, kristallklare Töne. Mit zunehmender Spieldauer werden seine Linien dichter und verwobener. Seine Phrasen ähneln denen, die er auch auf dem Saxophon spielt, doch klingen diese auf der Flöte luftiger und ätherischer.

Das häufige Spielen von »My Favorite Things« muß unter verschiedenen Aspekten gesehen werden. Sicher verlangte das Publikum immer wieder nach diesem Hit.

Vee Jay RJL 6011

Zum anderen stellte sich durch diese Erwartungshaltung für Coltrane eine permanente Herausforderung, durch neue Improvisationen das Stück zu verändern. Diese Version mit Eric Dolphy gehört sicher zu den aufregendsten.

»Improvisation« ist der fälschlich auf der Platte angegebene Titel für »Mr. P. C.«. Nach dem zweistimmig vorgetragenen Thema geht Coltrane in eine Improvisation, die wesentlich intensiver und freier ist als bei »My Favorite Things«. Auf dem Höhepunkt seines Solos stößt er nur noch rhythmisierte Klangfetzen aus. Dolphys virtuosem Alt-Solo folgt McCoy Tyner, der sein Solo gegen Ende aus dichten Quartakkordblöcken aufbaut. Ein weiteres dynamisches Tenorsolo führt ins Thema.

»Miles' Mode« präsentiert das Thema unisono. Über dem gewaltigen Drive der Rhythmusgruppe spielt Coltrane ein ekstatisches Solo, das, von Elvin Jones vorangetrieben, immer freier wird. Kühl wirkt demgegenüber Dolphy, der seine Linien anfangs sorgfältig aufbaut, nahezu konstruiert und im weiteren Verlauf des Stückes manchmal etwas zögernd wirkt. Vollkommen im Gegensatz dazu ist McCoy Tyners Solo: kraftvoll, konzentriert und zupackend. Mit dem Schlußthema endet diese Platte, die trotz ihrer, wie zu Eingang gesagt, schlechten Tonqualität ein wichtiges Dokument ist.

Auf »The Inner Man«, Vee Jay RJL 6011 (nur als Japanimport erhältlich!), ist zusätzlich »Body And Soul« in der Version des John-Coltrane-Quartetts vertreten.

11.–12. April 1962, 21. und 29. Juni 1962

Coltrane

(A) Out Of This World / Soul Eyes
(B) The Inch Worm / Tunji / Miles' Mode

John Coltrane (ts, ss), McCoy Tyner (p), Jimmy Garrison (b), Elvin Jones (dr)

Impulse A–21

Diese Platte, zwischen 11. April und 29. Juni 1962 aufgenommen, ist Coltranes erste reine Studioplatte seit dem Auftritt im Village Vanguard. So ist auch das hier präsentierte Material ähnlich den Vanguard-Aufnahmen mit dem einen Unterschied, daß die Studioproduktion präziser, klarer und etwas zurückhaltender ist.
»Out Of This World« ist eine Standard-Ballade, die Coltrane bis zuletzt (Japan, Seattle) im Repertoire behalten sollte. Das Thema wird über einen modalen Background mit Latin-Rhythmus gespielt, die Improvisation ist durchwegs modal. Von der Rhythmusgruppe angetrieben, spielt Coltrane ein Solo, das von Takt zu Takt ekstatischer wird, jedoch stets den Bezug zum Thema erkennen läßt. Tyners Solo ist etwas ruhiger, er geht von wenigen Linien aus, die er in ständigen Variationen wiederholt. Nach einem weiteren Tenorsolo klingt das Stück aus.
Unvergleichlich ruhiger ist Mal Waldrons »Soul Eyes«, eine harmonisch raffinierte Ballade, die in Tyner einen meisterhaften Interpreten findet. Coltranes Solo scheint stellenweise den harmonischen Rahmen zu sprengen, löst sich dann aber wieder überraschend in das Thema auf.
Frank Loessers »Inch Worm« im 3/4-Takt ist Coltranes Sopran-Feature (bemerkenswert ist, daß Coltrane als Sopransaxophonist immer eine Vorliebe für 3/4-Takt hatte, z. B.: »My Favorite Things«, »Spiritual«, »Afro Blue«, »Chim Chim Cheree«). Die auf zwei Akkorde reduzierte Harmonik gibt Coltrane einen Ausgangspunkt für ein hochschnellendes Sopran-Solo.
»Tunji« ist dem afrikanischen Schlagzeuger Olatunji gewidmet, mit dem Coltrane befreundet war. Coltranes Solo entwickelt sich über dem Pedalbaß Garrisons und bleibt stets auf einem Akkord. Tyner verwandelt die Form während seines Solos in einen Blues, der auch bei Garrisons Solo beibehalten wird.
»Miles' Mode« zeigt wiederum einen extrovertierten Coltrane und schließt diese Platte ab.

26. September 1962

Duke Ellington And John Coltrane

(A) In A Sentimental Mood / Take The Coltrane / Big Nick / Stevie
(B) My Little Brown Book / Angelica / The Feeling Of Jazz

John Coltrane (ts, ss), Duke Ellington (p), Aaron Bell (b, A 1, 4, B 1, 3), Jimmy Garrison (b), Sam Woodyard (dr, A 4, B 1, 3), Elvin Jones (dr)

Impulse A–30

Zwei Musiker, von denen jeder den Verlauf des Jazz entscheidend geprägt hatte, der eine als Leiter einer grandiosen Big Band, Komponist und Arrangeur unzähliger Standards und Suiten, der andere als

Impulse A–21

Impulse A–30

Instrumentalist und Improvisator, der die Grenzen dieser Musik in zuvor unentdeckte Gebiete ausgeweitet hatte, sind in diesem Album vereint. Nicht immer hat die Zusammenführung zweier Jazzmusiker, noch dazu verschiedener Stilrichtungen, solche hervorragenden Resultate gezeitigt. (Man denke nur an Monk und Mulligan, die auf dem Riverside-Label eine gemeinsame Platte aufgenommen hatten.) In einer von Ellingtons schönsten und meist gespielten Balladen, »In A Sentimental Mood«, trägt Coltrane das Thema über eine ostinate Pianofigur vor. Bewußt wird hier auf die chromatische Baßlinie verzichtet, die sich aus den Erweiterungen der Anfangsakkorde ableiten läßt. Zart, fast schon zurückhaltend, spielt Coltrane hier als Solo eine Ableitung des Themas mit weitgeschwungenen Linien. Ellington spielt, über die *doubletime* der Rhythmusgruppe, ein sparsames, lyrisches Solo. Mit dem Thema endet diese Version des Stückes, die Johnny Hodges, dessen Feature-Nummer »In A Sentimental Mood« in der Ellington-Band war, als die am besten gelungene überhaupt bezeichnete.

In »Take The Coltrane«, eine Anspielung auf Billy Strayhorns Stück »Take The A-Train«, kann der Tenorist nach einem kurzen Solo Ellingtons als Blues-Improvisator glänzen. Seine geladenen Phrasen erinnern an »Chasin The Trane« (AS–10). Ellington spielt zwei ausbalancierte Chorusse, wonach Coltranes erregtes Solo zum Thema führt.

»Big Nick«, einem unbekannten Tenoristen aus Philadelphia gewidmet, ist Coltranes einzige Eigenkomposition auf diesem Album. Bei diesem Blues mit etwas komplexerer Harmonik erscheint sein Ton seltsam dünn.

»Stevie«, der dritte Blues auf dieser Platte, zeigt einen Coltrane, der über Ellingtons dezente Pianobegleitung ein Solo spielt, das neben einer außerordentlich klaren Struktur ein großes Potential an Vorstellungskraft und Ausdrucksmöglichkeit ahnen läßt. Mit Ellingtons Improvisation, die eigentlich nur sehr wenige, geschickt plazierte Noten enthält, klingt »Stevie« aus.

Eine weitere Ballade, »My Little Brown Book«, demonstriert Coltrane als hervorragenden Melodiker, der mit bewundernswerter Sicherheit seine Linien entwirft. Hiermit drückt er deutlich aus, welche Anerkennung Duke Ellington als Musiker und Mensch bei ihm fand.

»Angelica«, eine lateinamerikanisch angehauchte Komposition Ellingtons, ist vor allem seines Pianospiels wegen interessant. Ellington, der aus seiner nicht unbedingt überragenden pianistischen Technik nie ein Hehl machte, setzt hier geschickt Akzente und spielt sparsame, melodische Fragmente, die ein Gefühl von Zwangsläufigkeit vermitteln. Sicher wegen des betont rhythmischen Backgrounds spielt Coltrane hier ein »heißeres« Solo als zuvor. Hier wie auch im nächsten Stück, »The Feeling Of Jazz«, machen sich einige im Falsettbereich auftretende Schwierigkeiten des Saxophonisten bemerkbar, die vermutlich vom Mundstück herrühren. Sein Solo in »The Feeling Of Jazz« erreicht seinen Höhepunkt kurz vor Schluß, als nun die Rhythmusgruppe alle Schläge des 4/4-Taktes übertrieben stark akzentuiert. Sicher eine gutgemeinte Aktion, um das Interesse noch mehr auf das Coltrane-Solo zu lenken. Mit Ellingtons Piano blendet diese Platte aus, eine ungewöhnliche, über lange Strecken sehr schöne Platte zweier Jazz-Giganten.

Pablo Live 2308 217

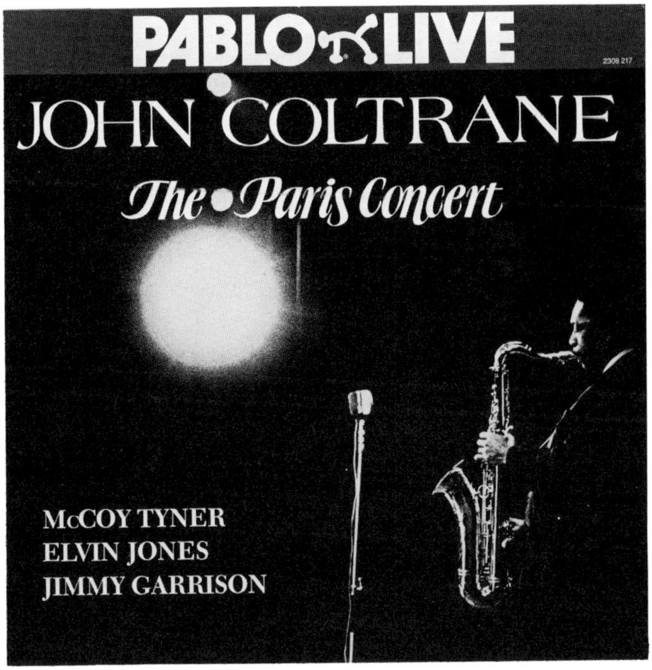

November 1962

John Coltrane
The Paris Concert

(A) Mr. P. C.
(B) The Inchworm / Every Time We Say Goodbye

John Coltrane (ss, ts), McCoy Tyner (p), Jimmy Garrison (b), Elvin Jones (dr)

Pablo Live 2308 217

Die auf Pablo veröffentlichten Konzertmitschnitte Coltranes, die von Norman Granz, seinem Impresario zu dieser Zeit, stammen, bieten für den Sammler interessante Eindrücke von Coltranes Europa-Tournee. Trotz der nicht immer guten Aufnahmequalität und Formschwankungen Coltranes ist die Veröffentlichung dieser Aufnahmen zu begrüßen, da, sieht man von Schwarzpressungen ab, aus dieser Zeit keine weiteren Live-Aufnahmen vorliegen.
»Mr. P. C.«, das erste Stück auf »The Paris Concert«, beginnt mit einem hervorragenden Solo McCoy Tyners, dem ein gestrichenes Baß-Solo von Garrison folgt, welches klare Intonationsschwächen und mangelnde Vertrautheit mit der Bogentechnik erkennen läßt. Coltranes Tenor-Solo, an ein Schlagzeug-Solo anschließend, unterscheidet sich vollkommen von seinem Spiel auf der Originalaufnahme 1959. Angefangen von den höchsten Höhen bis zu den Tiefen des Instrumentes

Pablo Live 2308 222

Pablo Live 2308 227

nutzt er das Register des Tenors. Nach einem weiteren Schlagzeug-Saxophon-Duo endet das Stück.
Seite B enthält mit »Inchworm« und »Every Time We Say Goodbye« zwei Stücke Coltranes auf dem Sopransaxophon, das eine, heftig und bewegt, Ausdruck seiner instrumentaltechnischen Fertigkeit, das andere ist eine lyrische Ballade.

November 1962

John Coltrane
The European Tour

(A) The Promise / I Want To Talk About You / Naima
(B) Mr. P. C.

John Coltrane (ss, ts), McCoy Tyner (p), Jimmy Garrison (b), Elvin Jones (dr)

Pablo Live 2308 222

Eine weitere Version von »Mr. P. C.« liefert »The European Tour«, allerdings ohne Garrisons Baß-Solo und mit einer wesentlich freieren und turbulenteren Improvisation Coltranes.
»The Promise« beginnt mit einem Piano-Solo und wird von einem Sopran-Solo zu Ende geführt.«
»I Want To Talk About You«, eine Ballade von Billy Eckstine, gleicht, auch in der Ausführung ihrer Schlußkadenz, weitgehend der auf »Selflessness« besprochenen Aufnahme (S. 199).
»Naima«, Coltranes wohl bekannteste Ballade, dient hier als Vehikel für sein »Power-Play« und verliert dabei vollends seinen Balladencharakter.

November 1962

Bye Bye Blackbird
John Coltrane

(A) Bye Bye Blackbird
(B) Traneing In

John Coltrane (ss, ts), McCoy Tyner (p), Jimmy Garrison (b), Elvin Jones (dr)

Pablo Live 2308 227

Auf »Bye Bye Blackbird« bietet das Titelstück eine große Überraschung. Niemand hätte gedacht, daß Coltrane ausgerechnet von diesem, etwas angestaubten Thema ausgehend, eine brillante, nahezu freie Improvisation aufbauen würde. Der Titel stand lange Zeit im Programm des Trompeters Miles Davis. Auch John Coltrane hatte ihn dort des öfteren gespielt. Diese neue, extravagante Version entfernt sich aber sehr weit von allen früheren Einspielungen des Tenoristen. Ein Jahr später sollte der von Anbeginn dem »Free Jazz« angehörende Tenorsaxophonist Albert Ayler eine ähnlich erregende Version liefern. Nach einem Piano-Solo ist es wieder an Jimmy Garrison, ein Solo zu spielen.
Ebenso intensiv und dynamisch gestaltet sich das Stück »Traneing In«, welches die ganze zweite Plattenseite einnimmt. McCoy Tyner stellt Coltranes Thema, das noch in den fünfziger Jahren entstanden war, auf dem Klavier vor. Nach dessen und Jimmy Garrisons Soli gehören die restlichen zehn Minuten Coltrane. Er deckt hier dieselbe Bandbreite ab wie bei »Chasin' The Trane«, spielt rhythmische, fetzenartige Phrasen und bewegt sich hart an der Grenze zur Atonalität.

11. April 1963, 22. Oktober 1963

Afro Blue Impressions
John Coltrane

(A) Lonnie's Lament / Naima / Chasin The Trane
(B) My Favorite Things
(C) Afro Blue / Cousin Mary / I Want To Talk About You
(D) Spiritual / Impressions

John Coltrane (ss, ts), McCoy Tyner (p), Jimmy Garrison (b), Elvin Jones (dr)

Pablo Live 2620 101

Das teilweise ein Jahr später aufgenommene Doppelalbum »Afro Blue Impressions« beginnt mit »Lonnie's Lament«, dem gelungensten Stück der Platte. Nach dem ruhigen, tragenden Thema gibt McCoy Tyner ein pianistisches Feuerwerk ab. Coltranes Tenor-Solo, zumeist nur von Elvin Jones begleitet, ist scharf und klar artikuliert.
Die hier gegebene Version von »Naima« unterscheidet sich von der auf der »European Tour« hauptsächlich durch Tyners Solo und ist nur wenig balladenhafter als diese.
»Chasin' The Trane«, ohne den Pianisten eingespielt, ähnelt der Aufnahme aus dem Village Vanguard.
»My Favorite Things« wie auch »Afro Blue« unterscheiden sich von den jeweiligen Impulse-Aufnahmen nur in Nuancen.
»Cousin Mary« ist eine freiere Neuauflage dieses Coltrane-Titels, den er 1959 zum ersten Mal auf »Giant Steps« einspielte.
»I Want To Talk About You« ist in seiner Ausführung nahezu identisch mit den zahllosen Aufnahmen dieses Titels.
Auch die beiden Stücke der vierten Plattenseite, »Spiritual« und »Impressions«, bringen wenig Neues.
Resümierend läßt sich sagen, daß diese Aufnahmen wegen der darin gebotenen Vergleichsmöglichkeiten hauptsächlich für Sammler interessant sind.

7. März 1963

John Coltrane
And Johnny Hartman

(A) They Say It's Wonderful / Dedicated To You / My One And Only Love
(B) Lush Life / You Are So Beautiful / Autumn Serenade

John Coltrane (ts, ss), McCoy Tyner (p), Jimmy Garrison (b), Elvin Jones (dr), Johnny Hartman (voc)

Impulse AS–40

Diese Platte zeigt Coltrane und sein klassisches Quartett (McCoy Tyner, Jimmy Garrison, Elvin Jones) in einem außergewöhnlichen Kontrast, als Begleitgruppe des schwarzen Sängers Johnny Hartman. Es scheint nahezu unglaublich, daß Coltrane, der in den Jahren 1960/61 einen in der Jazzwelt mit Entsetzen und Begeisterung aufgenommenen Durchbruch in die Bereiche der Modalität und in die Nähe des freien Spiels wagte, plötzlich wieder mit konventionellem Material arbeitete, wie auch auf den vorausgegangenen Platten »Ballads« (S. 168) und »Coltrane And Ellington« (S. 172). Es ist sicherlich nicht falsch, hinter dieser Wandlung die Person Bob Thieles zu vermuten, der Coltrane in seiner Impulse-Zeit produzierte. Nichts-

Pablo Live 2620 101

Impulse AS–40

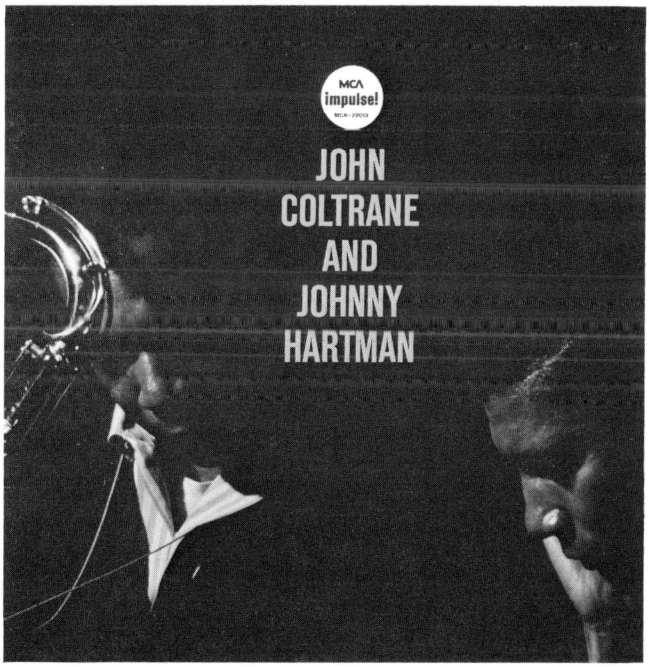

destotrotz ist dieses Album ein Meisterwerk von vollendeter lyrischer Schönheit. Das erste Stück »They Say It's Wonderful«, ein alter Musical-Standard, zeigt eine delikate Piano-Einleitung Tyners und eine wunderschöne Interpretation der Melodie von Hartman mit weicher sonorer Stimme. Coltranes Solo ist zurückhaltend und zeigt im Ton, der hier weich und eher dünn ist, eine deutliche, wenn auch nur zeitweise Abkehr von seiner bisherigen, wesentlich härteren Spielweise.
Dieselben Charakteristika weist das nächste Stück »Dedicated To You« auf: ein lyrisches Solo Coltranes und eine Rhythmusgruppe, die Hartman so glänzend unterstützt, als hätte sie nie etwas anderes getan.
»My One And Only Love«, wieder eine Ballade, wird zuerst von Coltrane auf dem Tenor vorgestellt. Besondere Beachtung verdienen hier die Obligatos des Tenoristen hinter Hartmans samtiger Stimme.
Die zweite Seite beginnt mit Billy Strayhorns »Lush Life«, wohl dem besten Stück der Platte. Der erste Teil wird von Hartman in zeitlich begrenzten Dehnungen und Raffungen mit Unterstützung McCoys vorgetragen. Im zweiten Teil steigen Elvin und Jimmy ein. Tranes Solo, etwas bewegter hier, bringt eine gute Vergleichsmöglichkeit zu seiner Aufnahme des Stückes im Jahre 1958 (S. 105). Die erzeugte Stimmung wirkt schwebend und, so abgedroschen das Wort klingt: romantisch.
Im nächsten Stück »You Are So Beautiful« brilliert Tyner. Mit seinem perlenden und wundervoll ausbalancierten Solo straft er alle Kritiker Lügen, die ihn als »Zwei-Akkord«-Pianisten bezeichneten.
Das einzig rhythmisch profilierte Stück und zugleich den Abschluß des Albums bildet das Latin-Stück »Autumn Serenade«. Hartman stellt hier wiederholt seine saubere Intonation und Phrasierung unter Beweis. John Coltranes Solo hier läßt plötzlich seinen modalen Background ahnen: es ist bewegt und sprengt nahezu die tonale Bindung des Stückes.
Diese Platte kann zwar insgesamt nicht als typisch für John Coltrane bezeichnet werden, doch wird durch sie eine bis dato unbekannte und faszinierende Periode seines Schaffens dokumentiert.

8. Oktober 1963, 18. Oktober 1963

Coltrane Live At Birdland

(A) Afro Blue / I Want To Talk About You
(B) The Promise / Alabama / Your Lady

John Coltrane (ts, ss), McCoy Tyner (p), Jimmy Garrison (b), Elvin Jones (dr)

Impulse A-50

»Afro Blue«, das erste Stück dieser Platte, erinnert den Hörer unwillkürlich an »My Favorite Things«. Das liegt vor allem daran, daß diesem Thema ein 3/4-Takt zugrunde liegt und es auf dem Sopran vorgestellt wird.
Direkt darauf folgt ein langes Solo von McCoy Tyner, auf dessen Höhepunkt Coltrane seine Improvisation startet. Seine Linien, von Elvin Jones auf dem Schlagzeug förmlich vorwärtsgepeitscht, stehen stilistisch den 1961 gemachten Aufnahmen im Village Vanguard (Seite 164) näher als die der kurz darauf folgenden »Crescent«-Einspielung.
Immer noch spielt Coltrane jene seltsam gewundenen Phrasen. Man hat den Ein-

Impulse A-50

druck, daß sich diese selbst zu erneuern scheinen, sich an Elvin Jones' Schlagzeugarbeit hochschwingen und ständig an Energie zunehmen.
Wie auch bereits bei »Africa/Brass« (Seite 157) spiegelt der Titel einen deutlichen Hinweis Coltranes zu seinem afrikanischen Erbe wider.
»I Want To Talk About You« stimmt im wesentlichen in Inhalt und Form mit der Interpretation auf der Platte »Selflessness« (Seite 199) überein.
»The Promise«, wiederum ein Sopran-Feature Coltranes, steht in Thematik und Ausführung bereits näher bei der »Love Supreme«-Hymnik (Seite 183). Genau wie dort besitzt das Thema jene schwebende Qualität, feierliche Hymnik und vielleicht auch ein gewisses Maß an Melancholie, die in Coltranes späteren Aufnahmen noch spürbarer werden soll. Wie so oft ist es McCoy Tyner, welcher mit glitzernden Melodielinien, seinen dichten dunklen Akkorden die Spannung aufbaut, von der aus Coltrane sein Solo startet. Es wird ein Flug über das geballte dichte Massiv seiner Rhythmusgruppe, ein Feuerwerk von schreienden, rapiden Phrasen, sprachähnlich und eindringlich. »The Promise« ist eine seiner besten Aufnahmen überhaupt.
Die verbleibenden zwei Stücke wurden am 18. November 1963 im Studio aufgenommen.
»Alabama« entstand unter dem Eindruck eines Bombenanschlags auf eine Kirche, bei dem mehrere Kinder getötet wurden. In diesem Stück ist jene Melancholie, von

Impulse A–66

der bereits die Rede war, wesentlich ausgeprägt.
Über einen konstanten Background, den die Rhythmusgruppe liefert, spielt Coltrane predigtartige, »erhebende« Tenorlinien, die auch an den letzten Satz von »A Love Supreme« (Psalm) erinnern.
»Your Lady« ist prinzipiell, trotz der Beteiligung von Garrison und Tyner, ein Dialog zwischen Saxophon und Schlagzeug. Dicht verwoben sind Coltranes komplexe Phrasen mit Jones' urgewaltigem Schlagzeugspiel. Die simple melodische Linie, das zugrundeliegende Thema, wird stets aufs neue abgewandelt, bis zum Schluß die Auflösung erfolgt.
Als Vorbote Coltranes späterer Werke ist »Live At Birdland« eine exemplarische und wichtige Platte.

27. April 1964, 1. Juni 1964

Crescent
John Coltrane Quartet

(A) Crescent / Wise One / Bessie's Blues
(B) Lonnie's Lament / The Drum Thing

John Coltrane (ts, ss), McCoy Tyner (p), Jimmy Garrison (b), Elvin Jones (dr)

Impulse A–66

Mit lauter Eigenkompositionen präsentiert John Coltrane sein Album »Crescent«. Dabei dienen ihm diese nicht zum Selbstzweck, sondern seine kompositorische Qualität ist so ausgereift, mit den Titeln »Lonnie's Lament« den Bassisten

Jimmy Garrison und in »Drum Thing«, wie könnte es anders sein, Elvin Jones' Virtuosität besonders herauszustellen.
»Crescent« wird von John mit einem gewaltig hymnischen Eingangschorus vorgestellt und in einem mittelschnellen Tempo eindrucksvoll und in abgeklärter Reife improvisiert. Streckenweise wird schon das zitiert, was in dem Album »A Love Supreme« (S. 183) seine Vollendung findet: Ausdrucksfülle und Geschlossenheit im tonalen Bereich haben ein Optimum erreicht. Eine weitere Steigerung scheint undenkbar.
Ebenso passiert in »Wise One« etwas völlig Überraschendes: Der schwebenden Bluesstimmung setzt McCoy Tyner tänzerisch auffaßbare Akzente entgegen. Seine Reise auf dem Piano streift die Folklore Südamerikas und verbindet sie mit den Essenzen des Jazz.
Ganz anders »Bessie's Blues«. Hier dient ein »Rhythm-and-Blues«-Riff Coltrane als Vehikel für eine pulsierende, vorwärtsdrängende Improvisation. Er trifft darin den Nerv der Großstadt mit all ihrer Hektik und den allgegenwärtigen Klängen.
In »Lonnie's Lament«, so widersprüchlich es auch klingen mag, schimmert aus den weich hingehauchten Blueslyrismen dennoch eine fordernde Härte im musikalischen Ausdruck durch. John Coltrane, in dem Stück nur Themenlieferant, überläßt nach dem weitfächerig gespielten McCoy-Tyner-Solo dem Bassisten Jimmy Garrison das Feld. Ohne daß etwas von seinem individuellen Ausdruck verlorengeht, handhabt Jimmy sein Instrument mit exzellenter Perfektion. Phantasievolle Melodielinien wechseln mit leichten rhythmischen Verschiebungen. Die »Baßstimme« erzählt und hat in manchen Sequenzen etwas von der Flexibilität einer Gitarre.
Auf gleich hohem künstlerischen Niveau steht das Elvin-Jones-Feature in »The Drum Thing«. Mit unglaublicher Präzision werden immer neue wechselnde rhythmische und melodiöse Einfälle ineinander verwoben. Genauso faszinierend ist der Einsatz verschiedener Lautstärkeintensitäten. Die Trommeln sind wie Stimmen in ihrer ureigenen Angelegenheit, eben dem »Drum Thing«.

9. Dezember 1964

A Love Supreme
John Coltrane

(A) Acknowledgement / Resolution
(B) Pursuance / Psalm

John Coltrane (ts), McCoy Tyner (p), Jimmy Garrison (b), Elvin Jones (dr)

Impulse A–77

Nach Ansicht fast aller Kritiker ist die 1964 entstandene Aufnahme der vierteiligen Suite »A Love Supreme« Coltranes wichtigstes auf Platte dokumentiertes Werk. Coltrane legt hier erstmals öffentlich seine tiefe Religiosität dar, welche die Grundlage seiner Existenz und seines Schaffens als Musiker bildet. Auf diese Religiosität weisen auch die Titel der einzelnen Teile hin: »Acknowledgement« (Anerkennung), »Resolution« (Entschlossenheit), »Pursuance« (Streben) und »Psalm«.
»Acknowledgement« beginnt, nach einem kurzen Tenor-Vorspiel, mit einer von Jimmy Garrison gespielten Baßfigur, die sich, in Abwandlungen, durch den ganzen

Impulse A–77

ersten Teil zieht. Coltranes Tenor, wesentlich voller im Ton als noch auf vorhergehenden Aufnahmen, beginnt mit einer in sich ruhenden Linie, die sich zu immer größerer Intensität steigert. Diesen wie auch den anderen Teilen liegt als Improvisationsbasis nur eine Tonleiter, ein »mode«, zugrunde. Coltrane nutzt diese Freiheit, um weittragende Figuren zu schaffen, die auf das tonale Zentrum zusteuern, dieses jedoch nach dem Erreichen wieder verlassen, einen Prozeß des Suchens, Findens und Abwendens versinnbildlichend. Im Ende des ersten Satzes greift Coltrane das Motiv von Garrisons Baßlinie wieder auf und moduliert es, abwechselnd im hohen und tiefen Saxophonregister, als »Call and Response«, und erzeugt damit eine ungeheuere Spannung. Dieses Motiv bestimmt auch das Ende des ersten Satzes, diesmal von Coltrane zu den Worten »A Love Supreme« gesungen.

Der zweite Satz beginnt mit einem etwas komplexeren Thema, das scheinbar die Grenzen der modalen Grundlage sprengt, aber schon mit Tyners folgendem Solo, einer brillanten pianistischen Demonstration, ist es klar, daß der modale Ansatz beibehalten wird. Coltranes nun folgendes Solo gestaltet sich turbulenter, als wolle er den Titel »Entschlossenheit« in seiner kraftvoll-hymnischen Spielweise ausdrücken.

Der dritte Satz, »Pursuance«, wird mit einem Schlagzeugsolo von Elvin Jones eröffnet, das sich hier facettenartig auf mehreren rhythmischen Ebenen abspielt

und klar zeigt, was für ein Meister seines Faches Jones ist. Ein kurzes, vehementes Tenorsolo führt über zu McCoy Tyner, der mit rasenden Läufen glänzt und mit Block-Quartakkorden eine gewaltige Dichte schafft. Auf dem Höhepunkt seines Piano-Solos kommt John Coltranes Tenor wieder hinzu. Noch einmal wird die Intensität im Vergleich zum zweiten Satz gesteigert und läßt hier sogar eine Vorahnung auf Coltranes späteres, freieres Spiel entstehen.
Zwischen dem dritten und dem vierten Satz steht Garrisons Baß-Solo. Er spielt überlegt, ruhig, Struktur suchend und schaffend, ohne spektakuläre technische Kunststücke. Diese Ruhe setzt sich durch den ganzen vierten Satz fort. Der Titel »Psalm« hätte nicht treffender sein können; ohne festliegendes Grundtempo spielt Coltrane lange, statische Linien, die von einer beispielhaften Eindringlichkeit sind, ohne turbulent zu sein. Diese einfachen hymnischen Phrasen muten wie ein Gebet an. Noch einmal wiederholt er zum Schluß die Saxophonkadenz des Anfangs.
Man hat oft versucht, den gewaltigen Einfluß, den diese Platte nach ihrem Erscheinen hatte, zu erklären. Ein Aspekt ist, daß diese Platte durch Coltranes Spiritualität, sein offenes Bekenntnis zur Religion, eine außermusikalische Dimension erhält. Dadurch kann diese Musik zum religiösen Erlebnis werden. Vor allem *diese* Platte wurde zum Grundstein für Entwicklungen, die sich in Pharoah Sanders' »Karma« und im Werk vieler moderner Jazzmusiker abzeichnen.
Die Aufnahme »A Love Supreme« ist der Angelpunkt in John Coltranes musikalischem Schaffen, der seine weitere Bahn vorauszeichnete.

17./18. Februar 1965

The John Coltrane Quartet Plays

(A) Chim Chim Cheree / Brazilia
(B) Nature Boy / Song Of Praise

John Coltrane (ts, ss), McCoy Tyner (p), Jimmy Garrison (b), Art Davis (b, zusätzlich auf B 1), Elvin Jones (dr)

Impulse A–85

Der Hit aus dem Musical »Mary Poppins«, ein Stück mit dem sinnigen Namen »Chim Chim Cheree«, erfährt durch das Coltrane-Quartett die gleiche Behandlung wie schon Jahre zuvor seine Interpretation von »My Favorite Things«. Das Thema wird auch hier von John Coltrane auf dem Sopransaxophon gespielt. Der hypnotische Effekt bleibt gleich, und man könnte von einem Remake des einstigen Erfolgstitels mit anderem Thema sprechen. Allerdings weicht Coltrane in »My Favorite Things« nie so weit von der Melodie ab. Seine inzwischen auf dem Sopransaxophon wesentlich weiter entwickelte Technik kommt in »Chim Chim Cheree« voll zur Geltung. Er spielt es in hohen Registern und entwirft solch faszinierende Melodielinien, daß man darüber das banale Thema vergißt.
»Brasilia«, seine Eigenkomposition, hat da schon ein anderes Format. Vor permanentem Trommelwirbel von Elvin Jones bläst Coltrane ein erregendes Intro. Dieses steht für sich schon so gewaltig im Raum wie Brasilia, die vom Reißbrett entworfene und fernab jeglicher Zivilisation errichtete brasilianische Hauptstadt. Coltranes Solo enthält von ekstatischer Blastechnik bis zu ruhigen Läufen alles,

Impulse A–85

was nur er unnachahmlich spielen kann. In perlend aufsteigenden Akkorden mit genau auf Coltrane zugeschnittenen Linien bringt McCoy Tyner seine Virtuosität in das Stück ein. Außer ihm und vielleicht noch Alice Coltrane gab es keine Pianisten, mit denen Coltrane solche Übereinstimmung fand. Während des zweiten Solos von Coltrane trommelt Elvin Jones rhythmische Figuren, die teilweise rituellen »Voodoo«-Charakter haben, und läßt mit donnerndem Trommelwirbel das Stück ausklingen.

John Coltrane arbeitete gerne mit zwei Bassisten. Für ihn bedeutete das, sich mit ständig ändernden rhythmischen und melodischen Situationen auseinanderzusetzen. Seine Improvisationen wurden dadurch offen für neue Klangstrukturen, vermieden Klischees und schufen so im tonalen Bereich etwas Einmaliges. Hier fiel seine Wahl auf Art Davis, der in beiden musikalischen Lagern – der Klassik und dem Jazz – zu Hause ist. Mit phantastischem Bogenspiel stößt er in den von Drummer Elvin Jones und dem Bassisten Jimmy Garrison markierten mittelschnellen Rhythmus von »Nature Boy«. Im Stück liegt eine leichte »Summertime«-Ähnlichkeit, die Coltrane dazu stimuliert, mit kräftigem Tenorsound über die Klangfelder zu schweben.

Mit unglaublicher Fingertechnik und der Glut eines Flamencogitarristen spielt Jimmy Garrison eine lange Baßeinleitung zu der Coltrane-Komposition »Song Of Praise«. Coltrane selbst hat ein Solo von berstender Intensität.

Impulse AS-90

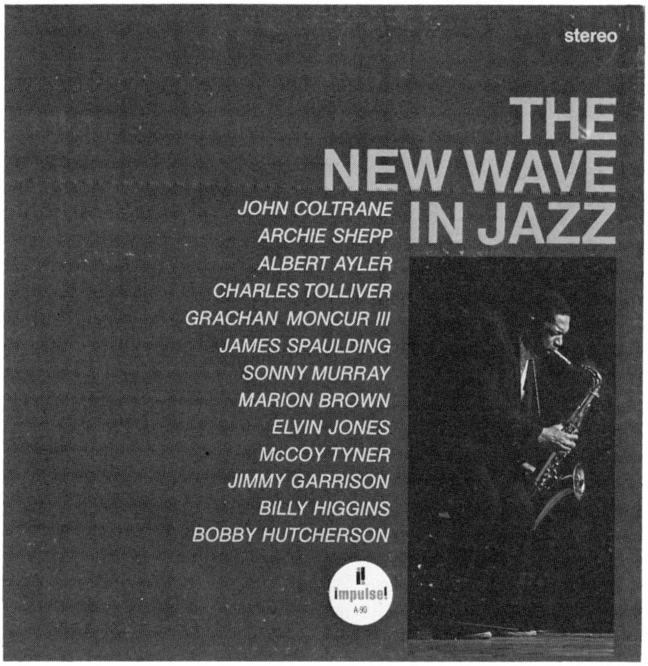

28. März 1965

The New Wave In Jazz

Nature Boy

John Coltrane (ts), McCoy Tyner (p), Jimmy Garrison (b), Elvin Jones (dr)

Impulse AS-90 (zur Zeit vergriffen)

Das Benefiz-Konzert für »The Black Arts Repertory Theatre-School« reflektiert überzeugend den Stand der afroamerikanischen Musik im Frühjahr 1965.
Bestritten wird dieser Abend von einem Staraufgebot junger Musiker, Free Jazzern der ersten Stunde, wie Albert Ayler, Marion Brown und Archie Shepp.
Alle Gruppen sind nur mit einem Stück vertreten. Das John-Coltrane-Quartett liefert mit »Nature Boy« einen ungeheuer lebendigen Beitrag, der sich markant von der Studioeinspielung Impulse AS-85 (Seite 185) absetzt.
John Coltrane spielt mit immenser Leidenschaft und einem Ausdrucksreichtum, auf den die Bemerkung Albert Aylers »It's not about notes anymore. It's about feelings!« genau zutrifft.
Das Konzert vermittelt einen Wendepunkt in Coltranes Schaffen. Im Laufe der folgenden Wochen und Monate sollte er sich in immer freiere Improvisationsbereiche begeben. Sicher hat ihn an diesem Abend auch der Sound, der von Albert Ayler und Archie Shepp über die Bühne donnerte, in seiner Auffassung bestärkt.

Impulse AS–9195

26. Mai 1965, 10. Juni 1965

John Coltrane
Transition

(A) Transition / Dear Lord
(B) Suite Part 1: Prayer And Meditation: Day / Part 2: Peace And After / Part 3: Prayer And Meditation: Evening / Part 4: Affirmation / Part 5: Prayer And Meditation: 4 A. M.

John Coltrane (ts), McCoy Tyner (p), Jimmy Garrison (b), Elvin Jones (dr), Roy Haynes (dr, A 2)

Impulse AS–9195

»Transition« wurde erst nach Coltranes Tod veröffentlicht und gibt interessante Einblicke in die Übergangszeit zwischen »A Love Supreme« und dem »freien Spiel« Ende 1965.
Das Titelstück »Transition« zeigt einen furiosen Coltrane, der hier ein »Powerplay« vorexerziert, nicht unähnlich der Aufnahme von »One Up, One Down«, auf dem Newporter Jazzfestival (S. 193).
Wiederum macht Coltrane von einem einfachen Strukturprinzip Gebrauch. Er beantwortet seine hohen Falsettschreie mit Phrasen im tiefen Register des Tenors, das er nun immer häufiger benutzt. Er artikuliert Ganztonleitern in seinem Spiel und durchbricht die konventionelle Tonalität. Sein Falsettspiel hat nahezu stimmähnliche Beschaffenheit. Es klingt wie ein

Schrei und entsetztes Kreischen. McCoy Tyners Solo wirkt etwas einfallslos, kraftlos und zahm. Es ist scheinbar gar nicht im Einklang mit Johns gewaltiger Klangfülle und steht im harten Kontrast zu Coltrane, der nach einer weiteren Steigerung, einer Explosion, das Stück mit dem Thema beendet.
Die größte Überraschung der Platte ist jedoch »Dear Lord«. Ein wundervoll lyrisches Stück über konventionellen Akkorden zeigt Coltrane hier als zurückhaltenden Melodiker. Völlig im Gegensatz zu seinem sonstigen Spiel in dieser Periode entwirft er scheinbar einfache, tonale, singbare Linien. McCoy Tyner wirkt lyrisch und delikat. Er kann sich in diesem Stück melodisch frei entfalten. John Coltranes Spiel demonstriert, welche Vielfalt von Ausdrucksmitteln, die oft einfach überhört werden, ihm zur Verfügung stehen.
Die zweite Hälfte der Platte nimmt eine Suite ein, die, wie alle anderen Suiten Coltranes, eine religiöse Thematik aufweist. Ganz klar versinnbildlicht die Musik hier erneut Coltranes Religiosität, seinen Weg zum Glauben.
»Prayer And Meditation: Day« ist heftig bewegt und voll von Zweifel und Ungewißheit, eine qualvolle Suche nach Gott. Der Friede, der daraus resultiert, ist hart erworben und besteht in der Gewißheit, daß er nur zeitweilig ist. Mit »Prayer And Meditation: Evening« setzt sich der Kreislauf fort, illustriert durch Jimmy Garrisons Baßspiel. Seine Phrasen sind überlegt und beinahe nachdenklich am Anfang, turbulenter und rhythmisch intensiver am Ende. Sie erfahren durch Coltranes Übernahme am Schluß eine weitere Steigerung. Diesmal ist es eine »Affirmation«, eine Bekräftigung, die zurückbleibt.
McCoy Tyners zielstrebigem Piano-Solo folgt Coltrane energisch, und noch gewaltiger Elvin Jones mit einem Schlagzeugausbruch.
Beendet wird die Suite von »Prayer And Meditation: 4 A. M.«.
Fast ein Flehen, eine Bitte, ein Suchen und ein Ausdruck von tiefer Ehrlichkeit ist John Coltranes abschließende Improvisation. Damit endet diese Suite unvollständig, da bei den ersten »Prayer-And-Meditation«-Sätzen stets eine Beschreibung des Folgezustandes angehängt wurde. Das musikalische Geschehen bleibt so für den Hörer offen.

28. Juni 1965, 21. November 1965

Kulu Sé Mama
John Coltrane

(A) Kulu Sé Mama
(B) Vigil / Welcome

John Coltrane (ts, ss), McCoy Tyner (p), Jimmy Garrison (b), Elvin Jones (dr)
John Coltrane Quartet and Pharoah Sanders (ts), Donald Garrett (b-cl, b), Frank Butler (dr), Juno Lewis (perc, voc)

Impulse AS 9106

In »Kulu Sé Mama«, einem einzigen Loblied auf den afro-creolischen Background – vor allen Dingen seiner Rhythmik –, featuret John Coltrane den Congaspieler und Sänger Juno Lewis. Er war während eines Engagements in Los Angeles auf ihn aufmerksam geworden und von dessen Können so begeistert, daß er – wie schon so oft – seinen Starnamen für den unbekannten Künstler einsetzte.

Impulse AS–9106

Eigentlich stammt Juno Lewis aus der Hafenstadt New Orleans, dem musikalischen Hexenkessel, wo sich die afrikanischen Musikstile, zum Beispiel die der Yorubas, Ashantis und anderer deportierter Sklaven, im Laufe der Zeit mit Rhythmen der Westindischen Inseln vermengten.

Diese brodelnde Mixtur ist auf »Kulu Se Mama« außerdem noch in ein Avantgarde-Jazz-Konzept eingebunden und erhält dadurch einen aktuellen Bezug.

Der Inhalt des Stückes – in totaler Übereinstimmung von Text und Musik – spiegelt die persönliche Geschichte von Juno Lewis auch als Identitätsmöglichkeit vieler Afroamerikaner wider. Sie berichtet von seinem Elternhaus, den Hoffnungen und Erfahrungen seines Lebens und dem Wunsch zur Errichtung eines »Afroamerikanischen Zentrums«.

Durch die gesamte Komposition gelangt die Rhythmik an die vielen Stationen afroamerikanischer Musikgeschichte.

Juno Lewis wird noch von zwei weiteren Schlagzeugern unterstützt, einmal dem regulären Coltrane-Drummer Elvin Jones und dem oft unterschätzten Frank Butler, der aus Kansas City stammt, aber mehr an der »West Coast« arbeitete. Dieses starke Aufgebot von Schlagzeug und Percussionseinheiten schafft»sprechende Rhythmen«, die zusammen mit der eindringlichen Stimme von Lewis das Poem zu einem eindringlichen Erlebnis machen. Worte, Musik und Rhythmen verschmelzen miteinander. Das wird noch durch das von der Bläsersektion – mit Pharoah

Sanders und John Coltrane auf den Tenorsaxophonen und Donald Garrett auf der Baßklarinette – vorgetragene kirchenmusikähnliche Thema verstärkt.
Durch die Kollektivimprovisation der Bläser – auch Lewis setzt seine Stimme wie ein Instrument ein – wird der Bezug zu dem »New-Orleans-Jazzstil«, übertragen in eine Avantgarde-Form, deutlich. Zu einem farbenfrohen Klangbild werden kleine folkloristische Motive (Südamerika) im McCoy Tyners Pianosolo verarbeitet, seine genialen Einfälle funkeln über dem rhythmischen Hintergrund. Noch einmal tritt Juno Lewis gesanglich in den Vordergrund. Sein Dialog mit den technisch sehr holprigen Baßklarinettisten Donald Garrett bleibt unbefriedigend. Über sich langsam entfernenden Rhythmen klingt das Stück – in dem John Coltrane solistisch nur wenig zu hören war – aus.
Von völlig anderer Machart ist die Rückseite der LP. »Vigil« ist ein dynamisches Duo von Elvin Jones mit John Coltrane. »Die Wachsamkeit gegen destruktive Elemente von innen und außen«, so Coltrane, wird von beiden Musikern regelrecht kämpferisch aufgefaßt und entsprechend musikalisch behandelt; ein beinahe zehnminütiges Powerplay adäquater Musiker. Nach der streckenweise aggressiven Interpretation glätten sich die Wogen wieder in dem folgenden Stück dieser aufregenden Platte.
»Welcome« hat rein meditativen Charakter. Die liebliche Melodie zieht sich mit leichten Variationen von McCoy Tyner und John Coltrane durch das ganze Stück. Wie es John Coltrane empfindet, kann durch nichts treffender beschrieben werden als durch seinen eigenen Kommentar: »Es ist ein Welcome Feeling von Frieden.«

28. Juni 1965

Ascension
John Coltrane

(A) Ascension Part 1
(B) Ascension Part 2

Freddie Hubbard, Dewey Johnson (tp), Marion Brown, John Tchicai (as), John Coltrane, Archie Shepp, Pharoah Sanders (ts), McCoy Tyner (p), Art Davis, Jimmy Garrison (b), Elvin Jones (dr)

Impulse AS–95

Viele Kritiker bezeichnen Coltranes »Ascension«, neben »A Love Supreme«, als seine wichtigste Platte, weil hier eine großorchestrale Darbietungsweise im freien Jazz richtungsweisend erprobt worden ist.
Wissentlich oder unwissentlich arbeitet John Coltrane hier mit einem musikalischen Konzept, das einige Jahre zuvor schon Ornette Coleman in seiner Aufnahme »Free Jazz« verwendet hatte, nämlich dem Wechsel zwischen freiem Ensemble- und Solospiel.
Die Ensembleteile bei Coleman waren noch sehr begrenzt und notistisch festgehalten, wohingegen auf »Ascension« das Gruppen- und Zusammenspiel nur noch auf einem tonalen Zentrum, einem Akkord, der unterschiedlich angegangen werden kann, basiert.
Das Stück beginnt mit einem Höchstmaß an Energie und Intensität, den andere Darbietungen erst – wenn überhaupt – gegen Ende erreichen.
Die erste Ensemblepassage setzt die hohen Klänge der Trompeter kontrastierend gegen die tiefen Saxophontöne. Aus die-

Impulse AS–95

Impulse A–94

sem Ensemble bricht Coltrane mit ekstatischem Falsettspiel vor. Sein Solo erreicht, nur von der Rhythmusgruppe begleitet, einen hohen Gipfel an emotionaler Energie.
Die anschließende Ensemblepassage führt zu Dewey Johnsons Solo, das zwar nicht die Intensität von Coltrane hat, aber eine klare blendende Ausstrahlung.
Der Einsatz der ganzen Gruppe klingt wie menschliche Stimmen, Aufschreie (Arrigo Polillo vergleicht es mit dem »Ritual einer Dämonenaustreibung«) und führt zu Sanders' Solo-Part, einem an Energie schier nicht mehr zu überbietenden Kraftakt. In einer berstenden emotionalen Expressivität wird das Instrument zum Sprachwerkzeug. Demgegenüber steht Freddie Hubbards strahlend schönes Solo, das, obwohl zupackend dynamisch, nie seinen Hang zum Ästhetischen und Tonalen leugnet.
Archie Shepps Statement ist erstaunlich kurz und verhältnismäßig unspektakulär, dafür aber sehr sauber strukturiert. Nun werden die Ensemblepassagen immer kürzer, die Soli von Marion Brown und John Tchicai sind beide von ausgesprochen atonalem Charakter, jedoch im Vergleich zu Sanders oder Coltrane verhältnismäßig kühl und intellektuell.
Die Soli von McCoy Tyner, Jimmy Garrison und Art Davis führen in die letzte Ensemblepassage, die das Stück beendet.
Was hier geschaffen wurde, war die völlige Emanzipation des Klanges im Jazz, einer nicht mehr tonal organisierten Textur, die in ihrer Intensität, obwohl sie Nachfahrer fand (Sam Rivers), fast unübertroffen ist.
Mit »Ascension« wurde der Beweis erbracht, daß Free Jazz auch großorchestral machbar ist und nichts von seiner Spontaneität einbüßt.

2. Juli 1965

New Thing At Newport
John Coltrane / Archie Shepp

»One Down, One Up«

John Coltrane (ts), McCoy Tyner (p), Jimmy Garrison (b), Elvin Jones (dr)

Impulse A–94

1965 aufgenommen, ist diese Platte nach Coltranes Wunsch eine Feature-Platte für Archie Shepp, einen damals noch relativ unbekannten New Yorker Tenoristen. So ist auf dieser Platte auch nur eine Einspielung von John Coltrane, mit Tyner, Jones und Garrison, »One Down, One Up«, zu hören. Da es hier nicht angebracht erscheint, über die vier Stücke von Archie Shepp zu referieren, soll nur gesagt werden, daß seine Musik von hoher Qualität ist und er mit dieser Platte sich endlich auch auf breiterem Feld durchsetzte. Bedeutsamer ist jedoch Coltranes Part, da er geradezu exemplarisch für sein Spiel in dieser Periode ist. Ein halbes Jahr nach »A Love Supreme« wird hier eine Tendenz zur tonalen Freiheit spürbar (»A Love Supreme« arbeitet mit weitgehend tonalem Material), die kurze Zeit vorher mit »Ascension« einen Kulminationspunkt erreicht hatte. Das Thema basiert auf zwei Ganztonleitern, deren Inhalte nicht identisch sind, was auch von McCoy Tyner, der hier ein langes und brillantes Solo spielt, weiter unterstrichen wird. Gegen Ende dieses Solos steigt die Dichte der Musik nach oben an. Nach einer sehr hohen, kaum zu steigernden Intensität beginnt Coltrane sein Solo. Vollends wird hier deutlich, welche Energie und technische

Fertigkeit Coltrane bis dato erreicht hatte. Die augenfälligste dieser Techniken, die im Dienst seiner emotionellen Aussage stehen, ist das Spiel von Tönen, die erheblich über dem Normalregister des Tenors liegen. (Das Tenorsaxophon besitzt wie alle Saxophone einen Tonumfang von 2½ Oktaven; diese können jedoch durch besondere Griff- und Ansatztechnik bis auf drei, vier, manchmal sogar fünf Oktaven ausgeweitet werden, wobei die Kontrolle über den Ton mit zunehmender Tonhöhe stets schwieriger wird, in der vierten und fünften Oktave nahezu unmöglich.) Damit wird ein Klang erzeugt, der einem Schrei gleicht. Um die Intensität seines Solos zu strukturieren, benutzt John Coltrane ein ebenso einfaches wie originelles Mittel. Er setzt die Register des Saxophons kontrastierend ein; das heißt, er spielt Folgen hoher Töne und reiht sie nahtlos an Töne des unteren Registers, einen »Call-and-Response«-Effekt erzeugend, der bisweilen den Eindruck vermittelt, zwei Saxophonisten zu hören. Von nun ab verwendet er diese Technik immer wieder.

2. September 1965

First Meditations (For Quartet) John Coltrane

(A) Love / Compassion
(B) Joy / Consequence / Serenity

John Coltrane (ts), McCoy Tyner (p), Jimmy Garrison (b), Elvin Jones (dr)

Impulse 9332

Die Suite »First Meditations« knüpft in ihrer Thematik und in ihrer hymnischen Darstellung an die tiefe Religiosität John Coltranes an, die seit »A Love Supreme« im Vordergrund seiner Arbeit steht. Trotz der wunderschönen Musik – wenn dieser so oft strapazierte Ausdruck erlaubt ist – scheint Coltrane mit dem Ergebnis nicht zufrieden gewesen zu sein. Zwei Monate später nimmt er das Werk noch einmal auf. Es entsteht die gewaltige Platte »Meditations« (Seite 201), für die Coltrane zusätzlich den Tenorsaxophonisten Pharoah Sanders und den Schlagzeuger Rashied Ali engagiert.
»First Meditations« ist die ursprüngliche Fassung der Suite und eine der letzten Aufnahmen in der »klassischen« Quartettbesetzung.

26. August 1965

John Coltrane Sun Ship

(A) Sun Ship / Dearly Beloved / Amen
(B) Attaining / Ascent

John Coltrane (ts), McCoy Tyner (p), Jimmy Garrison (b), Elvin Jones (dr)

Impulse AS–9211

Auf seinem »Sun Ship«-Album wird noch einmal plastisch und mit neuen Varianten sehr viel von dem aufgerollt, was John Coltrane im Sommer des Jahres 1965 erarbeitete.
Titelstück und »Amen« erklingen in einer perkussiv angedeuteten Spielweise. John Coltrane mischt sein Tenorsaxophonspiel

Impulse 9332

Impulse AS–9211

in rhythmischen Mustern mit dem kraftvollen Spiel seines Drummers Elvin Jones.
Speziell in »Sun Ship« sind seine Improvisationen, vorwiegend im tiefen Register seines Instruments, von einer ungestümen Wildheit. Sie erinnern, so paradox es auch erscheinen mag, an ein Schlagzeugsolo. Darüber hinaus fließen seine charakteristischen Improvisationen ein, die er teilweise durch Obertöne noch dramatischer in Szene setzt.
Die Kompositionen »Dearly Beloved« und »Attaining« liegen auf der von ihm seit dem Album »A Love Supreme« immer intensiver betriebenen, sakral hymnischen Ebene. Seine Improvisationen sind innig und hingebungsvoll, fast schon überirdisch.
»Amen« liegt wieder auf ähnlicher Wellenlänge wie »Sun Ship«. Das kurze phrasenhafte Thema wird schnell angerissen und dann von dem Pianisten McCoy Tyner in einem gewaltigen Fluß von Akkorden mit vielen melodischen Seitenlinien vor sich her geschoben. In sein Solo legt John Coltrane noch einmal alle ihm zur Verfügung stehende Kraft.
»Ascent«, das letzte Stück der Platte, stellt den Bassisten Jimmy Garrison beinahe über die gesamte Länge des Stückes in einem brillanten Solo heraus.
Oft entstehen Titel für einzelne Kompositionen durch Zufall oder nach mehr oder weniger längeren Diskussionen in letzter Minute im Studio. Sie haben für die Musik eigentlich untergeordnete Bedeutung. Auf »Sun Ship« ist das anders. Hier haben Titel und Interpretation einen tiefen spirituellen Sinn.

30. September 1965

John Coltrane Featuring Pharoah Sanders Live In Seattle

(A) Cosmos / Out Of This World (Part One)
(B) Out Of This World (Part Two)
(C) Evolution (Part One)
(D) Evolution (Part Two) / Tapestry In Sound

John Coltrane (ts, ss), Pharoah Sanders (ts), Donald Garrett (b-cl), McCoy Tyner (p), Jimmy Garrison (b), Elvin Jones (dr)

Impulse AS–9202–2

Diese Platte gibt mit ihrer durch Don Garrett und Pharoah Sanders erweiterten Bläsergruppe erstmals die Möglichkeit, den bereits im Studio mit großer Besetzung gemachten Aufnahmen ein Live-Äquivalent gegenüberzustellen. Fernerhin ist dies die letzte Aufnahme, die Coltrane mit seiner »klassischen« Rhythmusgruppe »Live« aufnahm. Damit kommt dieser Platte eine Sonderstellung zu, als Bindeglied zwischen den »klassischen« Quartettaufnahmen und seinem späteren Werk.
In »Cosmos« stellt Coltrane das Thema allein vor und wird von Sanders und Garrett gefolgt, die im weiteren Verlauf das Stück in eine massive Kollektivimprovisation ausbauen, in der jedoch Coltranes Stimme jederzeit präsent ist. Am Schluß des Stückes präsentiert sich noch einmal Coltrane mit dem Thema, nur von McCoy Tyner am Piano und Jimmy Garrison am Baß begleitet.

Impulse AS–9202–2

»Out Of This World« ist, nach der Platte »Coltrane«, eine weitere »freie« Aufnahme dieses Standards, die Coltrane auf Platte vorlegt. Im großen Ganzen ist sie der späteren Japan-Aufnahme sehr ähnlich. Coltranes ausgedehntem Thema folgt ein Solo von Sanders, der hier mit Flatterzunge spielt, von der Rhythmusgruppe zurückhaltend begleitet. Auf Tyners anschließendes Solo, das fast die Hälfte der zweiten Plattenseite einnimmt, folgt ein Solo Coltranes auf dem Sopransaxophon. Coltrane, der zu dieser Zeit nur noch selten Sopran spielte, gewinnt diesem Instrument eine erstaunliche Klangbreite ab, von stechend scharfen Läufen im oberen Register bis zu Klangfetzen, die deutlich an sein Tenorspiel erinnern. Durch Sanders' Hinzukommen bahnt sich eine weitere Kollektivimprovisation an, die von einem entfesselten Elvin Jones vorangetrieben wird. Abrupt senkt sich der Energielevel, Coltrane greift wieder zum Tenor und beendet das Stück.

Mit breiten Klängen von Baß, Piano und den Saxophonen und mit einem Thema, das dem zu »Cosmos« verwandt ist, beginnt »Evolution«. Nach einer Gruppenimprovisation, immer noch ohne Schlagzeug, die von Garretts Baßklarinette dominiert wird, geht Garrison in ein kurzes, wohlstrukturiertes Solo, an dessen Ende Coltrane das Thema anschneidet. Darauf folgt, nun mit Unterstützung von Elvin Jones, ein langes Baßklarinettensolo von Garrett, welchem wiederum ein ausgesprochen virtuoses Tenorsolo von Sanders folgt. Als dieses Solo einen Ruhepunkt

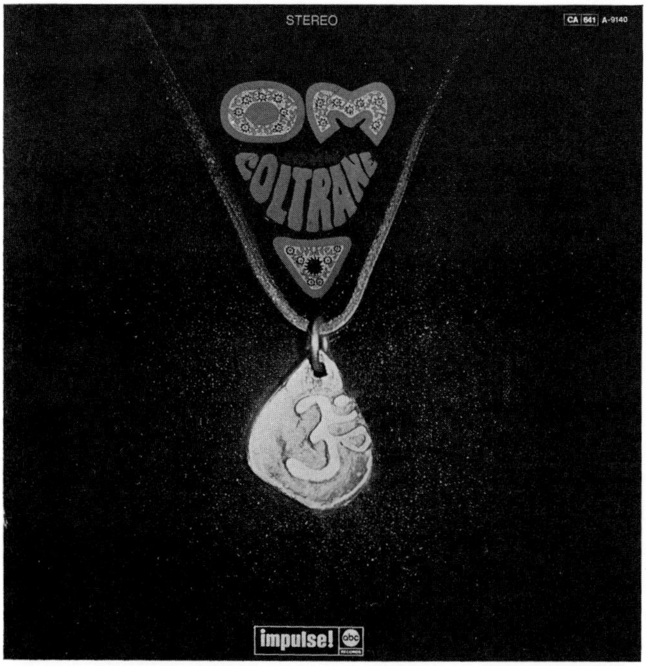

Impulse 9140

erreicht, stößt Coltrane eine Reihe von tiefen Schreien (nicht auf dem Instrument!) aus, die sich fortwährend zu einer unglaublichen Intensität steigern. Bei dem ersten Anhören mag es befremdlich klingen, wie urwüchsig und wild Coltrane seine Stimme einsetzt. Seine Schreie sind wie Klangfetzen und verwischen die Grenze zwischen menschlicher Stimme und dem Klang eines »free« gespielten Instruments. Nach einer kurzen kollektiven Passage folgt ein geschliffenes Solo von McCoy Tyner. Mit einer weiteren kollektiven Passage endet das Stück.
Mit »Tapestry In Sound«, einem Solo Jimmy Garrisons, endet diese unbedingt hörenswerte Platte, die von einem ungeheuer konzentrierten und inspirierten Ensemblespiel bestimmt wird.

1. Oktober 1965

Om
John Coltrane

John Coltrane (ts), Pharoah Sanders (ts), Joe Brasil (fl), Jimmy Garrison (b), Donald Garrett (b), Elvin Jones (dr)

Impulse 9140

Fast jeder Mensch erlebt Augenblicke, in denen innerhalb kürzester Zeit wichtige Stationen seines Lebens wie in einem Zeitrafferfilm ablaufen. Es sind bestimmte Lebensumstände, die ihn für diese Geschehnisse empfänglich machen. Für Coltrane, der auf »Om« musikalisch sein Leben einbringt, war es ein ständiger

Artikulationsprozeß, das zu projizieren, was ihm in spiritueller Hinsicht widerfahren war.
»Om« bedeutet das erste Schwingen, den Klang, den Geist, der alles andere hervorgebracht hat. Es ist das Wort, von dem alle Menschen und alles andere kommt und das alle stimmlich möglichen Klänge in sich trägt. Es ist die erste Silbe, das Urwort, das Wort der Kraft: So erklärt John Coltrane im Covertext sein Empfinden über die Platte.
Die Komposition zieht sich über beide Seiten der LP, und die Bezeichnung »Part 1/2« hat nur eine untergeordnete Bedeutung. Das Werk muß in seiner Gesamtheit gehört werden!
Nach dem gesprochenen meditativen Einstieg trifft eine wahre Flut von Klängen auf den Hörer, die in ihrer brutalen Härte zutiefst aufrühren und ihn unmittelbar zwingen, sich entweder mit der Musik auseinanderzusetzen oder sich ihr zu entziehen. Die multitonalen Linien, die von John Coltrane und Pharoah Sanders in wahren Orgien von Kollektivimprovisationen durch das ganze Stück branden, wirken wie ein wütender Orkan, der sich weit von McCoy Tyners schillerndem Pianospiel und dem anfänglich völlig unsicher spielenden Schlagzeuger Elvin Jones entfernt hat. Viel stärker als auf vergleichbaren Platten seiner »New Thing«-Periode läßt sich Coltrane bei »Om« auf eine freie Spielweise ein und macht auch gar keine Anstalten, in irgendwelchen Abschnitten seiner Improvisation verbindlich zu klingen. Er steckt voll in dieser erregenden Musik und läßt die Mitspieler aus dem klassischen Coltrane-Quartett wie wehmütig klingende Relikte zurück. Reminiszenzen daran werden trotz der ungewöhnlichen Melodik in dem kurzen McCoy-Tyner-Solo hervorgerufen. Hier musizieren Tyner und Jones so homogen zusammen, wie wenn das vorangegangene Saxophonspiel nur ein Spuk gewesen wäre.
Der Flötist Joe Brasil webt seine Improvisationen in die stets präsenten Baßkaskaden von Jimmy Garrison und Donald Garrett. Mit seinen hellen, manchmal schrillen Tonfolgen schwingt er sich noch über die Falsettschreie der Tenorsaxophone.
Im Mittelteil der zweiten Seite steigern sich Coltrane und Sanders noch einmal in eine erregende Zwiesprache, in der sie die durch die ganze Komposition verlaufende Energie erneut unter Beweis stellen.
Mit der Meditationsformel vom Anfang der Platte endet »Om«. Es ist eine Musik, die nicht einfach zu hören ist, aber durch ihre ungeheure Kraft immer wieder anders erlebt werden kann.

14. Oktober 1965, 7. Juli 1963

Selflessness
Featuring My Favorite Things
John Coltrane

(A) My Favorite Things / I Want To Talk About You
(B) Selflessness

A: John Coltrane (ts, ss), McCoy Tyner (p), Jimmy Garrison (b), Roy Haynes (dr)
B: John Coltrane (ts), Pharoah Sanders (ts), Donald Garrett (b-cl, b) McCoy Tyner (p), Jimmy Garrison (b), Elvin Jones (dr), Frank Butler (dr), Juno Lewis (perc)

Impulse AS–9161

Impulse AS–9161

Nach Coltranes Tod veröffentlicht, gibt es auf »Selflessness« wiederum eine Version von »My Favorite Things«, 1963 auf dem Newport-Jazz-Festival aufgenommen.
Bemerkenswert ist diese Version vor allem wegen Roy Haynes, der kurzzeitig Elvin Jones am Schlagzeug ersetzte. Im Gegensatz zu Jones ist Roy Haynes ein Schlagzeuger mit einer rhythmisch strafferen Konzeption. An Stelle von Elvin Jones' kaleidoskopartigen, polyrhythmischen und sehr dichten Überlagerungen steht hier der klar akzentuierte Beat im Vordergrund.
Coltranes Solo, dem von McCoy Tyner folgend, unterscheidet sich nicht sehr gravierend von anderen Mitschnitten dieses Stückes. Er verwendet hier in verstärktem Maße Triller-Effekte, die er, von Register zu Register springend, mit großer technischer Gewandtheit ausführt.
Sehr deutlich ist auch hier die klangliche Komponente seines Sopranspiels. Der Ton ist im unteren Register sehr nasal, im oberen brillant und strahlend. Coltrane integriert hier die natürliche Tonunreinheit, die Tonhöhenschwankungen des Instruments in sich selbst. Das Sopransaxophon ist in sich so gut wie nie »rein« stimmig und es erzeugt somit Klänge, die zumindest tendenziell an arabische Tonleitern erinnern. Sein tonales Spektrum spiegelt eine polydiatonische Musikauffassung wider, also die überlagernde Spielweise mehrerer diatonischer Tonleitern.
Die folgende Ballade »I Want To Talk About You« erfährt eine ähnliche Behandlung, wobei hier allerdings eine funk-

tionsharmonische Struktur zugrunde liegt. Dieses Material wird von John Coltrane durch eine multi-tonale Quartenspielweise, die den jeweils zugrundeliegenden Akkord als tonales Zentrum benutzt, aufgebrochen.
Ein Drittel des Stückes besteht aus einer langen Tenorsaxophon-Solokadenz.
Wie bei »My Favorite Things« verwendet Coltrane hier ansatzweise arabische Tonleitern, was ihn jedoch, und dies ist ein klarer Beweis seines Könnens, nie den melodischen Bezug zum Thema verlieren läßt. Wahrscheinlich ist diese Kadenz in der Jazzgeschichte, neben ähnlichen von Coleman Hawkins, etwas Einmaliges.
Eine große Umstellung vom Hörer erfordert das Stück »Selflessness«, das während der »Kulu-Se-Mama«-Session mitgeschnitten wurde. Was hier demonstriert wird, ist ein freies Ensemblespiel, das nach dem eigentlichen Thema in ein Solo Pharoah Sanders' führt. Pharoah Sanders gibt hier einen Eindruck sämtlicher Klangmöglichkeiten des Tenorsaxophons mit höchstem Falsettgekreische, Flatterzungenspiel und das gleichzeitige Spielen mehrerer Töne. McCoy Tyners Solo ist brillant und nutzt wie immer die harmonischen wie melodischen Möglichkeiten der Quartakkordspielweise. Dabei wird der tonale Bezug bis an die Grenze aufgebrochen, jedoch nicht überschritten. Im folgenden Teil steigern sich Sanders und Coltrane gegenseitig zur Ekstase, bis Coltrane mit dem Thema diese Darbietung beendet.
Seinen Reiz gewinnt dieses Album vor allen Dingen durch die krasse Gegenüberstellung zweier unterschiedlicher Stilepochen Coltranes, eine Vergleichsmöglichkeit, die dazu beiträgt, seine Musik in allen Nuancen zu erfassen.

23. November 1965

Meditations
John Coltrane

(A) The Father And The Son And The Holy Ghost / Love / Compassion
(B) Consequence / Serenity

John Coltrane (ts), Pharoah Sanders (ts), McCoy Tyner (p), Jimmy Garrison (b), Elvin Jones (dr), Rashied Ali (dr)

Impulse AS–9110

»Meditation« ist Coltranes zweite nach »A Love Supreme« veröffentlichte Suite und ein weiteres Experiment in der Erweiterung seiner musikalischen Ausdruckskraft.
Über der dichten Rhythmusgruppe, einem schier undurchdringlichen Geflecht, spielen Sanders und Trane Laute, die – man kann das gar nicht überbetonen – sprach-, ja schreiähnliche Ausbrüche darstellen. Es ergibt sich ein Gemisch von Tönen, Klangfetzen und rhythmisierten Tonfragmenten.
Aus dieser Vielschichtigkeit von Klang bricht Coltrane mit dem Thema des ersten Satzes der Suite (Father, Son, Holy Ghost) hervor. Es ertönt eine hymnische, aufsteigende Melodie, die direkt in sein Solo führt, sofern man bei dieser zumindest teilweise als Kollektivimprovisation konzipierten Suite von Solo sprechen will. Wie eine Woge trägt die Rhythmusgruppe Coltrane höher und höher. Sein Spiel wird Ausdruck verzweifelter, aufreibender Selbstfindung. Es ist ein physisches Aufbäumen gegen die Widerstände, die sich seiner »Sache« entgegenstellen. Immer höher dehnt er sein Spiel in das Falsettre-

gister des Tenors aus, immer weiter versucht er seine Intensität und Hitze auszustrahlen, bis schließlich Sanders hinzukommt, ihn gleichsam unterstützt, um nach kurzer Zeit den Weg allein in die einsamen Höhen des spielerisch Machbaren zu unternehmen. Der Satz endet mit einem wiederholten Zusammenspiel der Tenoristen und dem Thema zu »Compassion«, einem Abschnitt im 3/4-Takt, der mit einem grandiosen Klaviersolo McCoy Tyners beginnt. Er schleudert fröhlich die Töne aus seinem Instrument, eine gigantische Virtuosität demonstrierend, mit schnellen, fast nur noch als Ganzes wahrnehmbaren Läufen.
Coltranes Hinzukommen, getragen und ruhig, führt über zu »Love«, das mit einem Baßsolo Garrisons beginnt.
Zurückhaltend, mit Bedacht und Konzentration, formt er Linien und Akkorde, bewußt auf allzu augenscheinliche Virtuosität zugunsten klarer Einfachheit verzichtend.
Ebenso konzentriert folgt Coltrane mit dem Thema, einer Phrase, die er ständig in Abwandlungen wiederholt. Durch Umformung verleiht er ihr Schönheit und jedesmal andere Ausdrucksformen. Mit dem Einstieg Sanders', steigt plötzlich wieder der Grad an Intensität. Coltrane wiederholt eine rhythmische Phrase, um so Sanders als »Sprungbrett« für seinen Einstieg zu dienen.
Was nun folgt, ist – nach »Naima« – Sanders' wahrscheinlich bestes auf Platte festgehaltenes Solo. Hierauf wechseln Akkorde, Falsettschreie, »Honks«, Glissandi über drei oder vier Oktaven und rauben dem Zuhörer fast die Sinne. Auch Coltrane beteiligt sich anschließend an dem Ausspielen aller Reserven. Nur langsam senkt sich der unerträgliche Energielevel. McCoy Tyner spielt ein Solo, in der Schwebe gehalten, tiefe, dunkle Akkorde gegen harfenartige Glissandi setzend, baut, als er von der Rhythmusgruppe allein gelassen wird, eine Stimmung auf, die sich in ihrer Melancholie nicht mit Worten beschreiben läßt und die Coltrane zum Schlußsatz »Serenity« – Klarheit, Heiterkeit – aufgreift. Was folgt, ist eine Klarheit, die die lange schmerzhafte Suche nach ihr in sich birgt, eine Heiterkeit, die aus der Überwindung der Grenzen des Selbst entsteht.

2. Februar 1966

John Coltrane / Alice Coltrane
Cosmic Music

(A) Manifestation
(B) Reverend King

John Coltrane (b-cl, ts), Pharoah Sanders (ts), Alice Coltrane (p), Jimmy Garrison (b), Rashied Ali (dr)

Impulse AS–9148

Eine der interessantesten Platten, auch eine der ungewöhnlichsten, ist die Platte »Cosmic Music«. Neben zwei Titeln von Alice Coltrane finden sich die 1966 aufgenommenen Stücke »Manifestation« und »Reverend King« darauf, letztere ist vor allem wegen Coltranes Baßklarinettenspiel interessant. Auf diesem Instrument konnte in früheren Aufnahmen, z. B. »Kulu Sé Mama« (S. 189) Donald Garrett nicht so überzeugen, wie es hier Coltrane mühelos gelingt.
»Manifestation«, gemeint ist das Erfahren Gottes, beginnt mit einer ekstatischen

Impulse AS–9110

Impulse AS–9148

Tenor-Eruption Coltranes; ein ungezügelter Schrei bis an die Grenzen des physisch Erträglichen. Pharoah Sanders folgt mit lyrischen, langen Phrasen auf der Piccoloflöte, einem Instrument, das er meisterhaft beherrscht, und steigert sich in intensive Überblaslaute, singt in das Instrument und eröffnet dem Hörer neue Klangdimensionen. Alice Coltranes vielschichtiges, nachdenkliches Piano-Solo führt zu einem weiteren Tenor-Solo Coltranes, der plötzlich, wie besessen, stark rhythmisierte Phrasen spielt, sie wiederholt, einen Boden für Sanders' unglaublichen »Tenorflug« schaffend. An ihm steigert er sich, in einem fast brutal anmutenden Spiel, das mit einer ungeheueren Intensität »brennt«. Als diese Intensität auf dem Gipfel angelangt ist, als kein Weg weiter zu führen scheint, bricht das Stück abrupt und plötzlich ab.
»Reverend King« zeigt Coltrane als technisch versierten Baßklarinettisten (sein erstes Hauptinstrument war die Klarinette). Nach dem monotonen Gesang zu Beginn gleitet Coltrane in ein hymnisches, ernstes und getragenes, nahezu singbares Thema. Daraus entwickelt Sanders ein heftiges Solo, mit Schreilauten, sprachähnlichen Passagen und frenetisch-ekstatischem Spiel. Mit schneidendem Klang führt Coltrane Sanders' Solo weiter, mit einer unbeschreiblichen Kraft die Baßklarinette von den tiefsten bis zu den höchsten Tönen auslotend. Wieder kommt Sanders hinzu und steigert sich an Coltrane empor bis zum Thema, das wieder so ruhig und lyrisch verläuft wie zu Beginn.
Die restlichen zwei Titel, »The Sun« und »Lord Help Me To Be«, von Alice Coltrane 1968 mit Pharoah Sanders eingespielt, zeigen Musik im Geiste Coltranes.

28. Mai 1966

John Coltrane
Live At The Village Vanguard Again!

(A) Naima / My Favorite Things
(B) My Favorite Things

John Coltrane (ts, ss, b-cl), Pharoah Sanders (ts, fl), Alice Coltrane (p), Jimmy Garrison (b), Rashied Ali (dr), Emanuel Rahim (perc)

Impulse AS–9124

Zuversichtlich präsentieren sich die Musiker der John-Coltrane-Gruppe vor dem Eingang des New Yorker Jazzclubs Village Vanguard. Der Sturm der Entrüstung, der bei den ersten Aufnahmen fünf Jahre zuvor im gleichen Lokal die Jazzwelt durchlaufen hatte, ist einer gespannten Erwartungshaltung gewichen. Zu diesem Zeitpunkt kommt jede Coltrane-Platte wie eine musikalische Offenbarung an die Adresse seiner Anhänger. John Coltrane, der seinen Durchbruch zum freien Spiel in den Aufnahmen »Ascension«, »Om« und »Meditation« vollzogen hatte, kehrt auf »Live At The Village Vanguard Again« zu seiner hymnischen Spielweise zurück, ohne die gewonnene tonale Freiheit aufzugeben. Für die erworbene musikalische Erfahrung, seine Inspirationen und Experimente braucht er einen rhythmisch gelösten Background, den er durch einen Wechsel seiner Begleitmusiker erreicht. Nach vorangegangenen Versuchen mit verschiedenen Schlagzeugern und Bassisten (»Meditation«, »Kulu Sé Mama« scheinen sich für diese Aufnahmen die

Impulse AS–9124

idealen Musiker herauskristallisiert zu haben: McCoy Tyner und Elvin Jones, jahrelange Weggefährten des »klassischen« Coltrane-Quartetts, werden durch Alice Coltrane und Rashied Ali ersetzt. Sowohl in ihrer rhythmischen als auch in ihrer harmonischen Auffassung sind beide wesentlich freier als ihre Vorgänger.

»Naima«, das erste Stück der Platte, stellt die ausladende Version eines bereits zum Standard gewordenen Titels vor. Getragen von einem Soundteppich, den die Rhythmusgruppe liefert, interpretiert Coltrane das Thema in sehr freier Form mit majestätischen, weitgeschwungenen Linien. Wenn diese sich zum Höhepunkt verdichten, übernimmt Sanders die Fortführung. Dieser junge Tenorist aus Little Rock zeigt hier seine ganze technische und emotionale Kapazität. Die Art und Weise, in der er sein Instrument handhabt, wurde bislang im Jazz noch nicht gehört: durchdringende, schrei ähnliche Läufe und ekstatisches Spiel in den höchsten auf dem Tenorsaxophon möglichen Falsett-Tönen markieren seine Improvisation. Ohne Übertreibung nennt John Coltrane Sanders »einen Mann mit großer spiritueller Energie. Er versucht immer, die Wahrheit zu erlangen.« Auf Sanders' Solo folgt noch einmal Coltrane. Man hat den Eindruck, das vorangegangene Spiel habe ihn so angefeuert, daß er mit einer kraftvollen Steigerung das Stück zu Ende führt.

Mit einer starken Anlehnung an die spanische Flamenco-Spielweise leitet Jimmy Garrison mit seinem Baß »My Favorite Things« ein. Er entlockt seinem Instrument gitarrenhafte Klänge und setzt rhythmische Impulse, die für Coltrane eine große Bedeutung haben. Er schafft Stimmungen und Inspirationen für die nachfolgenden Soli. In dieser Interpretation hat das Stück nichts mehr von der Liebenswürdigkeit und dem heiteren Charakter früherer Aufnahmen. John Coltranes Ton auf dem Sopransaxophon ist hier durchdringender als je zuvor, sein Spiel emphatisch und ausdrucksstark. In seinem Solo kehrt er mehrere Male zum Thema zurück und gestaltet es zu einer dunklen, feierlichen Größe. Pharoah Sanders' Solo ist hitzig bewegt und von einer Energie, die nahezu den Rahmen sprengt. John Coltrane, der mit der Baßklarinette hinzukommt, führt die euphorische Stimmung auf eine Ebene, die eine weitere Steigerung nicht mehr zuläßt. Mit einer Überleitung auf dem Sopransaxophon läßt er das Stück ausklingen. Auch heute wird diese Musik vielleicht eher als brutal denn als schön, aber immer als zutiefst ehrlich empfunden.

22. Juli 1966

John Coltrane Concert In Japan

(A) Meditation / Leo Part One
(B) Leo Part Two
(C) Peace On Earth Part One
(D) Leo Part Three

John Coltrane (ts, as, b-cl, perc), Pharoah Sanders (ts, b-cl, perc), Alice Coltrane (p), Jimmy Garrison (b), Rashied Ali (dr)

Impulse AS–9246–2

Als John Coltrane im Juli 1966 Japan zu einer ausgedehnten Konzerttournee besucht, ist er auch dort bereits eine Legende, ein Mythos. Wie ein Superstar wird er von seinen zahllosen Anhängern auf dem Flughafen empfangen, mit Fähnchen und Transparenten. Dieser herzliche Empfang und die Begeisterung, die von den Coltrane-Anhängern ausging, machten diese Zeit zu einer der schönsten in Coltranes Musikerkarriere. Zwangsläufig schlägt sich dies auch auf die Qualität der gebotenen Musik nieder, wie es auf dem am 22. Juli 1966 aufgenommenen Doppelalbum aus der Koseinenkin Hall in Tokio deutlich zu hören ist. (Es existiert noch ein früher aufgenommenes Album: John Coltrane Quintet »Second Night In Tokyo«, Jap. Impulse, YB–8508-10.)

Nach der Vorstellung der Musiker, von denen jeder mit begeistertem Applaus empfangen wird, beginnt das Konzert mit der Opening Section von »Meditation« – Father, Son And Holy Ghost – und gleitet dann, mit einem ausgedehnten Tenorsolo von Pharoah Sanders, in die Komposition »Leo«. Das sehr frühe Solo von Rashied Ali wird zu einer faszinierenden Demonstration »freien« Schlagzeugspiels.

Im krassen Gegensatz zu anderen »Free« Schlagzeugern wie Beaver Harris oder Sunny Murray spielt Ali leise und übt genaue Kontrolle über jede gespielte Note aus, legt symmetrische Strukturen an, stets präzise und technisch flüssig. Dieses Schlagzeugsolo ist ein Meisterwerk!

Pharoah Sanders kommt hinzu und spielt auf der Baßklarinette ein Duo mit Ali. Trotz seines Ideereichtums – ständig entwirft Sanders neue, östlich klingende Phrasen – drängt sich der Gedanke auf, daß er der Baßklarinette, diesem kom-

Impulse AS–9246–2

plexeren Instrument, nicht in dem Maße gewachsen war, wie er das Tenor und die Piccoloflöte beherrschte.
Alice Coltranes Solo enthält mehr als nur eine Parallele zu McCoy Tyners Klavierspiel. Wie Tyner spielt sie mit der linken Hand gewaltige, majestätische Akkorde aus Quartenschichtungen, während ihre rechte Hand glitzernde Melodielinien spielt.
Deutlich aber wird der Unterschied zu McCoy Tyner. Alice Coltrane bleibt nicht auf diesem Punkt, sondern schafft kontinuierlich eine alles bedeckende Wolke massiven Klanges, die gesamte Klangbreite des Klaviers einbeziehend und somit ein Ausgangsplateau für Tranes Solo. Während in der Vergangenheit McCoy Tyners wuchtiges Klavierspiel gepaart mit dem Schlagzeug-Gewitter von Elvin Jones für sich alleine eine gewaltige Kraft darstellte, bringt die neue Rhythmuskonstellation Alice Coltrane / Rashied Ali durch ihr facettenreiches Spiel mehr Raum für Coltranes Improvisationen.
Dieses Solo (Leo Part Three) ist ein Beispiel für Coltranes Ausdruckskraft und Reife als Mensch und Musiker. Binnen wenigen Sekunden gelingt es ihm, die Rhythmusgruppe zu einem Block zu verschmelzen, ihr Spiel noch energischer zu machen. Nach den vorhergegangenen ist dieses und das darauffolgende Altsaxophonduett mit Sanders der Höhepunkt des Stückes. John Coltrane kehrt mit dem Altsaxophon wieder zu dem Instrument zurück, mit dem er seine Musikerkarriere begonnen hatte, und spielt es mit einer

Kraft und Beherrschung, die es fast bedauern lassen, daß er sich diesem Instrument nicht öfter gewidmet hatte. (Anlaß war das Geschenk von zwei Altsaxophonen der Firma Yamaha an Coltrane und Sanders!)
Nach der Beendigung von »Leo« spielt die Gruppe ein kurz zuvor entstandenes Coltranestück »Peace On Earth«. Die schönen, weitgeschwungenen Linien des Themas erinnern an Coltranes Village-Vanguard-Version von »Naima« (1966), doch sind sie intensiver, erhabener, erfüllter von Spiritualität. Sanders, ebenfalls auf dem Altsaxophon, greift diese Linien auf und verwandelt sie beständig, fügt turbulente Passagen ein, Klangreibungen und andere Elemente.
Abgesehen von den Intonationsschwierigkeiten, die Sanders offensichtlich auf dem Altsaxophon hat, ist es die konsequente Fortführung der Themalinie Coltranes. Für das nun folgende Coltrane-Solo kehrt dieser wieder zum Ausgangsthema zurück, führt jedoch die Improvisation in Bereiche, die zwar als Ausdehnung des Grundmotivs noch erkennbar, bewegter und ekstatischer sind und von einer Gewichtigkeit, die manchmal den Rahmen des Stückes zu sprengen scheint, aber jedesmal von Coltrane in der Grundaussage des Stückes auf das Ausgangsmaterial fixiert wird. Nachdem so das Thema wieder erreicht wird, sind die Noten zwar dieselben, es ergeben sich jedoch völlig andere Aspekte. Der Blickwinkel wird radikal geändert und erweitert.
Mit »Peace On Earth« schließt die Dokumentation eines großen künstlerischen Ereignisses. Es ist auch eine Demonstration der »spirituellen Freude und des Friedens« (Alice Coltrane), die John Coltrane in dieser Zeit erlebte.

22. Februar 1967

John Coltrane
Interstellar Space

(A) Mars / Venus
(B) Jupiter / Saturn

John Coltrane (ts, bells), Rashied Ali (dr)

Impulse AS–9277

Bereits mit »Impressions« hatte John Coltrane demonstriert, daß er fähig war, nur von einem Schlagzeuger unterstützt, ohne weitere Rhythmusgruppe Musik von hoher Reife und Aussagekraft zu machen. Das Spiel von Tenorsaxophonisten im Duo mit Schlagzeugern ist eine beliebte und weit verbreitete Praktik. Die Gründe dafür sind offensichtlich: eine stärkere Betonung des rhythmischen Elementes und ein Spiel, das frei von harmonischen und tonalen Zwängen ist (Sonny Rollins: »Surrey With The Fringe On Top«).
Schon im ersten Stück »Mars« vermischen sich Alis ungeheuer dichtes Schlagzeugspiel und Coltranes Linien, die mit einer Rasanz gespielt sind, die es nahezu unmöglich macht, einzelne Töne zu unterscheiden. Auf diese Weise entsteht ein Klanggemisch, das den Eindruck vermittelt, daß es sich hier um *ein* Instrument handelt, welches die Möglichkeit eines zugleich rhythmisch wie auch melodischen Spieles bietet.
»Venus« im Untertitel als Planet der Liebe bezeichnet, beginnt, nach einem Vorspiel von Rashied Ali, mit Coltranes langer melodischen Linie, die deutlich auf den Titel Bezug nimmt. Im Vergleich zum vorherigen Titel ist Coltranes Improvisation hier getragener und melodiöser.

Impulse AS–9277

Der nächste Titel »Jupiter« beginnt mit einer Schlagzeugeinleitung, der Coltrane eine fremd und seltsam klingende Themalinie anschließt. Sein Spiel ist ähnlich aufgewühlt und erregt wie auf »Mars«, mit dem Unterschied, daß Rashied Ali hier zurückhaltender spielt, jedoch mit einer technischen Brillanz, die ihn sicher unter die Elite der Jazz-Schlagzeuger einreiht. Dies beweist auch sein Solo, mit dem »Saturn« beginnt. Er ist einer der wenigen Schlagzeuger, die wirklich »free time« spielen können, ohne irgendwelchen Manierismen zum Opfer zu fallen oder gar mangelnde Struktur mit Lautstärke kompensieren zu müssen. Coltranes Thema impliziert deutlich einen 3/4-Takt, der von Ali zwar während der ganzen Zeitdauer des Stückes (11:35 Min.) kein einziges Mal »ausgespielt« wird, jedoch stets präsent ist. Coltrane baut hier sein Solo mehr auf melodische Linien, von gelegentlichen rhythmischen Einwürfen unterbrochen, auf, immer nach einem höheren Ton greifend. Strukturschaffend verwendet er hier das Sequenzprinzip, d. h. er spielt Tonfolgen in unterschiedlichen Tonhöhen, verschiebt Phrasen als Ganzes um Intervalle, um sie so melodisch und klanglich von mehreren Seiten zu beleuchten.

Nach seinem entfesselten Tenorsolo endet das Stück, wie es begonnen hatte, mit Rashied Ali.

Gemeinsam mit »Expression« (S. 210) ist dies Coltranes letztes auf Platte veröffentlichtes Werk, das exemplarisch ist für viele weitere Saxophon- und Schlagzeug-Duos, die seither aufgenommen wurden.

Impulse AS–9120

15. Februar 1967, 17. März 1967

Expression
John Coltrane

(A) Ogunde / To Be
(B) Offering / Expression

John Coltrane (ts, fl), Alice Coltrane (p), Jimmy Garrison (b), Rashied Ali (dr), Pharoah Sanders (picc)

Impulse AS–9120

John Coltranes letzte Veröffentlichung auf Platte trägt den Titel »Expression«. Dieses Werk zeichnet sich durch eine große Reife und Ruhe aus. Dies läßt vermuten, daß Coltrane hier wieder einen Fixpunkt erreicht hatte, der wie »A Love Supreme« wieder Ausgangspunkt für weiteres Vordringen hätte sein können, wenn nicht sein Tod, am 17. Juli 1967, alle derartigen Spekulationen zunichte gemacht hätte. So bleibt nur die Ahnung, was auf dem neu eingeschlagenen Weg hätte geschehen können.

»Expression« stellt Coltrane als bedingungslosen Melodiker vor, dessen Linien von einer tiefen Einsicht in musikalische wie auch außermusikalische, mystische Bereiche geleitet werden. Es ist schwer zu beschreiben, um welche Art der Melodik es sich handelt, welche Emotionen sie hervorruft, aber es ist Musik, die den Hörer unmittelbar und stark beeindruckt, ihn gefangennimmt und fühlen läßt, welche Tiefe in ihr ist.

»Ogunde«, mit 3½ Minuten kürzestes Stück der Platte, erinnert thematisch an impressionistische Musik. John Coltrane spielt mit großer Intensität, wobei das Thema, oder das Ausgangsmotiv, in seinem Grundcharakter in jeder Note und jeder Phrase mitschwingt. Dank Rashied Ali am Schlagzeug und Alice Coltrane am Piano entsteht hier eine Musik, die eine ungeheuere Fläche an Klang besitzt. John Coltranes Ton ist viril und schwingend, das Vibrato ist weit und getragen.
»To Be«, mit Pharoah Sanders als Piccoloflötist aufgenommen, zeigt Coltrane erstmals an der Querflöte. Fast schon ist es Kammermusik, mit breiten, warmen Tönen und einer melodiösen Ausgewogenheit, die Coltranes mangelnde Instrumentaltechnik auf der Flöte vergessen lassen. Der Titel »Sein« ist signifikant für Coltranes Geisteshaltung und Spiritualität, für sein Bestreben, die eigene Existenz erfassen zu wollen.
»Offering«, am Anfang an »A Love Supreme« erinnernd, ist, wie der Titel andeutet, eine Gabe, ein Angebot. Im Duo mit Rashied Ali spielt Coltrane keine Einzeltöne, alle Noten verschwimmen zu einer einzigen, sich bewegenden Fläche, ein Beweis einer großartigen Instrumentaltechnik, die vollends im Dienst der Aussage steht.
»Expression« ist das wohl tiefste Stück der Platte. Erinnert schon »Ogunde« an impressionistische Musik, so ist dies hier noch wesentlich deutlicher der Fall. Weitgeschwungene Melodielinien bauen sich über Alice Coltranes dichter, farbiger Pianistik auf, Linien, die in sich ruhen, jedoch nie statisch sind. Alice Coltranes Pianosolo ist bewegt und von fließender Einheit und wird von Coltrane mit einer schreienden Intensität fortgeführt. Immer verbleibt er am Thema, die Melodik und den horizontalen Charakter der Komposition voll ausschöpfend, führt er zum Ausgangspunkt zurück. Mit »Expression« endet diese Platte, die mit Sicherheit eine seiner besten und reifsten ist.

1961–1967

The Mastery Of John Coltrane

Bei dieser Serie handelt es sich um eine Veröffentlichung von Coltrane-Aufnahmen, die, für die Firma Impulse eingespielt, größtenteils nicht zu seinen Lebzeiten veröffentlicht wurden. So enthalten diese Platten einerseits eine große Menge guten Materials, andererseits allerdings auch manches Überflüssige sowie einige Überschneidungen mit bereits veröffentlichten Platten.

Vol. 1: Feeling Good

(A) Feeling Good / My Favorite Things
(B) Living Space / Untitled 90 320
(C) Untitled 90 314 / Dusk-Dawn
(D) Nature Boy / Joy

John Coltrane (ts, ss), McCoy Tyner (p), Jimmy Garrison (b), Elvin Jones (dr), Art Davis (b, zusätzlich auf A 1, C 1)

Impulse IZ–9345/2

Vol. 1 beginnt mit dem Titelstück »Feeling Good«. Wie so oft gelingt es Coltrane auch hier, aus einem Trivialstück eine gelungene Demonstration modernen Balladenspiels zu machen.

»My Favorite Things«, zuvor bereits dutzendfach in anderen Versionen veröffentlicht, ist hier kürzer und fehlerhafter (Coltranes Sopransaxophon ist deutlich verstimmt) als gewohnt.
Durch ein Muster seines Wohnzimmerteppichs inspiriert, schrieb Coltrane das Stück »Living Space«, dessen ursprünglicher Titel »The Living Room Rug«, der Wohnzimmerteppich, war. Wie schon bei einer Passage in »A Love Supreme« nimmt Coltrane eine zweite Themenstimme auf und fügt sie in die Aufnahme ein (eine als »Overdubbing« bekannte Verfahrensweise). Sein ekstatisches Sopransolo gehört sicherlich zu den besten Soli, die Coltrane auf diesem Instrument gespielt hat. »Untitled 90320« erinnert, in Thema und Ausführung, dem Stück »Transition« und ist ebenso typisch für diese Periode wie das folgende »Untitled 90314«. Eine Feature-Nummer für Tyner und Garrison, die beide gute Soli spielen, ist »Dusk Dawn«. Die hier gespielte Version von »Nature Boy« ist wesentlich ausarrangierter und enthält durch den 10/8-Takt, den die Rhythmusgruppe spielt, mehr afrikanische Elemente als die spätere Einspielung auf »The John Coltrane Quartet Plays«. »Joy« ist eine weitere Solo-Nummer für Jimmy Garrison.

Vol. 2: To The Beat Of A Different Drum

(A) Impressions / I Want To Talk About You
(B) My Favorite Things / After The Rain
(C) Dear Old Stockholm / After The Crescent
(D) One Down, One Up / Dear Lord

John Coltrane (ss, ts), McCoy Tyner (p), Jimmy Garrison (b), Roy Haynes (dr)

Impulse IZ–9346/2

Nur wenig Neues enthält Vol. 2, wo die Aufnahmen, die Coltrane mit Roy Haynes machte, zusammengefaßt sind. »After The Rain«, »My Favorite Things« und »I Want To Talk About You« liegen bereits auf »Impressions« wie auch auf »Selflessness« vor. Interessanter sind die letzten drei Stücke, »Dear Old Stockholm«, eine gelungene Version dieses Standards von Stan Getz, »After The Crescent«, ursprünglich mit »Crescent« Teil einer Suite, und »One Up, One Down«, ein Stück über Ganztonleitern. In allen diesen Stücken zeigt Roy Haynes, daß er Elvin Jones an Aussagekraft nicht nachsteht, sich von diesem aber durch ein weniger dichtes, dafür durchsichtigeres Spiel unterscheidet.

Vol. 3: Jupiter Variation

(A) Number One / Peace On Earth
(B) Jupiter / Leo

A 1: John Coltrane (ts), Alice Coltrane (p), Jimmy Garrison (b), Rashied Ali (dr)
A 2: John Coltrane (ts), Alice Coltrane (p), Charlie Haden (b), Rashied Ali (dr), Pharoah Sanders (tambourin, wooden-fl), Ray Appleton (shakers)
B 1, 2: John Coltrane (ts, bells), Rashied Ali (dr)

Impulse AS–9360

Vol. 3, »Jupiter Variation«, beginnt mit einem Stück von Coltranes letztem Auf-

Impulse IZ–9345/2

Impulse IZ–9361/2

nahmedatum, dem 17. März 1967. Dieses Stück, »Number One«, ist das einzige, das neben den Aufnahmen für »Expressions« erhalten ist, obwohl Coltrane, so David Wilde, eine große Anzahl von Stücken eingespielt haben soll. »Number One« erinnert an die Musik auf »Expressions«, ohne jedoch deren Qualität zu erreichen. »Peace On Earth«, aus dem Jahre 1966, erfuhr durch Alice Coltrane eine Änderung dahingehend, daß sie, aus unerfindlichen Gründen, den Part von Jimmy Garrison durch Charlie Haden ersetzte und ihren Piano-Part neu aufnahm, was dem Charakter und der Geschlossenheit des Stückes nicht unbedingt zuträglich ist. Auf Seite 2 findet sich eine weitere Version des auf »Interstellar Space« veröffentlichten Stückes »Jupiter« und eine Version von »Leo«, beides Duos mit Rashied Ali.

Vol. 4: Trane's Modes

(A) Impressions (Take One), Miles' Mode
(B) Chasin' Another Trane / Greensleeves (Take Two)
(C) Impressions (Take Two) / Naima
(D) Africa (First Version) / The Damned Don't Cry

A–C: John Coltrane (ts, ss), Eric Dolphy (as, b-cl), McCoy Tyner (p), Jimmy Garrison (b, A 1, 2, C 1), Reggie Workman (b, B 1, 2, C 2), Elvin Jones (dr), Roy Haynes (dr, B 1)
D: John Coltrane (ts, ss), Eric Dolphy, Pat Patrick, Garvin Bushell (reeds), Booker Little, Freddie Hubbard (tp), Charles Majid Greenlee, Julian Priester (euphonium), Jimmy Buffington, Julius Watkins, Donald Corrado, Bob Northern, Robert Swisshel (fr-h), McCoy Tyner (p), Reggie Workman, Paul Chambers (b), Elvin Jones (dr)

Impulse IZ–9361/2

Vol. 4, »Trane's Modes«, vervollständigt die Aufnahmen aus dem Village Vanguard, die bereits auf »Live At The Village Vanguard«, »Impressions«, »The Other Village Vanguard Tapes« vorliegen. Sieht man von den hinlänglich bekannten Stücken »Impressions« und »Miles' Mode« ab, so überrascht hier »Naima«, da Coltrane das Thema stark verändert, um nicht mit seinem kurz zuvor aufgelösten Vertrag bei Atlantic in Konflikt zu kommen. Dolphys Baßklarinettensolo ist eine meisterhafte Demonstration seiner Musikalität und seines Ideenreichtums.
»Africa« unterscheidet sich nicht so sehr von der bereits veröffentlichten Version auf »Africa/Brass« (Seite 157). Allerdings kommt hier im Satz ein seltener Trillereffekt der Flöten/Saxophon-Sektion zu Gehör.
Mit dem düsteren, hier erstmals auf Platte erschienenen Thema des Trompeters Cal Massey »The Damned Dont Cry« ist die gesamte »Africa/Brass«-Session endgültig vollständig dokumentiert.

Sieht man von den vielen Überschneidungen und unwichtigen Dingen ab, so läßt sich sagen, daß diese Serie Wesentliches dazu beiträgt, das Schaffen dieses Musikers in einem größeren Rahmen, manchmal vielleicht sogar in anderem Licht, zu sehen.

Einige Tips für Sammler

Eines ist mal ganz sicher. Das Sammeln von Jazzplatten hat einen gewissen exklusiven Anspruch.
Betritt man heute ein großes Schallplattengeschäft, so wird man zunächst von der Wucht der optischen und akustischen Reize überrollt. Alle möglichen Stars und Sternchen werden da mit großem Werbeaufwand vermarktet. Fragt man dann jedoch, wo sich der Jazz befindet, so wird man an ein sehr kleines bescheidenes Sortiment geführt. »Jazz geht eben nicht«, hört man dazu oft. Ausbau und Pflege des Jazzsortiments scheitern meistens daran, daß sich mit dieser Musikart vermeintlich nicht das schnelle Geld verdienen läßt. Wenn aber nur ein Bruchteil der Summen, die promotionsmäßig für Popmusik verfeuert werden, in die Betreuung des Jazzrepertoire flösse, wäre sicher ein zufriedenstellender Umsatz denkbar.
Wie so etwas angepackt werden kann, demonstrieren die Japaner! Ohne Übertreibung kann man feststellen, daß die afroamerikanische Musik nicht etwa in den USA, sondern in Japan authentisch ediert wird. Viele schon lange nicht mehr erhältliche Schallplatten kommen in exzellenter Klangqualität aus dem Reich der Mitte. Die Detailliebe der Japaner geht so weit, daß die Platten fast ausnahmslos mit dem entsprechenden Originalcover herausgegeben werden.
Einen umfassenden Überblick der in der BRD erhältlichen Jazzplatten vermittelt der jährlich erscheinende »Bielefelder Jazzkatalog«. Dieses Standardwerk stellt im ersten Teil die Interpreten in alphabetischer Reihenfolge und im zweiten Teil die Plattenfirmen vor (Verlag G. Braun, Karlsruhe; Redaktion M. Scheffner). Nicht immer werden die angebotenen Jazzplatten des Bielefelder Katalogs im Fachhandel erhältlich sein. Mögliche Gründe sind Wechsel von Platten zu anderen Vertriebsfirmen oder Streichungen schon während der Drucklegung des Kataloges.
Normalerweise kann man aber die im »Bielefelder Jazzkatalog« verzeichneten Schallplatten in jedem guten Schallplattengeschäft kaufen. Ein guter Schallplattenhändler ist u. a. daran zu erkennen, daß er nicht nur bedauernd mit den Achseln zuckt, wenn er die gewünschte Platte nicht am Lager hat, sondern diese bestellt – dafür sind die Platten-Bestellnummern ja da. Leider wird der Jazzfreund hier immer wieder enttäuscht. In solchen Fällen empfiehlt sich eine Bestellung bei dem Jazz-Spezialversand von
jazz by post
Gleichmannstraße 10
Postfach 302
8000 München 60

Das Spannende am Sammeln ist auch dadurch gegeben, daß sich beim Durchforsten kleiner Schallplattengeschäfte oder in den »Krabbelkästen« der Kaufhäuser mitunter ein günstiger Fund oder sogar eine Rarität ausmachen lassen.

Für die Beschaffung von Schallplatten, die nicht mehr im Handel sind, ergeben sich folgende Möglichkeiten:
a) Inserate in Jazzpublikationen als Kauf- oder Tauschgesuch.
b) In vielen Großstädten haben sich »Second-Hand«-Plattenläden etabliert. Mitunter wird der Sammler dort fündig.
c) Bei folgenden »Mail-Order«-Geschäften, die auch mit »Cut Outs« und »Second-Hand«-Platten handeln, wurden von den Autoren gute Erfahrungen gemacht:

Integrity N Music
506 Silas Deane HWY
Wethersfield, CT 06109
USA

Ray Avery
Rare Records
P.O. Box 10518
417 E. Broadway
Glendale Calif. 91209, USA

MOLE JAZZ
374 Grays Inn Road
London WC
Great Britain

Bei diesen Geschäften sind die jeweils aktuellen Listen anzufordern.
Falls die gesuchte Platte in diesen Listen nicht erscheint, besteht die Möglichkeit, den Titel in eine Suchliste aufnehmen zu lassen. Mit etwas Glück und Geduld kann man so manche Rarität auftreiben.

Schallplatten-Importe

Die in diesem Buch besprochenen Schallplatten werden zur Zeit in der Bundesrepublik von den folgenden Importdiensten vertrieben:

Atlantic	TIS
Bellaphon	BISS
Bethlehem	TIS
Blue Note	ASD-EMI
Capitol	ASD-EMI
CBS	IMS
Cicala	Marcuse
Columbia	IMS
Decca	TIS
Fantasy	IMS
Impulse	Ariola
Jazzland	IMS
Mercury	IMS
Metronome	Metronome
Milestone	IMS
MPS	Metronome
Musidisc	TIS
Pablo	Pop Import
Philips	IMS
Prestige	IMS
Queen Disc	BISS
RCA	TIS
Reprise	TIS
Savoy	Ariola
United Artists	ASD-EMI
Verve	IMS
Vogue	BISS

Alphabetisches Verzeichnis der Plattentitel

Abkürzungen

as	Altsaxophon
b	Baß
b-cl	Baßklarinette
bj	Banjo
bo	Bongos
bs	Baritonsaxophon
cello	Violincello
cga	Conga
cl	Klarinette
co	Kornett
dr	Schlagzeug
fl	Flöte
fl-h	Flügelhorn
fr-h	Waldhorn
g	Gitarre
org	Orgel
p	Piano
perc	Percussion
picc	Piccoloflöte
sax	Saxophone
ss	Sopransaxophon
tb	Posaune
tp	Trompete
ts	Tenorsaxophon
tu	Tuba
v	Violine
vib	Vibraphon
voc	Gesang
v-tb	Ventilposaune
xyl	Xylophon

Literatur

Berendt, Joachim E.: *Das große Jazzbuch. Von Rag bis Rock. Entwicklung, Elemente, Musiker, Sänger, Combos, Big Bands.* Neue illustrierte Ausgabe mit erweiterter Diskographie. – Frankfurt/M.: Krüger, 1976

Berendt, Joachim E.: *Das Jazzbuch. Von Rag bis Rock* (s. o.). – Frankfurt/M.: Fischer Taschenbuch Verlag, 1978

Berendt, Joachim E.: *Photo-Story des Jazz.* – Frankfurt/M.: Wolfgang Krüger Verlag, 1978

Berendt, Joachim E. (Hrsg.): *Die Story des Jazz. Vom New Orleans zum Rock Jazz.* – Stuttgart: Deutsche Verlags-Anstalt, 1975

Cole, Bill: *John Coltrane.* – New York: Schirmer Books, 1976

Endress, Gudrun: *Jazz Podium. Musiker über sich selbst.* Zeichnungen von Herbert Joos. – Stuttgart: Deutsche Verlags-Anstalt, 1980

Feather, Leonard G.: *The Book Of Jazz. From Then Till Now. A Guide To The Entire Field.* Foreword By Dizzy Gillespie. – New York: Horizon Press, 1957

Feather, Leonard G.: *The Encyclopedia Of Jazz In The Sixties.* Foreword by John Lewis. – New York, Horizon, 1966

Gillespie, Dizzy und Fraser, Al: *To Be Or Not To Bop.* – London: W. H. Allen.

Hentoff, Nat: *Jazz Is.* – Discus/Avon Books

Jost, Eckehardt: *Free Jazz. Stilkritische Untersuchungen zum Jazz der 60er Jahre.* – Mainz: Schott, 1975

Polillo, Arrigo: *Jazz. Geschichte und Persönlichkeiten der afroamerikanischen Musik.* – München/Berlin: Herbig, 1978

[2]Simpkins, Cutbert O.: *Coltrane. A Musical Biography.* – New York: Heridon House, 1975

[1]Thomas, J. C.: *Chasin' The Trane. The Music and Mystique Of John Coltrane.* – Garden City, N.Y.: Doubleday, 1975

Wild, David: *Recordings Of John Coltrane. A Discography.* – Ann Arbor, Michigan: Wildmusic, 1977

Wilmer, Valerie: *As Serious As Your Life. The Story Of The New Jazz.* – London: Quartet, 1977

Wölfer, Jürgen: *Handbuch des Jazz.* – München: Heyne-Verlag, 1979

Zeitschriften

Coda Publications
Box 87 Station J
Toronto Ontario M4J4×8
Canada

Down Beat
222 W. Adams St.
Chikago
II 60606

Jazzpodium
Vogelsangstr. 32
7000 Stuttgart 1

Joachim E. Berendt

Das große Jazzbuch
Von New Orleans bis Jazz Rock
508 Seiten. 28 Abbildungen
Fischer Taschenbuch Band 2980

Das Standardwerk über den Jazz

Joachim E. Berendts Jazzbuch, das in 18 Sprachen übersetzt wurde und eine Gesamtauflage von über einer Million Exemplare erreicht hat, liegt hier in einer vollständigen Neubearbeitung vor. Rund 140 Musiker wurden neu aufgenommen und die Geschichte des Jazz bis zum Jazz Rock und Free Funk der 80er Jahre fortgeschrieben. Ergänzt wird der Band durch eine auf den neuesten Stand gebrachte Diskographie.

Photo-Story des Jazz
356 Seiten mit 370 Fotos, Register und Diskographie
S. Fischer Verlag

Jazz ist optische Musik. Erstmals wird hier Jazzgeschichte visuell verdeutlicht. Am Ende konstatiert der erstaunte Betrachter, daß er Wesen und Entwicklung des Jazz noch nie so mühelos, so gleichsam nur »zuschauend« erfahren konnte. In 370 einzigartigen Fotos von den berühmtesten Jazz-Fotografen der Welt wird die Geschichte des Jazz erzählt – von New Orleans und vom Spiritual an bis zum Jazz-Rock der heutigen Szene.
Dieses Buch ist ein großes, mitreißendes Jazz-Festival!

Ein Fenster aus Jazz
Essays, Portraits, Reflexionen
Überarbeitete und erweiterte Ausgabe. Mit 67 Fotos
Fischer Taschenbuch Band 3002

Jazz-Literatur in Deutschland ist fest mit dem Namen Joachim E. Berendt verbunden. In »Ein Fenster aus Jazz« nimmt er die längst fällige kulturkritische Einordnung des Jazz vor. An einer Fülle von Themen verdeutlicht Berendt die Bezüge des Jazz zu anderer Musik, zur Religion, zu Politik und Gesellschaft.
Daneben stehen faszinierende Portraits von Musikern. Den Mittelpunkt des Bandes bildet eine »Kleine Geschichte des deutschen Nachkriegsjazz«. Auch als Jazztourist ist der Autor unterwegs und berichtet unter dem Motto »Jazz meets the World« über Musik in Brasilien, im kreolischen Raum und über »Das Wunder Bali«.
Zum Schluß macht Berendt in seinem »Brief an einen jungen Jazzkritiker« mit den Schwierigkeiten der Jazz-Szene bekannt und stellt eine Prognose: »Wie geht es weiter? – Vom Jazz der achtziger Jahre und vom Ende des Avantgardismus«.